高等学校应用技术型经济管理系列教材（会计系列）

高等学校应用型经济管理规划教材

总主编／李雪　　主审／徐国君

管理会计

Managerial Accounting

（第二版）

徐伟丽◎主编

于璐◎副主编

立信会计出版社

LIXIN ACCOUNTING PUBLISHING HOUSE

图书在版编目(CIP)数据

管理会计/徐伟丽主编. —2版. —上海:立信
会计出版社,2019.1(2021.12重印)
高等学校应用技术型经济管理系列教材. 会计系列
ISBN 978 - 7 - 5429 - 6033 - 7

I.①管… II.①徐… III.①管理会计—高等学校—
教材 IV.①F234.3

中国版本图书馆 CIP 数据核字(2019)第 008915 号

策划编辑 方士华
责任编辑 方士华
封面设计 南房间

管理会计(第二版)
GUANLI KUAIJI

出版发行	立信会计出版社			
地 址	上海市中山西路 2230 号		邮政编码	200235
电 话	(021)64411389		传 真	(021)64411325
网 址	www.lixinaph.com		电子邮箱	lixinaph2019@126.com
网上书店	http://lixin.jd.com		http://lxkjcbs.tmall.com	
经 销	各地新华书店			

印 刷	常熟市华顺印刷有限公司		
开 本	787 毫米×1092 毫米	1/16	
印 张	16.75		
字 数	392 千字		
版 次	2019 年 1 月第 2 版		
印 次	2021 年 12 月第 4 次		
印 数	9 301—11 400		
书 号	ISBN 978 - 7 - 5429 - 6033 - 7/F		
定 价	38.00 元		

如有印订差错,请与本社联系调换

总　序

　　教材是高校实现人才培养目标的重要载体,教材及教材建设对高校发展具有举足轻重的作用。与培养模式相对应的教材是培养合格人才的基本保证,是实现培养目标的重要工具。由于历史的原因,在财经类教材的出版方面,相关出版社出版研究型本科或者高职高专、中等职业等层次的教材较多,也较成熟,而在应用技术型本科教材出版上比较欠缺,虽然近年来也出版了一些这方面的教材,但总体而言,还是缺乏权威性、普适性、实用性、创新性的财经类应用技术型本科教材。造成这种状况的原因主要在于:出版社对财经类应用技术型本科教材的出版还不够重视,没有进行有效的组织;财经类应用技术型本科院校多为新建院校,教材建设相对滞后,主观上也较愿意使用研究型本科教材;在教材使用中存在比较严重的混用现象,教材的目标读者群不明确,不少教材既适用于研究型本科又适用于应用技术型本科,或者既适用于本科又适用于高职高专。

　　由于目前应用技术型教材种类和数量匮乏或质量欠佳,使得应用技术型本科不得不沿用传统研究型教材,比如东北财经大学会计系列教材(包括《基础会计》《中级财务会计》《管理会计》《高级财务会计》《审计》等),中国人民大学会计系列教材(如《成本会计》),教育部统编教材(如《财务管理》)等国家级规划教材。这些教材本身的质量很好、级别很高,但是并不适用于应用技术型本科的教学,教师和学生普遍反映不好用。即使从全国范围看,也还没有相对成套、成熟的适合应用技术型高校使用的教材,不适应教育教学要求。存在的主要问题包括:①教材的定位和要求较高;②教材的内容多、难度大;③教材着重于理论解释,相关案例、实训等内容较少,缺乏普适性、实用性。所以,需要编写适应学生水平、便于学生接受的应用技术型教材。

　　我们组织具有多年应用技术型人才培养经验的优秀教师和实务界专家编写了这套教材。本套系列教材由《基础会计》《中级财务会计》《成本会计》《管理会计》《财务管理》《审计学原理》《审计实务》《审计基础与实务》《税法》《经济法》《西方经济学》《金融学》等构成。为了保证教材的质量,本套系列教材聘请了著名高校的专家、教授对本套教材编写进行专门指导和审核。每本教材至少有一名本学科的知名专家或学科带头人提出审核指导意见,至少有一名高等院校教学一线的高级职称教师参与组织编写,至少有一名行业协会、实务界专家和教学研究机构人员提出编写建议。

　　本套系列教材的特色如下。

　　1. 应用性

　　应用技术型本科的教材建设应坚持培养应用技术型本科人才的定位,充分吸收和借鉴传统的普通本科教材与高职高专类教材建设的优点和经验,以就业为导向,做到理论上优于高职高专类教材、动手能力的培养上优于传统的本科院校教材。

本套系列教材体现了应用技术型本科的定位,体现了素质教育和"以学生发展为本"的教育理念,遵循了高等教育教学基本规律,重视知识、能力和素质的协调发展,根据应用技术型人才培养模式对学生的创新精神、实践能力和适应能力的要求,在内容选材、教学方法、学习方法、实验和实训配套等方面突出了应用性特征。

2. 针对性

本套系列教材的编写符合会计学、财务管理和审计学专业的培养目标、培养需求、业务规格(知识结构和能力结构)和教学大纲的基本要求,与各专业的课程结构和课程设置相对应,与课程平台和课程模块相对应。本套系列教材在结构的布局、内容重点的选取、示例习题的设计等方面符合教改目标和教学大纲的要求,把教师的备课、试讲、授课、辅导答疑等教学环节有机地结合起来。

3. 先进性

本套系列教材反映了应用技术型会计人才教育教学改革的内容,能够反映学科领域的新发展。本套系列教材的整体规划、每一种教材构造等均体现了实用性和创新性。本套系列教材还强调了系列配套,包括了教材、学习指导书、教学课件等。

4. 基础性

本套系列教材打破传统教材自身知识框架的封闭性,尝试多方面知识的融会贯通,注重知识层次的递进,体现每一门科目的基本内容,同时,在具体内容上突出实际运用知识的能力,使本套系列教材做到"教师易教,学生乐学,技能实用"。

5. 易于自学性

自学能力的培养是高等教育应该教授给学生的一项基本能力。只有具备了自主学习的能力,才能最终建立起终身学习的保障体系,这也是应用技术型本科人才培养的客观要求。应用技术型高校的生源素质与其他高校相比存在较大差距,除一部分高考发挥失误的学生外,有相当一部分学生在学习习惯、基础知识等方面存在一定的欠缺,这要求本套系列教材要能调动这部分学生的学习积极性,在理论方面尽量通俗易懂,实践方面尽量采用案例式教学。为了有利于学生课后自主学习,本套系列教材配套了学习指导书和教学课件。

因此,本套系列教材的定位和特色把握准确,教材的特色明显,适用于应用技术型高等学校教学,容易得到学生和市场的认可,便于学生的自学和教师的教学。

高等学校应用技术型经济管理系列教材(会计系列)凝聚了众多领导、教授和专家多年来的经验和心血。当然,由于我们的经验和人力有限,教材中难免存在不足,我们期待着各位同行、专家和读者的批评指正。我们将随着经济发展和会计环境的变迁不断修订教材,以便及时反映学科的最新发展和人才培养的最新变化。

本套系列教材出版后,得到学生和市场的认可,深受广大读者欢迎。为了更好地回馈读者,本套系列教材从 2017 年起启动第二版的修订工作,各种教材的第二版将陆续出版。我们会一如既往地做好教材修订和相关服务工作,希望广大读者对本套系列教材给予支持。

李　雪

2019 年 1 月

第二版前言

本教材为高等学校应用技术型经济管理系列教材之一,具有应用性、针对性、先进性、基础性、自学性的特点,在充分吸收和借鉴传统的普通本科教材与高职高专类教材建设的优点和经验的基础上,以就业为导向,做到理论上高于高职高专类教材、动手能力的培养上高于传统的本科院校教材。

管理会计是会计学专业的主干课程之一,本书以现代企业所处的社会经济环境为背景,阐明以企业为主体,密切联系现代会计的预测、决策、规划、控制、考核、评价等职能,系统地介绍了现代管理会计的基本理论、基本方法和实用操作技术。教材在编写过程中,力图体现如下两个特色:第一,通俗易懂,由浅入深,循序渐进,尽量通过图表和例题讲解管理会计的基本原理与方法。第二,注重培养学生"举一反三,触类旁通"的意识,尽量以精练的篇幅阐述管理会计的基本原理与方法。本教材每章都结合相关案例对重点内容进行讲解,并加入"延伸阅读""会计职业道德""相关思考""本章小结""重要概念"等内容,以培养学生的分析能力和创新能力。在编写过程中从中国实际出发,理论联系实际,无论在内容的组织、体系的安排,还是体例的设计等各方面都充分考虑到学生学习和掌握管理会计的基本理论、基本方法和基本操作技能的需要,真正突出了以学生为中心的特点。本教材主要作为普通高等教育经济管理类专业教材,也可供相关专业人员参考。

本教材的编写特点:

(1) 注意各门学科的联系和区别,详略得当。

(2) 突出管理会计的理论体系,详细阐述管理会计的基本理论且贯穿于全书的各个章节。

(3) 注重理论联系实际,结合我国企业的实际情况,对每部分内容尽可能通过例题来加以说明。同时尽量完美地将理论知识与实务相结合,重视知识、能力和素质的协调发展,以培养应用型人才为目的,并提高学生的创新精神、实践能力和适应能力。

(4) 在编写时注意学生的习惯,深入浅出,讲解详细;并借助相关图、表等工具进行讲解,图文并茂,并穿插鲜活案例,通俗易懂。

(5) 配套资料丰富,本书配有《管理会计学习指导书》,以及多媒体课件等辅助资料。

本教材的具体分工如下:本教材由徐伟丽主编,于璐为副主编,孙晓彤、李晗琳为编者。具体分工如下:第一章总论(于璐),第二章变动成本法(于璐),第三章本-量-利分析(于璐),第四章经营预测(于璐),第五章经营决策(徐伟丽),第六章存货决策(徐伟丽),第七章长期投资决策(徐伟丽),第八章标准成本法(徐伟丽),第九章作业成本法(孙晓彤),第十章全面预算管理(李晗琳),第十一章业绩考核与评价(李晗琳)。

本教材在编写的过程中参考了大量相关教材和论著,在此向有关作者致以深深的谢意!

在本教材的编写过程中,编者进行了多次的讨论、研究,力求内容编排合理、避免错误,但难免存在考虑不周、表达不妥当的地方,书中疏漏不足之处,敬请读者批评指正。

编　者

2019 年 1 月

目　录

第一章 总 论

内容简介

本章主要讲解了管理会计的形成和发展；管理会计的基本内容与职能、作用及目标；管理会计与财务会计的关系；管理会计人员的职业道德与职业教育证书。

学习目的和要求

通过本章的学习，学生应了解管理会计是何时形成并发展的，以及西方国家的管理会计职业教育，理解管理会计与财务会计的关系，熟悉管理会计人员的职业道德，掌握管理会计的基本内容与职能。

引例 中国五百强企业永辉超市的成本控制

成立于1998年的永辉超市，经过短短十几年的飞跃发展，成为国家级"流通"及"农业产业化"双龙头企业。在中国零售业市场环境复杂，规模迅速发展的今天，永辉超市却在这样一个竞争激烈的环境中挤入市场前七的位置。这样了不起的成绩和快速的发展着实令人惊讶，到底是什么原因使其成为超市"黑马"的呢？

深入探究永辉超市的成功模式，会发现，它最成功的案例之一则是其超短生鲜产品的价值链结构。众所周知，生鲜产品非常难做，整个产品链从最原始的生产基地到终端消费者的餐桌，不但整个过程损耗非常大，而且消费者也总是对其质量抱有怀疑。所以，成本结构的考量关系到生鲜产品是否真的为公司带来利益。永辉超市所采用的超短价值链模式则为公司实现了12%的毛利，而通常生鲜行业毛利能达到10%已实属不易。这主要得益于其价值链只有采购、物流和门店销售这三个环节，采用本地化采购的策略，有效解决农产品新鲜度的问题，这也是吸引顾客的最大优势。为了实现这一点，永辉超市采用了直接到农贸市场采购的方式，然后让农贸市场的生产者直接配送到门店。现在永辉超市也在自建生产基地保证采购成本的最优化。通过这样的理念，永辉超市实现了采购与物流成本的有效控制，从而为门店销售打下了坚实的基础。

在其他方面，永辉超市也将成本控制发挥到了极致，比如，店面都采用租赁形式，无论是总部行政还是基础设施，都严格把控成本。并建立了对应的比较有特色的ERP(enterprise resource planning)系统。突破了成本控制的毛利壁垒。

永辉超市的成功，成本控制与价值链起到了很大的作用，而管理会计在此的地位不容小觑。随着市场的风云变幻,企业的生存与发展越来越离不开这样的战略管理理念,管理会计必将成为一种流行趋势,从而逐渐取代传统财务地位。

第一节 | 管理会计概述

一、管理会计的定义

管理会计是随着科学技术的进步和社会生产力的发展而逐步从传统会计中派生出来的,将现代科学管理与会计相结合融为一体的一门新兴的综合性交叉学科,它对加强企业内部的管理有着重要意义。

一般认为,管理会计是指在当代市场经济条件下,以强化企业内部经营管理、实现最佳经济效益为最终目的,以现代企业经营活动及其价值表现为对象,通过对财务会计和其他经济信息采用会计的、统计的和数学的方法进行深加工和再利用,实现对经济过程的预测、决策、规划、控制、责任考核评价等职能的一个会计分支。针对管理会计的这个概念,可以从以下几个方面理解其含义:

(1) 管理会计的实质是会计与管理的融合,或者通俗地说,管理会计就是把会计工作应用到企业管理上的一种方法。

(2) 管理会计预测、决策、规划、控制、责任考核评价的依据,主要是财务会计信息,当然也有其他经济信息。管理会计所预测的经济效益是否达到,最后必须在财务会计中得到反映。

(3) 管理会计所采用的方法,可以是会计的、统计的或数学的方法,但主要是数学方法。采用简明的数学模型可以表达复杂的经济活动,揭示有关现象之间的内在联系和最优数量关系,从而为企业管理当局进行经营决策提供客观依据。

(4) 管理会计的预测、决策、规划、控制、责任考核评价等职能,也可以概括为规划未来、控制现在和评价过去,重点应放在规划未来上。因为提高经济效益,关键在于事先的正确决策。控制现在,是保证决策所确定的目标能够实现的手段。评价过去,主要是分清责任、考核业绩,同时也是总结过去,为今后决策提供参考。所以,管理会计主要是面向未来的会计。

二、管理会计的形成与发展

(一) 管理会计的形成阶段

管理会计将经济学、组织行为学、管理学等相关学科应用于会计学领域,它是随着社会经济的发展、科学技术的进步、企业经营管理现代化的需求而逐渐发展起来的。它为企业管理人员提供决策信息,是社会经济发展到一定阶段的产物。

管理会计作为现代会计的一大分支,可追溯到 19 世纪初期。当时,产业革命正在加速资本主义的发展,企业的生产日益专业化,规模逐步扩大,市场进入激烈自由竞争的阶段,而企业之前所采用的主观臆断或者仅仅凭借经验的方法已无法满足管理者的需求,因此企业逐渐意识到开辟一种新的会计管理方法的重要性。

起初,企业管理者主要通过对产品的销售收入,以及对劳动力控制来稳定地增加利润。

但是后来他们很快意识到,通过降低产品成本,提高生产效率,也是增加产品利润的较优途径。

被誉为"管理学之父"的弗雷德里克·温斯洛·泰罗(Frederick, Winslow Taylor, 1856—1915)提出科学管理的中心问题是提高劳动生产率。为了提高劳动生产率,必须挑选"第一流的工人"。这"第一流的工人"要掌握标准化的操作方法,使用标准化的工具、机器和材料,并使作业环境标准化。因此他把秒表带进车间,研究车间工人的操作,通过对动作与时间的研究,他认为可以在动作和时间方面求得高度的标准化,以降低人工成本和提高企业利润。他把每一个动作尽可能地分解为许多基本动作,然后通过观察最熟练工人的操作,从中找出最快与最好的操作方法,再加上一些额外时间,作为额定时间,在此基础上定出一天的额定工作量,并根据每天完成的好坏,给予高低不同的工资,这种做法被称为"高工资低人工成本",这一制度的推行,大大降低了人工生产成本,提高了劳动效率。

被誉为"科学管理"理论的奠基人之一的哈林顿·埃默森(Harrington Emerson, 1853—1931),他刚开始步入工业界时,专门是为伯林顿铁路公司经理解决问题的代表,后来他又在严重停工状况的圣菲铁路公司担任顾问,在短短的 3 年时间里,埃默森恢复了正常的劳资关系,为圣菲铁路节约了 150 万美元并降低了 25% 的开支。他在会计界提出了"标准人工成本"和"成本差异",从而出现了标准人工成本法。1910 年,他在州际商务委员会为反对美国东北部铁路公司提高货运费作证时,声称铁路公司只要采用泰罗"科学管理"的方法,每天就可以节省 100 万美元。他的这席话,震动了美国的工商业界,对"科学管理"的推广,起到了积极的作用。在这之后两年,他出版了《十二个效率原则》一书,积极宣传效率观念,成为管理思想史上的又一个里程碑。

科学管理运动的先驱者之一劳伦斯·甘特(Henry Laurence Gantt, 1861—1919),把标准人工成本法引进到材料和制造费用的成本管理中,形成了"标准材料成本""标准制造费用成本"等标准成本体。与此同时,在企业管理方面,甘特提出的奖励工资制对管理会计的形成有着推动作用,人们一般将其奖励工资制称为"任务加奖金制(task work with bonus)"。泰罗的差别计件工资制着眼于工人个人,甘特则与泰罗不同,着眼于工人工作的集体性,所提出的任务加奖金制具有集体激励性质。甘特认为,泰罗的办法促进了管理者与工人之间的合作,但不能促进工人与工人之间的合作,而是促使工人进行单干。

特菲尔德将标准成本计算与期间损益计算结合起来,并运用账簿进行核算,形成标准成本制度。1919 年,随着美国全国成本会计师协会的成立,标准成本制度得以迅速推广,标准成本制度的建立为管理会计的形成奠定了重要基础。在标准成本建立的同时,美国一些企业和政府机关开始对各项管理费用实行预算控制制度。1907 年,卡彭特(Carpenters)最先系统地阐述了预算控制思想。预算控制起先只限于单向预算,如销售费用预算、管理费用预算等,后来才逐步发展为多项预算及企业的全面预算,即预算控制制度。

标准成本制度和预算制度的建立与实施,使管理会计初步形成,它们是现代管理会计的基础,被公认为是管理会计的两大支柱。正是由于众多学者的努力,从 1920 年以后,管理会计才开始慢慢从传统会计中分离出来,成为一门崭新的学科。

1922 年,美国会计学者奎因坦斯(H. W. Quaintance)在他的《管理会计:财务管理入门》一书中,首次提到了"管理会计"这一名词并正式拉开了管理会计发展的序幕。在此之后,

1924 年,麦金西的《管理会计》、布利斯的《通过会计进行经营管理》等著作相继出版。

1952 年,世界会计师联合会正式采用了"管理会计"这个名词,这标志着传统会计分离为财务会计和管理会计两大组成部分,管理会计正式得到国际会计界的一致认同。

(二)管理会计的发展阶段

1. 成本决策阶段(20 世纪 20 年代至 50 年代)

第二次世界大战之后,西方国家科学技术突飞猛进并大规模进入生产应用,使生产力获得了十分迅速的发展。而且,进一步集中的企业使跨国公司大量涌现。越来越大的企业规模使日常经营日趋复杂。在这种复杂并且激烈竞争的环境下,企业管理人员不仅要对企业的经济管理活动进行准确的计量和反映,更要预先对企业未来的生产经营情况进行预测。

20 世纪 20 年代,泰罗提出的以提高劳动生产率、标准化生产和专业化管理为核心的科学管理学说在美国许多企业中受到重视,"标准成本控制""预算控制"和"差异分析"等旨在提高企业生产效率和经济效益的管理方法被引入企业内部的会计实务中。但是这种管理学说重局部、轻整体,很快被现代管理科学取代。现代管理学说认为"管理的重心在经营,经营的重心在决策"。在此基础上,以杜邦公司为代表的大型企业倡导并发展的以投资净利率指标为核心的杜邦财务指标体系,用来衡量各个部门的效率和整个企业的业绩。

2. 控制管理与决策阶段(20 世纪 50 年代至 80 年代)

20 世纪 50 年代,现代管理会计正式形成,除行为科学,组织理论、管理科学等对管理会计产生一定影响外,作为现代经济学的核心新古典经济学,尤其是边际原理,对管理会计起了主要影响。随着信息经济学、交易成本理论和不确定性理论被广泛引进到管理会计领域,加上新技术如电子计算机大量应用于企业流程管理,管理会计向着精密的数量化技术方向发展。例如,应用数学规划技巧,决定产销限制下的最佳产品组合。应用概率理论和决策理论,在不确定情况下做成本-数量-利润分析,借助数学规划模式,分摊各种成本。利用统计方法,估计固定成本和变动成本。与此同时,投入产出法、线性规划、存货控制和方差分析等计划决策模型在这一时期发展起来,建立了有关流程分析、战略成本管理等理论与方法体系,极大地推动了管理会计在企业的有效应用,管理会计的职能转向为内部管理人员提供了企业计划和信息控制。

但是随着高新技术的不断发展,而管理会计当时仍然局限于传统责任范围并主要强调会计方面,也落后于新的企业经营。为了改善这一状况,许多管理学家提出了许多应对措施,比如作业成本法、价值链分析、质量成本法等。层出不穷的管理会计方法初步形成了一套新的成本管理控制系统。自此,管理会计实现了从"为产品定价提供信息"到"为企业经营管理决策提供信息"的转变。

3. 管理会计为企业创造价值阶段(20 世纪 90 年代以后)

20 世纪 90 年代以来,以计算机为主导的生产自动化、智能化程度日益提高,直接人工费用普遍减少,间接成本相对增加,明显突破了制造成本法中"直接成本比例较大"的假定。在传统成本法中,按照人工工时,工作量等分配间接成本严重扭曲了产品成本信息。另外,传统管理会计分析,其立足点建立在传统核算基础上,对实践的反映和指导意义并不大,对外部环境变化反应不敏感,因此相关性大大削弱。

随着全球化经济的不断发展,各国公司之间的合作日趋频繁,竞争异常激烈。因此准确市场定位、了解客户需求尤为重要。在这样的背景下,管理会计越来越容易受到非财务信息以及外部信息对相关性的冲击。与此同时,越来越复杂的内部组织结构也迫使管理会计在控制方面要有新的突破。

于是,西方国家在经营决策、战略、商业运营等各个方面发展出一系列新的管理工具和决策工具:

(1) 平衡计分卡(balanced scorecard)。平衡计分卡是从财务、客户、内部运营、学习与成长四个角度,将组织的战略落实为可操作的衡量指标和目标值的一种新型绩效管理体系。他突破了传统的以财务为核心的评价体系,把组织战略目标与实现的过程联系起来,从而保证企业战略得到有效的执行。因此,人们通常称平衡计分卡是加强企业战略执行力的最有效的战略管理工具。

(2) 全面质量管理(total quality management)。全面质量管理是指一个组织以质量为中心,以全员参与为基础,将质量会计发展的重点放在质量成本的确认、计量和报告上。一般情况下,质量成本由预防成本、检验成本、内部失败成本、外部失败成本、外部质量保证成本 5 类成本组成。另外,全面质量管理还提出了以顾客为中心、为用户服务的观点。在企业内部,凡接收上道工序的产品进行再生产的下道工序,就是上道工序的用户,"为用户服务"和"下道工序就是用户"是全面质量管理的一个基本观点。通过每道工序的质量控制,达到提高最终产品质量的目的。

(3) 战略管理(strategic management)。战略管理是指对一个企业或组织在一定时期全局的、长远的发展方向、目标、任务和政策,以及资源调配作出的决策和管理艺术。战略管理思想对成本会计系统的影响主要体现在战略成本管理的提出。战略管理过程包括三个阶段:战略制定、战术运用(战略实施)和战略评价。而战略成本就是运用这些数据和信息,确认和建立能促进公司竞争优势的最优战略。它主要体现在市场定位,价值链分析和成本动因分析这几个方面。

(4) 目标管理(management by objective)。目标管理是以目标为导向,以人为中心,以成果为标准,使组织和个人取得最佳业绩的现代管理方法。与传统管理方式相比,目标管理更重视人的因素,建立目标体系,并且重视成果。其特点表现在以自我管理为中心,强调自我评价。目标管理是员工参与管理的一种形式,由上下级共同商定,依次确定各种目标。

(三)我国管理会计的发展

1. 与国营企业相适应的执行性管理会计阶段(20 世纪 70 年代之前)

在新中国成立初期,我国实行的是计划经济体制,在该体制下,整个国家如同一个企业,而国营企业就如同巨型企业的一个生产车间,国营企业的生产计划由国家统一确定下达。当时国家比较重视企业成本管理制度建设,企业成本项目和成本开支都由成本管理制度确定。如果企业成本控制不好将导致产品的价格失控。国家自然重视以成本为核心的内部责任会计,以期最大限度地降低成本,提高稀缺资源的使用效率。

2. 西方引进的决策管理会计(20 世纪 70 年代至 90 年代)

我国管理会计发展以中共十一届三中全会为转折点。特别是中共十四大指出:我国要建立社会主义市场经济体制,实行政企分开,企业成为独立的商品生产者和经营者。为了适应这种新的发展,管理会计也由之前的执行性管理会计向决策性管理会计转变。于是,对西方的管理会计产生了浓厚的兴趣。许多大中型企业积极采用一些西方管理会计技术,主要用来进行决策分析、成本控制、预测分析。部分企业在管理中已经开始应用本-量-利分析、变动成本法、投资决策、存货控制等管理会计方法。一批批能够适应市场变化并有一定活力的国有企业,把目光转向市场和企业内部,向管理要效益,在建立、完善和深化各种形式的经济责任制的同时,将厂内经济核算制度纳入经济责任制,形成了以企业内部经济责任制为基础的责任会计体系。至此,管理会计在我国企业中的应用广度和深度均有所增加,有些企业甚至设立了专门的管理会计机构。

3. 发展与完善中国特色的管理会计体系(20世纪90年代以后)

我国现阶段部分地区生产力水平不是太高,很多企业属于劳动密集型企业。为了提高经济效益,企业必将加强成本的管控,并逐步将成本控制中心从事后控制转向事前控制和事中控制。而对于沿海地区的知识密集型产业,很多企业实施新型的管理模式,积极探索相应的经营战略。为了适应激烈的竞争环境,将责任会计的建设作为管理会计发展的突破点,将广为采用的成本中心向责任中心转变,并加强分权管理,引进行为科学管理,并加以合理引导与组织。

在借鉴西方国家会计界经验的同时,构建独立的管理会计专业机构,制定和颁布有指导意义的管理会计原则和规范,组织协调我国的管理会计的推广工作。在加强基础理论研究的同时要大力开展典型案例研究。推翻不合理的假设,抛弃过时的技术方法。学术界可以从成功的实践中提炼出新的管理会计思想和方法。实务界可以借鉴新的管理会计的方法进行改进和模仿,使管理会计新方法和新思想得以传播,使成功经验在更多的企业推广应用。

 延伸阅读 1-1

管理会计的起源

管理会计的起源可追溯到19世纪早期企业管理层对内部计量的运用。当时的纺织厂、兵工厂等企业为了衡量内部生产过程的效率,在市场交易信息之外,开始对企业内部特定管理信息提出要求。1855年,新英格兰的利曼(Lyman)纺织厂以复式簿记为基础,首创了一套成本会计制度,它所提供的成本会计信息,能反映产品成本、工厂布置变化和对原棉收发的控制情况。19世纪中期,铁路业的出现和迅速成长为成本会计的发展提供了巨大动力。由于铁路公司在当时规模最大、组织最为复杂且营业跨越广阔的地理区域,这必然对成本会计提出了更高的要求,新颖的会计管理技术方法开始得以发展,这对于以后帮助企业进入更有效的成本规划和控制,具有很大的推进作用。

第二节 管理会计的内容、职能及目标

一、管理会计的基本内容

现如今,管理会计几乎涉及企业生产经营的各个领域和企业内部管理的各个环节,它帮助企业管理者从事企业经营工作而建立的一个专门的会计系统,内容极为丰富。但由于每个企业的经营活动的多样性以及千差万别的企业内部经营管理水平和状况,迄今为止,管理会计应该包含的内容、解决哪些问题依旧难以定论。然而,一般认为,现代管理会计包含规

划控制会计、预测决策会计和责任会计三个部分。它们之间既相辅相成又相对独立。

规划控制会计可分为规划与控制。规划就是预先选定目标,并拟定具体的方案以达到目的的过程。控制是通过一定手段对实际活动施加影响,使之能按一定的目标或计划进行的过程。规划控制会计主要是负责企业全面预算,并对预算执行情况进行监督与评价。预测决策会计则可分为预测会计与决策会计。预测会计是经济管理的重要手段,其目的是定量或定性地判断、推测和规划经济活动的发展变化规律,并对其作出评价,以指导和调节经济活动,谋求最佳经济效果。决策会计就是在经营过程中通过分析比较对未来是否要采取某项行动或者几种可行性方案进行抉择的过程。责任会计亦称控制业绩会计,它是以各个责任中心为主体,以责、权、效、利相统一的机制形成的为评价和控制企业经营活动的进度和效果服务的信息系统。

二、管理会计的职能、作用

(一) 管理会计的职能

管理会计职能是建立在管理的基础上,为了保证管理职能的有效运用而展开的,它是紧密围绕管理职能为企业管理者提供决策信息支持的服务,它是管理会计实践本身存在的必然性所决定的内在功能。总体来讲,管理会计的职能可分为以下几个方面。

1. 预测职能

预测是通过科学的方法预计推测客观事物未来发展的必然性和可能性的行为,它能有效地帮助经营管理部门作出正确的判断和选择,需要对各种生产经营方案的各项经营指标进行科学预测。一般是按照企业未来的总目标和经营方针,充分考虑经济规律的作用和经济条件的约束,选择合理的量化模型对历史数据进行科学加工和整理,来预测未来经济活动的发展变化,以减少企业经营管理决策的盲目性。

2. 决策职能

决策是在充分考虑各种条件和可能的前提下,按照客观规律的要求,通过一定程序对未来实践的方向、目标和方法作出决定的过程。决策是管理会计的一项重要职能,决策的成败关系到企业的未来。事实上,一个正确的决策可以使陷于困境的企业转危为安,而一个错误的决策也可能使一个兴旺的企业走向衰败。在管理会计中,决策是以预测为基础的,对实现一定经营目标可供选择的有关方案进行分析比较,权衡利弊得失,从中选择最优方案。

3. 规划职能

规划职能是将经营决策确定的目标和选定的方案借助于预算使其具体化、数量化,企业以此作为控制和考评经济活动的依据。规划职能要求企业在最终决定方案的基础上,形成能反映整个企业在某一时期内的总目标和任务的全面预算。全面预算将进行分解,形成各个责任单位的责任预算。全面预算可以说是经营管理决策的具体化。

4. 控制职能

控制是对企业经济活动按计划要求进行的监督和调整。一方面,企业应监督计划的执行,确保经济活动按计划的要求进行,从而为完成目标奠定基础;另一方面,企业也应对采取的行动进行反馈,以确定计划阶段对未来期间影响经济变动各因素的估计是否充分、准确。控制是为了使企业的经济活动严格按照决策预定的计划卓有成效的进行,它要求事前控制和事中控制有机地结合起来。一般要求事前确定预算,并以其作为进行日常经营的管理依据,对预算记录情况进行记录和计量。在运行过程中,对预算与实际之间的偏差进行分析,及时采取措施进行改进和调整。

5. 业绩评价职能

业绩评价是运用财务学、管理学、科学等方法来编制企业内各责任单位的业绩报告,并将其报告与各责任单位的全面预算进行分析比较,评价和考核企业内部各责任单位的履行经营责任情况,实行相应的奖惩制度。业绩评价是现代企业管理的一项重要内容,也是管理会计职能当中不可缺少的一部分。

(二) 管理会计职能作用

管理会计不同于财务会计,它可以综合地履行更加广泛的职能。它的职能作用,从财务会计单纯的核算扩展到把解析过去、控制现在和筹划未来有机地结合起来。众所周知,解析过去是由财务会计来完成的,财务会计系统地提供了企业生产经营活动的历史记录,形成基本的财务信息系统。所以,管理会计没有必要进行重复,而管理会计解析过去主要是对财务会计所提供的资料作出进一步的加工、改制和延伸,使之更好地适应筹划未来和控制现在的需要。

预测和决策是筹划未来的主要形式。预测是根据过去和现在预计未来,根据已知推测未来,它着重于提供一定条件下生产经营各个方面未来一定时期内可能实现的数据。而决策是以预测为基础,对为实现一定经营目标可供选择的有关方案,通过分析比较,权衡利害得失,从中选取最优方案。在这些环节中,管理会计主要作用在于充分利用其所掌握的丰富资料,严密地进行定量分析,帮助管理部门客观地掌握情况,从而提高预测与决策的科学性。

三、管理会计的目标

管理会计工作主要是根据企业的现实情况和未来发展方向,对其经营目标和实施方案进行预测、决策,编制预算并实施有力控制,通过事后考评来加强企业内部经营管理。管理会计需达到的目标主要有以下五个方面:

(1) 科学预测确定各项经济目标。这些经济目标主要包括目标销售量、目标销售额、目标成本、目标利润和资金需要量等。

(2) 正确决策经营活动内容和方向。管理会计主要通过一系列程序和方法,对企业经营活动的方向和项目进行科学的决策,保障企业的经营活动沿着正确方向发展。

(3) 有效管理和使用经济资源。即在全面预算的基础上,通过责任会计制度建立责任中心,充分调动职工主观能动性促使其以最少的人力、财力、物力的消耗与资金的占用完成计划和达到目标。

(4) 有效调控经济活动。企业的经济控制活动主要包括:①以事前成本控制为主的前馈性控制与调节;②以日常活动数据与预算数的差异分析为主的反馈性控制与调节。

(5) 客观评价分析经济后果。主要包括:①利用标准成本制度结合变动成本法,对日常经济活动的追踪、收集和计算;②定期对各责任单位编送的业绩报告进行评价、考核,奖优罚劣,挖潜增效。

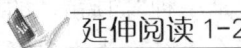

延伸阅读 1-2

战略管理会计

战略管理会计是指以协助高层领导制定竞争战略、实施战略规划的管理,它可以促使企业良性循环并不断发展,能够从战略的高度进行分析和思考,既可以提供顾客和竞争对手具有战略相关性的外向型信息,也可以提供本企业与战略相关的内部信息,它是服务于企业战略管理的一个会计分支。

相比较于传统管理会计,战略管理会计改进了评价企业业绩的尺度。传统管理会计一般以投资报酬率来评价企业的业绩,而忽略了相对竞争地位在业绩评价中的作用。实际上,企业利润是否稳定增长在很大程度上取决于企业相对的市场竞争地位。因此,战略管理会计将战略管理思想贯穿于企业的业绩评价之中,以竞争地位变化带来的报酬取代传统的投资报酬指标。

第三节　管理会计与财务会计的关系

传统财务会计和现代管理会计是会计的两大分支,但是现代管理会计的早期却是从传统财务会计中孕育发展而来的。管理会计既具有与传统会计的不同之处,又与其相互联系,互相补充。管理会计、财务会计为企业提供信息服务,在现代企业管理工作中共同发挥作用。

一、管理会计和财务会计的联系

虽然财务会计与管理会计有其不同侧重点,但两者统一服务于现代企业会计管理,共同为实现企业内部经营管理的目标和满足外部各利益相关者的要求服务。在知识经济条件下,随着信息技术与网络技术的迅猛发展及其在会计中的广泛应用,财务会计与管理会计将进一步融合,共同在会计系统和企业管理系统中发挥核心作用,更好地为企业管理服务。两者的联系具体如下:

(1) 相同的起源。它们都是从传统会计中孕育、发展和分离来的。

(2) 相同的目的。尽管财务会计和管理会计分别为企业的内外部提供信息,但是它们最终目标都是使企业获得最大利润,提高经济效益,改善企业经营管理。

(3) 相同的信息来源。管理会计和财务会计虽然是两个不同的会计信息系统,但它们的信息来源是基本相同的。管理会计为了协助企业管理者规划和控制生产经营,必须从不同的渠道取得各种各样的信息资料,如业务核算信息、统计信息、财会信息。但是基本信息来自于财务会计,有的是财务会计资料的直接使用,有的是财务会计资料的延伸和调整。

(4) 相同的某些概念。在财务会计使用的某些概念,如利润,收益,成本与管理会计是基本相同的,而管理会计中的概念比如边际收益、边际成本和机会成本等都是由财务会计的概念引申来的。

二、管理会计和财务会计的区别

管理会计与财务会计尽管存在着一定的联系,但是两者之间也存在着很多区别:

(1) 作用时效不同。财务会计"总结过去",管理会计"面向未来"。财务会计因为客观性、真实性的报告要求,因此它是收集、整理、存储、传输完成的经济交易,是一种"向后看"的思维模式。而管理会计恰恰相反,它是收集、整理、存储、传输未来或者正在进行而尚未最终完成的经济交易,它是用来支持决策的,因此管理会计是"面向未来"的思维模式。

(2)报告期间不同。因为管理会计面向未来的特性,因此报告的编制是根据需要编制,而不受固定会计期间的限制。但是财务报告应按照规定的财务期间进行编制,因为它反映的是一定期间的财务状况、资金变动和经营成果。

(3)服务对象不同。管理会计主要对企业内部各管理层次提供最优化决策和有效经营所需要的管理信息,是对内的报告,而财务会计主要向企业外部利益相关方提供信息,是对外的报告。

(4)计算方法不同。由于未来经济活动的不确定性和复杂性,管理会计多运用的是现代数学方法和计算机技术,而财务会计则多运用的是一般数学方法。

(5)信息精确度不同。财务会计提供综合性信息,管理会计提供细节性信息。以成本为例,财务会计将成本划分成期间费用和产品成本,它仅仅要求在会计期间内匹配所发生的成本和收入的因果关系,而管理会计却把成本划分成变动成本与固定成本,固定成本又划分成间接成本和直接成本,因此高度体现成本之间的因果关系。这可以使管理会计展示单个产品、部门或顾客的财务信息,从而拟定不同的营销方案,它也可以帮助企业管理者进行日常经营活动的决策,计划和控制。而财务会计仅展示整个公司的综合性财务信息,比较适合于外部的债权人和股东,对于企业基层管理者和普通员工的价值是非常有限的。

(6)约束标准不同。财务会计必须符合会计准则,而管理会计则是受到理论的规范。财务会计为了保障企业外部利益集团的利益,必须遵守严格的、规范的、统一的标准。如会计原则、会计制度、法律、法规都是财务会计必须严格遵守的行为规范。而管理会计则主要是为公司内部服务的,在许多方面,不受相关法律原则与制度的影响,同时,管理会计要受到各种理论本身的规范,如成本制度和管理理论。

第四节 | 管理会计人员的职业道德与职业教育证书

一、管理会计人员的职业道德

管理会计人员在对专业团体、服务机构、公众及其本身履行职责时,必须遵守法律和职业道德规范。

(一)技能

(1)通过不断提高自身的知识技能,保持适当的专业技术水平。

(2)按照各有关法律、法规和技术标准,履行其职业任务。

(3)在准确、清晰、及时和简明信息的基础上,编制完整而清晰的报告。

(4)识别可能影响职能履行和职业判断的职业限制。

(二)保密

(1)除非经授权或行使法律义务,不得泄露在工作中获得的机密信息。

(2)告知有关各方正确使用机密信息,对下属行为进行监督,确保其遵守保密规章。

（3）不得使用保密信息谋求有违职业道德或违法的好处。

（三）正直性

（1）调和现实的利益冲突，与同事定期沟通以避免明显的利益冲突，告知各方潜在的利害冲突。

（2）避免从事任何会影响其以不符合道德规范的方式履行职责的活动。

（3）杜绝从事或支持任何会损害职业信誉的活动。

（四）可信性

（1）公正、客观地沟通信息。

（2）披露可能会影响使用者对报告和推荐书理解的所有相关信息。

（3）披露与企业政策或适用法律的一致性方面出现的关于内部控制、及时性、信息处理的延误或不足的信息。

 **相关案例 1-1**

公交公司扭亏为盈

某公交公司因经营管理不善而长年亏损，新上任财务部经理张某抓住公司经营管理中的薄弱环节，以强化成本核算和管理为突破口，将成本逐层分解到每一辆车辆及其司乘人员身上，并创建了成本监控中心，不仅使每日、每车的运营收支情况一目了然，而且对异常成本变动能立即采取应对措施。因此，有效的成本管理为公司领导作出扩大购车规模、增加营运能力的决策提供了科学依据，经过努力，公司营业收入在 3 年内翻了两番，彻底扭转了亏损局面。

问题：从会计职业道德角度分析，正确的行为有哪些？

会计职业道德 1-1

加强管理会计师职业道德

我国《会计法》第 39 条明确规定"会计人员应当遵守职业道德，提高业务素质"。在社会主义市场经济体制下，加强会计人员职业道德建设对于更好的服务市场经济体制，提高会计工作质量和会计人员的整体素质有着重要的意义。加强管理会计师职业道德应提高管理会计师的整体素质，而职业道德教育是加强管理会计师职业道德建设的重要手段。首先重点是加强会计学历教育和继续教育中的职业道德教育，其次是建立有效地企业内部控制制度，从而减少不道德的行为。再次是严密的企业内部监督，能促使会计人员严格按照规定的秩序、手续办事，即使有一些不良动机，其行为也无法实现。最后是建立严密的监督措施，根据《会计基础工作规范》的规定，财政部门、业务主管部门和各单位应定期检查会计人员遵守职业道德的情况，并作为会计人员晋升、晋级、聘做专业职务、表彰奖励的重要参考依据。

二、管理会计人员的职业教育证书

随着管理会计越来越广泛地运用，管理会计师发挥着越来越大的作用，为了使管理会计的专业地位得到会计职业界和社会的承认，在西方国家，以英、美为代表的发达国家将其职业化和专业化。

（一）美国管理会计师教育

为了适应企业界的需要和应学术界的要求，美国会计师协会设立了"管理会计资格证书"(Certificate in Management Accountant)，并设置了"管理会计师协会"（Institute of Management Accountants)具体负责该项目。按照规定，申请者必须通过一系列涉及经济、金融、管理、会计等多个方面的考试，只有符合特定的专业标准和教育标准时，方能授予管理会计资格证书。

现如今，美国的"管理会计资格证书"是国际通行的财务管理者专业资格认证，是管理会计领域全球最高的顶级权威资格认证，也是美国乃至全世界年薪最高的财经专业资格之一。近40年来，美国的"管理会计资格证书"一直被公认为国际财经领域中的黄金标准，享誉世界，被全球180个国家认可，有国际财务界的MBA之称，是美国重量级企事业单位财务从业者的必备证书。

（二）英国管理会计师教育

英国"特许管理会计师协会"（The Chartered Institute of Management Accountants)是英国的管理会计师组织，也是全球最大的国际性管理会计师组织。凡是申请加入该协会并成为会员的人，必须通过一系列资格考试，并符合一定的专业标准。

英国"特许管理会计师协会"一直以来与商界需求紧密结合，坚持不懈地致力于企业财务管理及战略决策的研究和开发，提供了世界上极具权威性的高端财务职业资格认证。英国"特许管理会计师协会"资格认证不仅为企业衡量和提升财务管理人员素质和业务水平提供依据，也为各行各业的高级财务人员和管理精英创造展示实力的平台和个人发展的通途。

本 章 小 结

本章主要介绍了管理会计的形成与发展，管理会计的基本内容与职能、作用及目标，管理会计与财务会计的区别，以及作为一名管理会计的职业道德和可以考取的西方管理会计证书。管理会计的形成与企业管理的实践要求、管理技术的提高与管理环境的变迁密不可分，管理会计也随着管理实践逐步得到发展。管理职能的实现需要管理会计信息的支持。

本章重要概念

管理会计　规划控制会计　预测决策会计　责任会计　计划职能　组织职能　领导职能　控制职能

推荐阅读资料

［1］纪绍洁.论我国管理会计的现状和发展［J］.内蒙古科技与经济，2005(23).

［2］安艳荣.管理会计的形成与发展［J］.现代商业，2010(6).

［3］张继德，姜鹏.我国管理会计理论发展中存在的问题和对策［J］.会计之友，2014(23).

第二章　变动成本法

内容简介

本章主要讲解了成本按性态分类、混合成本的分解及变动成本法与完全成本法,分为三节进行讲解;本章重点为混合成本的分解;难点为变动成本法与完全成本法。

学习目的和要求

通过本章的学习,学生应掌握成本按性态分类、混合成本的分解及变动成本法与完全成本法的计算,理解成本性态及其在决策特别是短期决策中的重要作用,了解变动成本法的具体应用。

引例　华达工艺制品有限公司业绩分析

华达工艺制品有限公司宣布业绩考核报告后,二车间负责人李杰情绪低落。原来他任职以来积极开展降低成本活动,严格监控成本支出,考核时却没有完成责任任务,严重挫伤了工作积极性。财务负责人了解情况后,召集了有关成本核算人员,寻求原因,将采取进一步行动。

华达公司自1997年成立并从事工艺品加工、销售以来,一直以"重质量、守信用",在同行中经营效果及管理较好。近期,公司决定实行全员责任制,寻求更佳的效益。企业根据3年来实际成本资料,制定了较详尽的费用控制方法。

材料消耗实行定额管理,产品耗用优质木材,单件定额6元;工资实行计件工资,计件单价3元;在制作过程中需用专用刻刀,每件工艺品限领1把,单价1.3元;劳保手套每生产10件工艺品领用1副,单价1元。当月固定资产折旧费8 200元,摊销办公费800元,保险费500元,租赁仓库费500元,当期计划产量5 000件。

车间实际组织生产时,根据当月订单组织生产2 500件,车间负责人李杰充分调动生产人员的工作积极性,改善加工工艺,严把质量关,杜绝了废品,最终使材料消耗定额每件6元降到4.5元,领用专用工具刻刀2 400把,价值3 120元,但是,在业绩考核中,却没有完成任务,出现了令人困惑的结果。

究其原因,华达工艺制品有限公司当期计划产量为500件,其费用中,产品耗用的木材、计件工资、专用刻刀、劳保手套均为变动成本,而固定资产折旧费、办公费、保险费和仓库费均为固定成本,或接近于固定成本。而该车间当月组织生产2 500件,那么固定成本总额不变,而单位成本就相应地升高了,所以李杰没有完成责任任务,是完全成本法造成的弊端,重视生产,生产越多,单位成本越低。

第一节 成 本 分 类

一、成本按经济用途分类

成本按经济用途可以分为生产成本和期间费用两大类,这是财务会计中有关成本分类的最主要的方法,也是一种传统的分类方法,其分类结果主要用来确定存货成本和期间损益,满足对外财务报告的需要。

(一) 生产成本

生产成本也称为制造成本或生产经营成本,是指生产产品或提供劳务而发生的支出。就制造企业而言,生产成本可根据其具体的经济用途分为直接人工、直接材料和制造费用三类。

1. 直接人工

直接人工是指在生产过程中直接对生产对象施加影响以改变其性质或形态所耗费的人工成本。核算上即为生产工人工资。

2. 直接材料

直接材料是指在生产过程中直接用于构成产品主要实体的各种材料成本。这里所说的材料,是指构成其产品的各种物资,当然也包括外购半成品,而不仅仅是指各种天然的、初级的原材料。例如,汽车制造厂所用的汽车轮胎购自橡胶厂,对橡胶厂而言,轮胎当然是产成品;而对汽车厂来说,轮胎只不过是汽车这一产品的原材料之一。

3. 制造费用

制造费用是指为生产产品或提供劳务而发生的各项间接费用。从核算角度上讲,制造费用包括直接人工、直接材料以外的为生产产品或提供劳务而发生的全部支出,这部分一般情况下需分配计入不同产品。制造费用的内容比较繁杂,通常将其细分为:

(1) 间接人工。间接人工是指为生产提供劳务而不直接进行产品制造的人工成本,比如设备养护、维修人员工资。

(2) 间接材料。间接材料是指在产品生产过程中被耗用,但不容易归入某一特定产品的材料成本,或者是不必要单独选择分配标准以确定其归属某一特定产品份额的材料成本,如各种工具、材料的消耗成本。

(3) 其他制造费用。其他制造费用是指不属于间接人工和间接材料的其他各种间接费用,如固定资产的折旧费、维修费、保险费;车间用动力费、照明费等。

应该指出的是,生产方式的改变和改进对上述直接人工、直接材料和制造费用的划分或三者的构成有直接的影响。例如,生产自动化水平的提高会导致制造费用在生产成本总量中所占的比例增大;生产专业化分工的加深会导致制造费用在形象上更加"直接"。

当制造费用按一定的标准在各受益对象即产品中分配完毕后,生产成本也就演化成为所谓的"产品成本",即以产品品种来识别的成本。

(二) 期间费用

期间费用也称为非制造成本或期间成本,通常可分为销售费用、管理费用和财务费用。

销售费用是指为销售产品而发生的各项费用,如专职销售人员的工资、津贴和差旅费,专门销售机构固定资产的折旧费、保险费、广告费、运输费等。

管理费用是指生产成本和销售费用以外的所有办公和管理费用,如董事经费、行政管理人员工资、差旅费、办公费,行政管理部门固定资产的折旧费及相应的保险费和财产税。

财务费用是指企业理财过程中发生的各项成本,如借款的利息支出。

 延伸阅读2-1 ....

膨胀的销售及管理费用

在经济繁荣期间销售及管理费用有上涨的趋势——在经济衰退时就会导致问题的发生。Ron Nicol 是波士顿咨询公司的合伙人,发现美国最大的 1 000 家公司的销售和管理费用在 1985—1996 年以每年 1.7% 的比例增长,1997—2000 年年增长率为 10%。Ron Nicol 先生的计算表明,如果公司将销售收入、销售及管理费用一直保持平衡的话,他列表上的公司销售和管理费用在 2000 年平均会低于 500 000 000 美元。

二、成本按性态分类

成本性态也称为成本习性,是指成本总额对业务总量(产量或销售量)的依存关系。成本总额对业务总量的依存关系是客观存在的,而且具有规律性,对成本按性态进行划分可以说是管理会计这一学科的重要基石,管理会计作为决策会计的角色,其许多决策方法尤其是短期决策方法都需要借助成本性态这一概念。

成本按性态可以分为固定成本、变动成本和混合成本三类。

(一)固定成本

1. 固定成本含义

固定成本是指总额在一定期间和一定业务量范围内,不受业务量变动的影响而保持固定不变的成本。行政管理人员工资、办公费、财产保险费、不动产税、按直线法计提的固定资产折旧费、职工教育培训费等,均属于固定成本。固定成本总额不受业务总量变动的影响,但单位业务量所负担的固定成本却直接受业务总量变动的影响。

【例 2-1】 华夏公司生产一种产品,其专用生产设备的月折旧额为 20 000 元,该设备最大加工能力为 4 000 件/月。当该设备分别生产 1 000 件、2 000 件、3 000 件和 4 000 件时,单位产品所负担的固定成本如表 2-1 所示。

表 2-1　　　　　　　　　　　　单位产品固定成本计算表

产量(件)	总成本(元)	单位产品负担固定成本(元)
1 000	20 000	20
2 000	20 000	10
3 000	20 000	6.67
4 000	20 000	5

从[例 2-1]中可以看出,单位产品所负担的固定成本与产量呈反比例关系,即产量的增加会导致单位产品负担的固定成本下降;反之,则相反。我们若以 a 表示固定成本,x 表示业

务量,y 表示单位业务量所负担的固定成本,则上述关系(固定成本性态)可以通过 $y=a/x$ 这样一个简单的数学模型来表达。如图 2-1、图 2-2 所示。

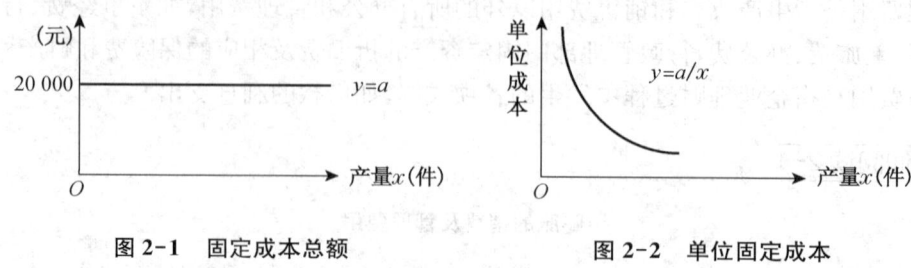

图 2-1　固定成本总额　　　　　　　　　　图 2-2　单位固定成本

2. 固定成本的分类

符合固定成本概念的支出在"固定性"的强弱上是有差别的,所以固定成本又细分为酌量性固定成本和约束性固定成本。

酌量性固定成本也称为选择性固定成本或者任意性固定成本,是指管理当局的决策可以改变其支出数额的固定成本,如广告费、职工教育培训费、技术开发费等。这些成本的基本特征是,其数额的大小直接取决于企业管理当局根据企业的经营状况而作出的决策。由于这类成本在一定的预算执行期内固定不变,与当期业务量无关,而在编制下期预算时又可由企业管理当局根据未来的实际需要和财务负担能力进行调整。因此,也有人将其称为可调整固定成本。对于这部分固定成本可从降低其绝对额的角度予以考虑,即在预算时认真决策、精打细算,在执行中厉行节约,在保证不影响生产经营的前提下尽量减少它们的支出总额。通常我们讲的降低固定成本总额就是指降低酌量性固定成本。

约束性固定成本是指管理当局的决策无法改变其支出数额的固定成本,如厂房、机器设备、按直线法计提的折旧费、不动产税、保险费、行政管理人员的工资等。这类成本反映的是形成和维持企业最起码的生产经营能力的成本,也是企业经营业务必须负担的最低成本。由于企业的经营能力一旦形成,在短期内就不应轻易削减,任何降低这类成本的企图都必须以削减企业的生产能力为代价,意味着经营能力的破坏,可能影响企业长远目标的实现,降低盈利能力,因此这种成本具有很大的约束性。若要降低这部分成本,应从充分利用企业经营能力着手,降低单位固定成本。

3. 固定成本的相关范围

在给固定成本定义时冠以"在一定期间和一定业务量范围内"的定语,也就是说,固定成本的"固定性"不是绝对的,而是有限定条件的,或者说是有范围的。这种限定条件或者说范围在管理会计中叫做"相关范围",表现为一定的期间范围和一定的空间范围。

就时间范围而言,固定成本表现为在某一特定期间内具有固定性。因为从较长时期来看,所有成本都具有变动性,即使"约束性"很强的约束性固定成本,也会随时间的拉长而越来越具有变动性。随着时间的推移,一个正常成长的企业,其经营能力无论是从规模上还是从质量上均会发生变化:厂房势必扩大,设备势必更新,行政管理人员也势必增加,这些均会导致折旧费用、财产保险费、不动产税以及行政管理人员薪金的增加,经营能力的逆向变化当然也会导致上述费用发生变化。

就空间范围而言,固定成本表现为在某一特定业务量水平内具有固定性。因为业务量一旦超出这一水平,同样势必扩大厂房、更新设备和增加行政管理人员,相应的费用也势必增加。业务量的变化,无论是渐变还是突变,当然是表现在特定期间内的,但就固定成本的时间范围限定和空间范围限定而言,空间范围的限定也就是业务量水平的限定更具有实际操作的意义,成本按性态划分也正是体现了这一意义。

正确理解固定成本的相关范围还必须解决这样一个问题:当原有的相关范围被打破,固定成本是否还表现为某种固定性?答案是肯定的。原有的相关范围被打破,自然就有了新的相关范围;原有的固定成本变化了,自然又有了新的相关范围,只不过其固定性体现在新的相关范围内罢了。我们沿用[例2-1]的条件,假定该企业生产设备增加了1倍,最大加工能力达到8 000件,月折旧费用由20 000元增加到40 000元,那么折旧费用(固定成本)的变化如图2-3所示。

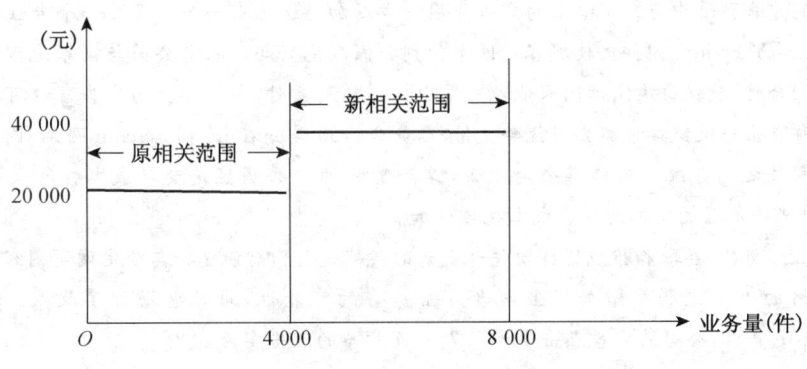

图2-3 固定成本相关范围

(二)变动成本

1. 含义

变动成本是指在一定的期间和一定业务量范围内其总额随着业务量的变动而呈正比例变动的成本。例如,直接材料费、产品包装费、按件计酬的工人工资、推销佣金以及按加工量计算的固定资产折旧费等,均属于变动成本。

【例2-2】 假定[例2-1]中单位产品的直接材料成本为10元。当产量分别为1 000件、2 000件、3 000件和4 000件时,材料的总成本和单位产品的材料成本如表2-2所示。

表2-2　　　　　　　　　　　　　　　　　　材料成本计算表

产量(件)	材料总成本(元)	单位产品材料成本(元)
1 000	10 000	10
2 000	20 000	10
3 000	30 000	10
4 000	40 000	10

若以 y 表示变动成本总额,x 表示业务量,b 表示单位变动成本,则变动成本的性态可以通过 $y = bx$ 这样的一个数学模型来表达。 如图2-4、图2-5所示。

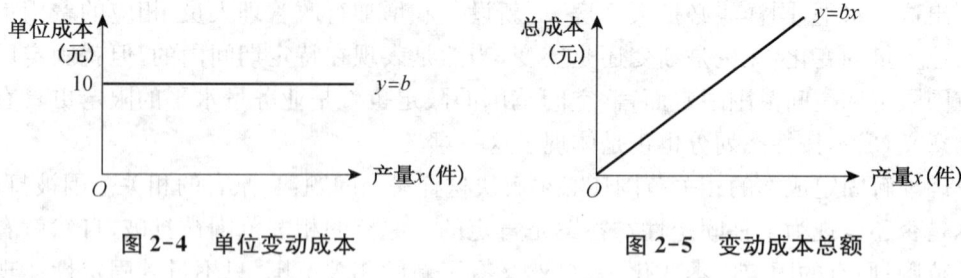

图 2-4　单位变动成本　　　　　　　图 2-5　变动成本总额

 延伸阅读 2-2

在网络上做广告

很多公司的广告预算中花在网络上的广告费用逐步增加。这里有一个例子。一个专注伯利兹航线的旅游公司 Michael Yacoditte 想要促使顾客对网上伯利兹假期感兴趣。旅游公司与国家地理和 Quigo 科技（一家软件公司）合作,确保每次阅读国家地理文章中提到伯利兹时,突然弹出的广告窗口有旅游公司的网站链接。读者每点击一次链接旅游公司就会支付 50 美分。50 美分在 iExplore.com 网站、国家地理的在线网站和 Quigo 科技之间分配。对旅游公司来说,这种形式的广告明显是变动成本。每次点击成本都是 50 美分,但随着点击次数的增加总广告成本也会增加。

对于像 Quigo 科技、谷歌和雅虎这样软件开发者的挑战是写出智能选择与给定网页内容相关的广告程序。考虑到良好的上下文联系增加了上网者点击广告的可能性,同时也增加了收入。Quigo 科技和 Michael Yacoditte 声称,公司的广告点击率为 0.7%,而竞争的点击率为 0.2%。

2. 变动成本的分类

根据固定成本的分类思想,变动成本也可以分为酌量性变动成本与约束性变动成本。

酌量性变动成本是指企业管理当局的短期决策可以改变其支出数额的变动成本,如按产量计酬的工人薪金、按销售收入的一定比例计算的销售佣金等。这些支出的比例或标准取决于企业管理者的决策,当然,企业管理者在作上述决策时,不能脱离当时的各种市场环境。例如,在确定计件工资时就必须考虑当时的劳动力市场情况,在确定销售佣金时就必须考虑所销产品的市场情况等。

约束性变动成本是指企业管理当局的短期决策无法改变其支出数额的变动成本。这类成本通常表现为企业所生产产品的直接物耗成本,以直接材料成本最为典型。当企业所生产的产品定型（包括外形、大小、色彩、重量、性能等方面）后,上述成本的大小对企业管理者而言就有了很大程度的约束性,这类成本的改变往往也意味着企业的产品改型了。

3. 变动成本的相关范围

与固定成本一样,变动成本的变动性,即"随着业务量的变动而呈正比例变动",也有其相关范围。也就是说,变动成本总额与业务量之间的这种呈正比例变动关系只是在一定业务量范围内才能实现,超出这一业务量范围,两者之间就不再是这样一种呈正比例变动关系。

例如,当企业的产品产量较小时,单位产品的材料成本和人工成本可能比较高。但当产量逐渐上升到一定范围时,由于材料的利用更加充分、工人的作业安排可能更加合理等原因,单位产品的材料成本和人工成本会逐渐下降。而产量突破上述范围继续上升时,可能使某些变动成本项目超量上升(如加倍支付工人的加班工资),从而导致单位产品中的变动成本由降转升。

三、混合成本

1. 混合成本含义

混合成本是介于固定成本和变动成本之间,既随业务量变动而又不呈正比例变化的成本。

2. 混合成本的分类

(1) 标准式混合成本。标准式混合成本又称为半变动成本,它是由明显的固定和变动两部分合成的。其固定部分是不受业务量影响的基数成本;变动部分是在基数成本的基础上随业务量的增长而呈正比例增长的成本。

企业的电话费用就是由固定数额计收的月租费和按通话时间及计价标准计算的通话费用两部分组成的,属于标准式混合成本;其他公用事业费(如水、电、煤气等费用)、机器设备的维修保养费及销售人员的薪金也大多属于这类成本。标准式混合成本的性态模型如图 2-6 所示。

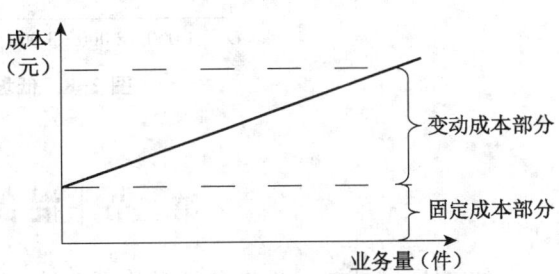

图 2-6　标准式混合成本

【例 2-3】　华夏公司电费成本采用两部分电价制计价。即不论当月是否生产,必须按月支付 5 000 元固定电费,在此基础上,每生产一件 A 产品,需要再支付变动性电费 5 元。($y = 5\ 000 + 5x$)

(2) 阶梯式混合成本。阶梯式混合成本又称半固定成本,这类混合成本的特点是:在一定业务量范围内其成本不随业务量的变动而变动,类似固定成本,当业务量突破这一范围,成本就会跳跃上升,并在新的业务量变动范围内固定不变,直到出现另一个新的跳跃为止。将此变化反映在平面直角坐标系中,其成本随业务量的增长呈现出阶梯状增长趋势。企业化验员、保养工、质检员、运货员等人员的工资就属于阶梯式混合成本。阶梯式混合成本的性质模型如图 2-7 所示。

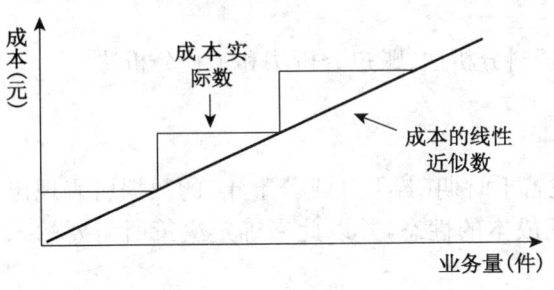

图 2-7　阶梯式混合成本

【例 2-4】　已知:当华夏公司每月生产的 A 产品产量在 400 件以内时,需要两名化验员,每人每月工资 400 元,工资成本共 800 元,以后产量每增加 250 件,就需在原有基础上增加一名化验员。

$$y = f(x) \begin{cases} 800 & (0 \leqslant x \leqslant 400) \\ 1\ 200 & (400 < x \leqslant 650) \\ 1\ 600 & (650 < x \leqslant 900) \end{cases}$$

(3) 低坡式混合成本。低坡式混合成本的特点是:在一定的业务量范围内其总额保持固定不变,一旦突破这个业务量限度,其超额部分的成本就相当于变动成本。

当企业实行计时工资制时,其支付给职工的正常工作时间内的工资总额是固定不变的;但当职工的工作时间超过了正常水平,企业需按规定支付加班工资,且加班工资的大小与加班时间的长短存在着某种比例关系。

【例2-5】 假设华夏公司职工正常工作时间为3 000小时,正常工资总额为30 000元(即小时工资率为10元),职工加班时按规定需支付双薪,该企业工资总额的成本性态如图2-8所示。

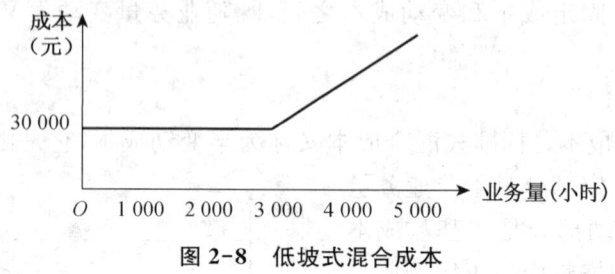

图2-8 低坡式混合成本

第二节 混合成本的分解

如前所述,成本按性态分类是管理会计这一学科的重要贡献之一,对各项成本进行性态分析也是采用变动成本计算法的前提条件,但是,固定成本与变动成本只是经济生活中诸多成本性态的两种极端类型,多数成本是以混合成本的形式存在的,需要将其进一步分解为固定成本和变动成本。如果我们可以对费用支出逐笔、逐次地进行分析、分解,那么结果无疑是最为准确的,但这种分解工作的成本无疑是相当大的,即使有可能使混合成本准确分解,恐怕也不必要。在实践中,往往在一类成本中选择具有代表性的成本项目进行性态分析,并以此为基础推断该类成本的性态。这样做,只要分类合理、选样得当,就可以以较低的分解成本获得一个相对较为准确的结果。

混合成本的分解方法有很多,通常有历史资料分析法、账户分析法和工程分析法。

一、历史资料分析法

历史资料分析法的基本做法就是根据以往若干时期(若干月或若干年)的数据所表现出来的实际成本与业务量之间的依存关系来描述成本的性态,并以此来确定决策所需要的未来成本数据。

历史资料分析法通常分为高低点法、散布图法和回归直线法三种。

(一)高低点法

高低点法又叫两点法,是历史资料分析法中最简便的一种分解方法。基本做法是,以某一期间内最高业务量(即高点)的混合成本和最低业务量(即低点)的混合成本的差数,除以最高与最低业务量的差数,得出的商数即为业务量的成本变量(即单位业务量的变动成本额),进而可以确定混合成本中的变动成本部分和固定成本部分。

高低点法的具体步骤如下。

1. 确定高低点坐标

从由各期业务量与相关成本所构成的所有坐标点中,找出由最高业务量(假设为x_1)及同期成本(假设为 y_1)组成的高点坐标 (x_1, y_1) 和由最低业务量(假设为 x_2)及同期成本(假设为 y_2)组成的低点坐标 (x_2, y_2)。

2. 计算 b 值

根据高低点坐标值计算单位变动成本(或混合成本的变动部分的单位额)。

b 的计算公式为:

$$b = \frac{y_1 - y_2}{x_1 - x_2} = \frac{\text{高低点成本之差}}{\text{高低点业务量之差}}$$

3. 计算 a 值

计算固定成本(或混合成本的固定部分)a,须将低点或高点的坐标值和 b 值代入下式:

$$a = y_i - bx_i (i = 1 \text{ 或 } 2)$$
$$= \text{低点成本} - b \times \text{低点业务量} = y_2 - bx_2$$
$$= \text{高点成本} - b \times \text{高点业务量} = y_1 - bx_1$$

4. 建立成本性态模型

将 a 和 b 的值代入 $y = a + bx$

经过上述步骤,就可以完成成本性态的任务。

【例 2-6】 华夏公司某年上半年各月的 A 产品产量与制造费用的历史资料如表 2-3 所示。

表 2-3　　　　　　　　　　A 产品产量与制造费用的历史资料　　　　　　　　　单位:元

月份	产量(件)	制造费用(元)
1	400	100 000
2	500	110 000
3	600	125 000
4	625	130 000
5	800	150 000
6	750	150 100

要求:用高低点法进行混合成本分解,并建立相应的制造费用性态模型。

解:根据上述资料可断定,高点坐标为(800,150 000);低点坐标为(400,100 000)。

$$b = \frac{150\ 000 - 100\ 000}{800 - 400} = 125(\text{元} / \text{件})$$

$$a = 100\ 000 - 125 \times 400 = 50\ 000(\text{元})$$

据此建立的制造费用形态模型为:

$$y = 50\ 000 + 125x$$

其中,固定部分为 50 000 元,变动部分为 $125x$。

运用高低点法分解混合成本应注意以下几个问题:

第一,高点和低点的业务量(即[例 2-6]中的 800 件和 400 件)为该项混合成本相关范围的两个极点,超出这个范围则不一定适用所得出的数学模型(即[例 2-6]中的 $y = 50\ 000 + 125x$)。

第二,高低点法根据高点和低点的数据来描述成本性态,其结果会带有一定的偶然性,根据这种带有一定偶然性的成本性态模型进行决策,势必会造成一些偏差,因此,在使用高低点法描述成本性态的时候,往往会对其模型进行一些修正。

第三,当高点和低点业务量不止一个(即有多个期间的业务量相同且同属高点或低点)而成本又不同时,高点应取成本大者,低点应取成本小者。

(二)散布图法

散布图法是指将若干期业务量和成本的历史数据标注在坐标系中,通过目测画一条尽可能接近所有坐标点的直线,并据此来推算固定成本(或混合成本中的固定部分)a 和单位变动成本(或混合成本中的变动部分的单位额)b 的一种成本性态分析方法。

散布图法的具体步骤如下。

1. 标出散布点

将各期业务量与相应成本的历史资料作为点的坐标标注的平面直角坐标图,如图2-9所示。

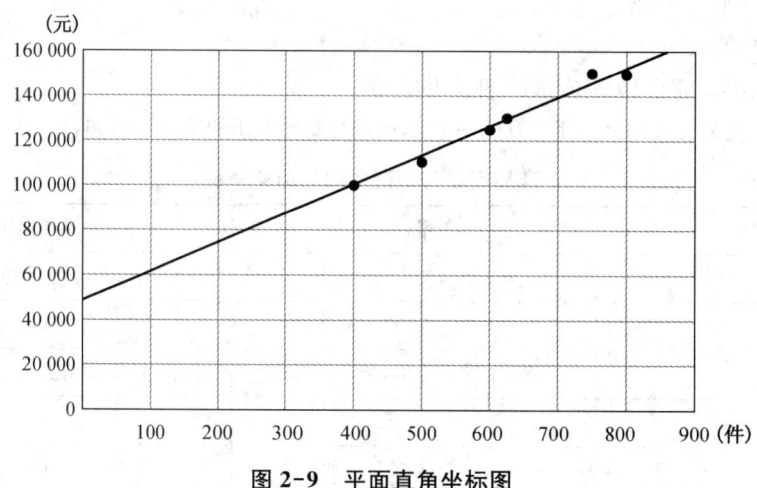

图 2-9　平面直角坐标图

2. 画线

目测画一条直线,使其尽可能通过或接近所有坐标点。

3. 读出 a 值

在纵轴上读出该直线的截距值,即固定成本总额 a。

4. 任选一点

在直线上任取一点 P,假设其坐标值为 (x_P, y_P)。

5. 求 b

计算单位变动成本 b,须将 x_P 和 y_P 的值代入下式:

$$b = \frac{y_P - a}{x_P}$$

6. 建立成本性态模型

将 a 和 b 的值代入 $y = a + bx$

经过上述步骤,就可以完成成本性态的任务。

【例2-7】 已知:仍按[例2-6]中的资料。

要求:用散布图法进行混合成本分解,并建立相应的制造费用性态模型。

解:将6期的成本点坐标分别标在平面坐标系中,形成散布图,如图2-5所示,从该图上所画直线截距 a 的读数值为45 500;在直线上取一点 P,测出其坐标为(600,125 000),则有:

$$b = \frac{125\ 000 - 45\ 500}{600} = 132.50(\text{元／件})$$

据此建立的制造费用形态模型为:$y = 45\ 500 + 132.5x$。

其中,固定部分为45 500元,变动部分为 $132.5x$。

散布图法能够考虑所提供的全部历史资料,其图像可以反映成本的变动趋势,比较形象直观,易于理解,较高低点法更为科学,其计算结果更为精确。但由于画直线成本完全靠目测,容易导致不同的人会有不同的画法,出现人为的误差,从而影响分析结果的客观性。

(三) 一元直线回归法

一元直线回归法又称最小二乘法或最小平方法,是指利用微分极值原理对若干期全部业务量与成本的历史资料进行处理,并据此来推算固定成本(或混合成本中的固定部分)a 和单位变动成本(或混合成本中的变动部分的单位额)b 的一种成本性态分析方法。

其原理是从散布图中可以找到一条与全部观测值误差的平方和最小的直线,这条直线在数学上称为回归直线或回归方程:$y = a + bx$,按照数理统计的回归分析法可直接套公式计算出回归系数 a 和 b 的值。

一元直线回归法的具体步骤如下。

1. 列表求值

根据历史资料表,求 n,$\sum x$,$\sum y$,$\sum xy$,$\sum x^2$ 和 $\sum y^2$ 的值。

2. 计算相关系数 r,并判断 y 与 x 之间是否存在必要的内在联系

相关系数用于揭示两组数据之间关联程度的数学指标。

r 的取值范围一般在0与±1之间。当 $r=-1$ 时,说明 x 与 y 之间完全负相关;当 $r=0$ 时,说明 x 与 y 之间不存在任何联系,为零相关;当 $r=+1$ 时,说明 x 与 y 之间完全正相关,即 $y=a+bx$,当 $r \rightarrow +1$,说明 x 与 y 基本正相关,可近似写成 $y=a+bx$ 的形式。

一元直线回归法要求业务量 x 与成本 y 之间基本上保持线性关系,否则研究无意义。

相关系数 r 的计算公式如下:

$$r = \frac{n\sum xy - \sum x \sum y}{\sqrt{\left[n\sum x^2 - \left(\sum x\right)^2\right]\left[n\sum y^2 - \left(\sum y\right)^2\right]}}$$

3. 计算回归系数 a 和 b 的值

a 和 b 的计算公式如下:

$$b = \frac{n\sum xy - \sum x \sum y}{n\sum x^2 - \left(\sum x\right)^2}$$

$$a = \frac{\sum y - b \sum x}{n} = \frac{\sum x^2 \sum y - \sum x \sum xy}{n \sum x^2 - (\sum x)^2}$$

4. 建立成本性态模型

将 a 和 b 的值代入 $y = a + bx$。

经过上述步骤，就可以完成成本性态的任务。

回归系数 a 和 b 的计算公式需要对误差的平方和函数求偏导数进行推倒，比较麻烦，本书暂不介绍。

【例 2-8】 已知：仍按[例 2-6]中的资料。

要求：用一元直线回归法进行混合成本分解，并建立相应的制造费用性态模型。

解：根据表 2-3 的资料加工整理，求出有关数据如表 2-4 所示。

表 2-4 相关数据计算表

月份	产量（件） x	制造费用（元） y	xy	x^2	y^2
1	400	100 000	40 000 000	160 000	10 000 000 000
2	500	110 000	55 000 000	250 000	12 100 000 000
3	600	125 000	75 000 000	360 000	15 625 000 000
4	625	130 000	81 250 000	390 625	16 900 000 000
5	800	150 000	120 000 000	640 000	22 500 000 000
6	750	150 100	112 575 000	562 500	22 530 010 000
合计	$\sum x = 3\ 675$	$\sum y = 765\ 100$	$\sum xy = 483\ 825\ 000$	$\sum x^2 = 2\ 363\ 125$	$\sum y^2 = 99\ 655\ 010\ 000$

$$r = \frac{6 \times 483\ 825\ 000 - 3\ 675 \times 765\ 100}{\sqrt{(6 \times 2\ 363\ 125 - 3\ 675^2) \times (6 + 99\ 655\ 010\ 000 - 765\ 100^2)}} \approx 0.992\ 26 \rightarrow 1$$

x 与 y 基本正相关。

$$b = \frac{6 \times 483\ 825\ 000 - 3\ 675 \times 765\ 100}{6 \times 2\ 363\ 125 - 3\ 675^2} \approx 135.5$$

$$a = \frac{765\ 100 - 135.5 \times 3\ 675}{6} = 44\ 523.77$$

据此建立的制造费用性态模型为：$y = 44\ 523.77 + 135.5x$。

其中，固定部分为 44 523.77 元，变动部分为 135.5x 元。

一元直线回归法利用了微分极值原理，因此计算结果比前两种方法更为准确，但计算工作量较大，比较麻烦。但目前电子计算机的广泛应用，这种方法在实务中应用比较广泛。

二、账户分析法

账户分析法是根据各个成本、费用账户（包括明细账户）的内容，直接判断其与业务量之间的相互变动关系，从而确定其成本性态的一种成本分解方法。

　　账户分析法的基本做法是根据各有关成本账户的具体内容,判断其特征是更接近于固定成本,还是更接近于变动成本,进而直接将其确定为固定成本或变动成本。例如,"管理费用"账内大部分项目发生额的大小在正常产量范围内与产量变动没有关系,至少没有明显关系,那么就将管理费用全部视为固定成本;"制造费用"账中的车间管理部门办公费、按折旧年限计算的设备折旧费等虽与产量的关系较"管理费用"密切一些,但基本特征仍属"固定",所以也应被视为固定成本;"制造费用"账内的燃料动力费、维修费等,虽然不似直接材料费那样与产量呈正比例变动,但其发生额的大小与产量变动的关系很明显,因而可以将其视为变动成本。

　　【例2-9】假设华夏公司某车间只生产一种产品,该车间某月的成本数据如表2-5所示。

表2-5　　　　　　　　　　　　　　　**某车间成本数据**　　　　　　　　　　　单位:元

产量为 3 000 件时的成本	
账　户	总成本
生产成本——直接材料	6 000
——直接人工	7 200
制造费用——燃料、动力费	2 400
——维修费	1 200
——间接人工	1 200
——折旧	4 000
——办公费	1 000
合　计	23 000

　　要求:采用账户分类法对成本进行分解。

　　该车间只生产一种产品,那么本月发生的 23 000 元费用将全部构成该产品的成本。有关的成本分解过程如表2-6所示。

表2-6　　　　　　　　　　　　　　　**成本分解表**　　　　　　　　　　　　单位:元

账　户	总成本	固定成本	变动成本
生产成本——直接材料	6 000		6 000
——直接人工	7 200		7 200
制造费用——燃料、动力费	2 400		2 400
——维修费	1 200		1 200
——间接人工	1 200		1 200
——折旧	4 000	4 000	
——办公费	1 000	1 000	
合　计	23 000	5 000	18 000

表2-6的分解理由是:直接材料和直接人工(即"生产成本"账户项目)通常为变动成本,燃料动力费、修理费、间接人工费虽然不与产量的变动呈正比例变动,但有明显的变动关系,所以也确定为变动成本;折旧费和办公费与产量变动没有明显关系,因而确定为固定成本。不难看出,上述分解过程是在一定的假设条件下进行的:假设生产工人的工资实行计件工资制,那么直接人工就是变动成本;假设生产设备的折旧额不是按加工量和加工时间计算的,那么折旧费就属于固定成本。如果假设条件不是这样的,分解的结果当然就不一样了。不过,相对于特定的分解对象而言,相应的假设条件由于经常使用而约定俗成为既定前提了,所以对于一些常见的成本费用,如直接材料、直接人工等,可以依据前述的既定前提,直接将其确定为固定成本或变动成本。

根据表2-5,该车间的总成本被分解为固定成本和变动成本两部分,其中:

$$a = 5\,000(元)$$

该车间该月的产量为3 000件,那么:

$$b = \frac{18\,000}{3\,000} = 6(元／件)$$

以数学模型来描述该车间的总成本,即:

$$y = 5\,000 + 6x$$

账户分析法是混合成本分解的诸多方法中最为简便的一种,同时也是相关决策分析中应用比较广泛的一种。但是由于其分析结果的可靠性在很大程度上取决于有关分析人员的判断能力,因而不可避免的带有一定的片面性和局限性。

就账户分析法的对象而言,这一方法通常用于特定期间总成本的分解,而且对成本性态的确认通常也只限于成本性态相对比较典型的成本项目,而对于成本性态不那么典型的成本项目,则应该选择其他的成本分解方法。

三、工程分析法

工程分析法是运用工业工程的研究方法来研究影响各有关成本项目数额大小的每个因素,并在此基础上直接估算出固定成本和单位变动成本的一种成本分解方法。

工程分析法分解成本的基本步骤是:①确定研究的成本项目;②对导致成本形成的生产过程进行观察和分析;③确定生产过程的最佳操作方法;④以最佳操作方法为标准方法,测定标准方法下成本项目的每一构成内容,并按成本性态分别确定为固定成本和变动成本。

【例2-10】 假设华夏公司铸造车间的燃料用于铸造铸件,分别在点炉和熔化铁水这两项程序中使用,按照最佳的操作方法,每次点炉要用木柴0.05吨,焦炭1.0吨,熔化1吨铁水要使用焦炭0.1吨;每个工作日点炉一次,全月工作日25天。木柴每吨价格200元,焦炭每吨价格450元。

要求:建立每月的成本方程。

设每月燃料总成本为y,产量为x吨铸件,每月固定成本为a,单位变动成本为b,则:

每月固定成本 $= (0.05 \times 200 + 1.0 \times 450) \times 25 = 11\,500(元)$

每吨铸件变动成本 $= 0.10 \times 450 = 45(元)$

因此,成本模型 $y = 11\,500 + 45x$。

工程分析法适用于任何可以从客观立场上进行观察、分析和测定的投入产出过程,如对直接材料、直接人工等制造成本的测定;也可以用于仓储、运输等非制造成本的测定。与历史资料分析法和账户分析法相比,工程分析法的优点十分突出。

(1)历史资料分析法和账户分析法都只适用于有历史成本数据可供分析的情况,而工程分析法是一种独立的分析方法,即使在缺乏历史数据的情况下也可以采用。同时,当需要对历史成本分析的结论进行验证时,工程分析法也是最有效的方法。

(2)与历史资料分析法或账户分析法相比,工程分析法可以排除那些发生在分析期间的无效或者不正常的支出,还可以排除那些具有隐蔽性的无效或不正常的支出。由于工程分析法是从投入与产出之间的关系入手,通过观察和分析,直接测定在一定的生产流程、工艺水平和管理水平条件下应该达到的各种消耗标准,也就是一种较为理想的投入和产出关系,这种关系是企业的各种经济资源利用最优化的结果,所以,工程分析法在排除无效或不正常支出方面,具有历史资料分析法或账户分析法无法比拟的优势。

(3)企业在制定标准成本和编制预算时,采用工程分析法的分析结果更具有客观性、科学性和先进性,分析过程也大为简化。

当然,工程分析法的分析成本较高,因为对投入产出过程进行观察、分析和测定,往往要耗费较多的人力、物力、财力和时间。而且,对于那些不能直接将其归属于特定投入与产出过程的成本,或者属于不能单独进行观察的联合生产过程的成本,如各种间接成本,就不能使用工程分析法。

从混合成本分解的各种方法中不难看出,成本分解的过程实际上是一个对成本性态进行研究的过程。就成本分解的各种方法而言,应该说是短长互见,因此,应该根据不同的分解对象所需的精确程度和所能承担的成本支出来选择适当的分解方法。得到分解结果后,还应当尽可能采用其他方法进行印证,以获得比较准确的成本数据。

第三节 变动成本法与完全成本法

一、成本计算制度概述

成本计算制度是成本管理的重要组成部分。为满足不同方面的需要,产生了不同的成本计算制度。其中,包括以损益计算、报表编制为目的,产生的以成本职能为基础的完全成本法;以经营预测与决策、目标规划和控制为目的,产生的以成本性态为基础的变动成本法。

(一)变动成本法的含义

在管理会计中,广泛采用的成本计算方法为变动成本法。变动成本法是指在计算产品成本时,其生产成本和存货成本中只包括变动性生产成本而不包括固定性生产成本的一种成本计算方法。在这种方法下,产品生产成本只包括直接人工、直接材料和变动制造费用,固定性生产成本(包括固定制造费用)都作为期间成本列入当期收益表内,从营业收入中扣除。其理由是固定性生产成本是为企业提供一定的生产经营条件而发生的,不管这些条件的实际利用程度如何,有关费用照样会发生。它们与产品的实际生产无直接联系,而与时间的关系较密切,因而不应把它们计入产品生产成本而应作为期间成本在当期全部计入损益。

(二)完全成本法的含义

完全成本法是相对于变动成本法而提出的成本计算方法。完全成本法是指在计算产品成本时,其生产成本和存货成本既包括变动性生产成本部分又包括固定部分的一种成本计算方法。在这种方法下,产品生产成本除了包括直接材料、直接人工、变动制造费用外,还包括固定制造费用。

二、变动成本法与完全成本法的区别

(一)产品成本

完全成本法下的产品成本,是指当期产品生产过程中发生的全部生产成本,包括直接材料、直接人工、变动制造费用和固定制造费用。产品成本随着产品的出售转入销货成本,随产品实体的流动而流动,只有当产品实现销售时才能与相关收入实现配比,得以补偿。产品未出售时,将其作为存货成本递延到下一个会计期间。这样就使固定制造费用随产品实体的流动而流动,一部分随当期出售的产品直接体现在当期损益内,另一部分则转入期末存货成本,递延至以后期间的损益内。

变动成本法的产品成本,是指当期产品生产过程中发生的全部变动生产成本,包括直接材料、直接人工和变动制造费用。变动成本法的产品成本亦随着产品的出售转入销货成本,计入当期损益,产品未出售时,则作为期末存货成本递延到下一个会计期间。而固定制造费用不作为产品的成本,当然也不随产品实体的流动而流动。

【例2-11】已知,华夏公司只生产经营一种产品,2×15年有关的产销业务量、销售单价与成本资料如表2-7所示。

表2-7   2×15年相关成本资料表   单位:元

存货及单价		成本项目	变动性	固定性	合计
期初存货量	0	直接材料	24 000		24 000
本期投产完工量	4 000	直接人工	12 000		12 000
本期销售量	3 000	制造费用	4 000	10 000	14 000
期末存货量	1 000	销售费用	600	1 000	1 600
销售单价	20	管理费用	300	2 500	2 800
		财务费用	0	600	600

要求:分别用变动成本法与完全成本法计算该企业当期的产品成本。

变动成本法:产品成本＝24 000＋12 000＋4 000＝40 000(元)

        单位产品成本＝40 000÷4 000＝10(元/件)

完全成本法:产品成本＝24 000＋12 000＋14 000＝50 000(元)

        单位产品成本＝50 000÷4 000＝12.5(元/件)

(二)期间成本

完全成本法下的期间成本,是指一定会计期间内的全部非生产成本,包括销售费用、管理费用和财务费用。期间成本不随产品的实体流转,而是以一定的会计期间来划分。

变动成本法下的期间成本,是指一定会计期间内的全部非生产成本及该期间的全部固定制造费用,包括销售费用、管理费用、财务费用和固定制造费用。

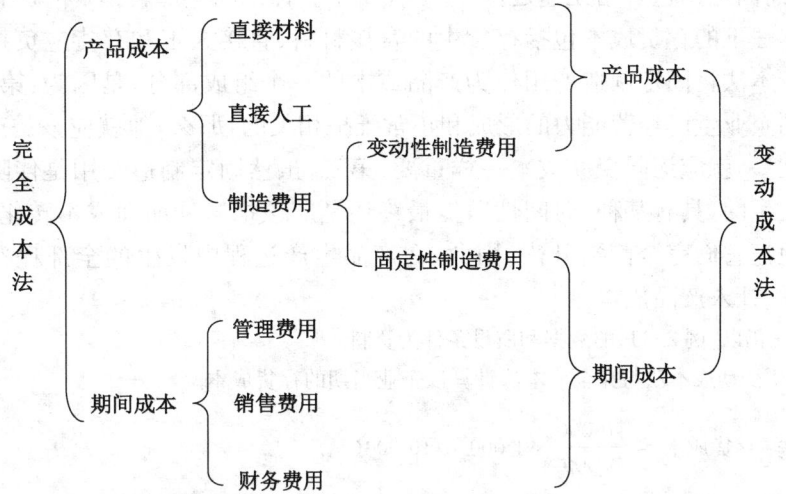

【例 2-12】 仍以［例 2-11］的数据和所设条件为资料。

要求：分别用变动成本法与完全成本法计算该企业当期的期间成本。

变动成本法：期间成本 ＝ 10 000 ＋ 1 600 ＋ 2 800 ＋ 600 ＝ 15 000(元)

完全成本法：期间成本 ＝ 1 600 ＋ 2 800 ＋ 600 ＝ 5 000(元)

(三) 销货成本

销货成本是指已销产品的产品成本。

变动成本法下的销货成本包括已销产品中的直接材料、直接人工和已销产品应负担的变动制造费用。

完全成本法下的销货成本包括已销产品中的直接材料、直接人工和已销产品应负担的全部制造费用。

无论是以前会计期间生产的，还是当期生产的，只要是本期销售的产品，就应将其产品成本计入当期损益，与相关收入实现配比，使其得以补偿。

【例 2-13】 仍以［例 2-11］的数据和所设条件为资料。

要求：分别用变动成本法与完全成本法计算该企业当期的销货成本。

变动成本法：销货成本 ＝ $\dfrac{40\ 000}{4\ 000} \times 3\ 000 = 30\ 000$(元)

完全成本法：销货成本 ＝ $\dfrac{50\ 000}{4\ 000} \times 3\ 000 = 37\ 500$(元)

(四) 存货成本

存货成本是指存货中包含的产品成本。

变动成本法下的存货成本包括存货中的直接材料、直接人工和存货应负担的变动制造费用。

变动成本法将固定制造费用作为期间成本，是因为：固定制造费用是为企业开展生产经营活动提供条件、形成并维护企业正常生产经营能力而发生的耗费，这类耗费的数额大小取决于企业各不同会计期间的经营能力大小和管理工作的实际需要，其效益同特定的会计期间相联系,因而固定制造费用无递延性,应该在每个会计期间全部转销,冲减当期收益。

完全成本法下的存货成本包括存货中的直接材料、直接人工和存货应负担的全部制造费用。完全成本法将固定制造费用作为产品成本的一个组成部分,是因为:第一,既然固定制造费用是同企业生产经营能力的形成和正常维护相关的,那么,他就应该是产品最终形成的前提条件之一,就应该同变动成本一样重要;第二,虽然固定制造费用是伴随会计期间的推移而相应发生的,具有某种"时间性",但最终还是应该把这种期间成本转化为产品成本,而不能人为地把它们完全割裂开来,因此,在产品生产过程中发生的全部耗费都应同等对待,都应将它们计入产品成本。

【例 2-14】 仍以[例 2-11]的数据和所设条件为资料。

要求:分别用变动成本法与完全成本法计算该企业当期的存货成本。

变动成本法:存货成本 $= \dfrac{40\ 000}{4\ 000} \times 1\ 000 = 10\ 000$(元)

完全成本法:存货成本 $= \dfrac{50\ 000}{4\ 000} \times 1\ 000 = 12\ 500$(元)

(五) 各期损益

如前所述,变动成本法下的产品成本只包括变动成本,而将固定成本当作期间成本,也就是说,对固定成本的补偿由当期销售的产品承担。而完全成本法下的产品成本既包括变动成本,又包括固定成本。换句话说,完全成本法下对固定成本的补偿是由当期生产的产品承担的,期末未销售的产品与当期已销售的产品承担相同的份额。固定成本处理上的分歧对两种方法下的损益计算会产生影响,影响的程度取决于产量和销量的均衡程度,即产销越均衡,两种成本法下所计算的损益相差越小;反之,则越大;只有当实现所谓的"零存货"即产销绝对均衡时,损益计算上的差异才会消失。而事实上,产销绝对均衡只是个别的、相对的和理想化的,不均衡才是普遍的、绝对的和现实化的,这也是研究本问题的意义所在。下面举例来具体说明这一问题。

【例 2-15】 仍以[例 2-11]的数据和所设条件为资料。

要求:分别用变动成本法与完全成本法计算该企业当期的税前利润(见表 2-8)。

表 2-8 税前利润计算表 单位:元

变动成本法		完全成本法	
项目	金额	项目	金额
销售收入	60 000	销售收入	60 000
变动成本		销售成本	37 500
销售成本	30 000	毛利	22 500
变动管理费用	300	期间成本	
变动销售费用	600	管理费用	2 800
小计	30 900	销售费用	1 600
贡献毛益	29 100	财务费用	600

（续表）

变动成本法		完全成本法	
项目	金额	项目	金额
固定成本		小计	5 000
固定制造费用	10 000		
固定销售费用	1 000		
固定管理费用	2 500		
固定财务费用	600		
小计	14 100		
税前利润	15 000	税前利润	17 500

从表 2-8 可以看出,不同成本计算法下所计算出的税前利润不同。采用变动成本法时为 15 000 元,采用完全成本法时则是 17 500 元,相差 2 500 元。这 2 500 元正是完全成本法所确认的应由期末存货所负担的固定制造费用部分(10 000÷4 000×1 000),而在变动成本法下,这 2 500 元全部作为期间成本计入了当期损益。换句话说,这 2 500 元在完全成本法下被视为"一种可以在将来换取收益的资产"列入了资产负债表,而在变动成本法下则被视为"为取得收益而已然丧失的资产"列入了利润表中。

在[例 2-15]中,假设企业期初没有存货,那么当所生产的产品未全部销售出去时,按变动成本法计算的损益就小于按完全成本法所计算的损益。就产品的整个寿命周期而言,销售总量最多也只能等于生产总量,但就某个或某些会计期间而言,也可能出现销量大于产量的情况(即销售了以前会计期间生产而未销售的产品)。为了较全面的说明变动成本法与完全成本法对损益计算的影响,再举以下两种情况进行分析。

1. 连续各期产量相同而销量不同

【例 2-16】华夏公司只生产一种产品,第 1 至第 3 年每年的生产量(基于正常生产能力)都是 8 000 件,而销售量分别是 8 000 件、7 000 件和 9 000 件。产品售价为 12 元/件。生产成本中,单位变动成本为 5 元(包括直接材料、直接人工和变动制造费用)。固定制造费用基于正常生产能力 8 000 件,共计 24 000 元,每件分摊 3 元。销售和行政管理费用假定全部都是固定成本,每年发生额均为 25 000 元。

根据上述资料,当分别采用变动成本法与完全成本法时,所计算的税前利润如表 2-9 所示。

从表 2-9 中可以看出由产量与销量的相互关系所导致的两种成本法下税前利润的变化规律。

表 2-9 税前利润计算表 单位:元

项目	第 1 年	第 2 年	第 3 年	合计
变动成本法				
销售收入	96 000	84 000	108 000	288 000
销售成本	40 000	35 000	45 000	120 000
贡献毛益	56 000	49 000	63 000	168 000
固定成本				
固定制造费用	24 000	24 000	24 000	72 000

（续表）

项目	第1年	第2年	第3年	合计
管理费用和销售费用	25 000	25 000	25 000	75 000
小计	49 000	49 000	49 000	147 000
税前利润	7 000	0	14 000	21 000
完全成本法				
销售收入	96 000	84 000	108 000	288 000
销售成本				
期初存货成本	0	0	8 000	8 000
当期产品成本	64 000	64 000	64 000	192 000
可供销售产品成本	64 000	64 000	72 000	200 000
期末存货成本	0	8 000	0	8 000
销售成本	64 000	56 000	72 000	192 000
毛利	32 000	28 000	36 000	128 000
管理费用和销售费用	25 000	25 000	25 000	75 000
税前利润	7 000	3 000	11 000	21 000

第1年，由于产量等于销量（均为8 000件），所以两种成本计算法下的税前利润均为7 000元。这是因为固定制造费用不论是作为固定成本（变动成本法下），还是作为产品成本（完全成本法下），都计入了当年损益。

第2年，由于产量（8 000件）大于销量（7 000件），所以按变动成本法计算的税前利润比按完全成本法计算的税前利润少了3 000元。这是因为在变动成本法下，全部固定制造费用24 000元均计入了当年损益；而在完全成本法下，只将已销售的产品负担的固定制造费用21 000元（24 000÷8 000×7 000）计入了当期损益，余下的3 000元固定制造费用则作为存货成本计入了资产负债表。

第3年，情况与第2年正好相反，由于产量（8 000件）小于销量（9 000件），所以按变动成本法计算的税前利润比按完全成本法计算的税前利润多3 000元，这是因为变动成本法下计入第3年损益的固定制造费用仍为24 000元；而在完全成本法下，第2年年末存货成本中的3 000元固定制造费用随着存货的销售计入了第3年的销售成本的，从而导致税前利润少了3 000元。

从表2-9中"合计"一栏可以看出，两种成本法下税前利润的3年合计数是相同的。也就是说，从较长时期来看，由各期产量与销量之间的关系所决定的两种成本法下税前利润的差异可以相互抵销，这也从另一个角度说明，变动成本法主要适用于短期决策。

2. 连续各期销量相同而产量不同

【例2-17】 仍假设华夏公司从事单一产品生产，连续3年的销量均为8 000件，而3年的产量分别为8 000件、9 000件和7 000件。其他条件与前例相同。

在变动成本法下，单位产品成本仍为5元。但在完全成本法下，由于各期产量变了，所以单位产品所负担的固定制造费用的份额也就变了。具体来说，第1年的单位产品成本为8元（5+24 000÷8 000）；第2年的单位产品成本为7.67元（5+24 000÷9 000）；第3年的单位产品成本为8.43元（5+24 000÷7 000）。

根据以上资料，当分别采用变动成本法和完全成本法时，所计算出的税前利润如表2-10所示。

表 2-10　　　　　　　　　　　　税前利润计算表　　　　　　　　　　　单位:元

项目	第 1 年	第 2 年	第 3 年	合计
变动成本法				
销售收入	96 000	96 000	96 000	288 000
销售成本	40 000	40 000	40 000	120 000
贡献毛益	56 000	56 000	56 000	168 000
固定成本				
固定制造费用	24 000	24 000	24 000	72 000
管理费用和销售费用	25 000	25 000	25 000	75 000
小计	49 000	49 000	49 000	147 000
税前利润	7 000	7 000	7 000	21 000
完全成本法				
销售收入	96 000	96 000	96 000	288 000
销售成本				
期初存货成本	0	0	7 667	7 667
当期产品成本	64 000	69 000	59 000	192 000
可供销售产品成本	64 000	69 000	66 667	199 667
期末存货成本	0	7 667	0	7 667
销售成本	64 000	61 333	66 667	192 000
毛利	32 000	34 667	29 333	96 000
管理费用和销售费用	25 000	25 000	25 000	75 000
税前利润	7 000	9 667	4 333	21 000

从表 2-10 可以看出:

由于各年的销量相同,所以按变动成本法计算的各年的税前利润相等,均为 7 000 元。这是因为尽管各年的产量不同,但各年的固定制造费用全部作为固定成本计入了当期损益,所以当其他条件未变时,税前利润当然也不会变。

由于各年的产量发生了变化,所以按完全成本法所计算的各年税前利润完全不同。导致这种结果的原因就在于固定制造费用需要在所生产的产品中进行分摊。在本例中,第 2 年的税前利润最大,这是因为第 2 年的产量(9 000 件)大于当年的销量(8 000 件),期末产品存货(1 000 件)成本中负担了相应份额的固定制造费用 2 667 元,从而使当期的销售成本减少了 2 667 元,税前利润比第 1 年增加了 2 667 元。第 3 年的情况则正好相反,由于第 3 年的销售成本中不仅包括当年产品所负担的固定制造费用,还包括伴随着年初存货的销售而"递延"到本期的固定制造费用,所以第 3 年的税前利润比第 1 年减少了 2 667 元。

如果将第 3 年的税前利润与第 2 年进行比较,则两者相差 5 334 元。也就是说,在产销不平衡的情况下,相邻年度税前利润的差量是它们与产销平衡年度税前利润差量的 2 倍。这是因为产销不平衡时,产量大于销量对于税前利润的影响与销量大于产量对于税前利润的影响时数额相同而方向相反的。

综上所述,变动成本法与完全成本法对各期损益计算的影响,依照产量与销量之间的相互关系,可以归纳为以下三种情况。

当产量等于销量时,两种成本法下计算的损益完全相同,表 2-9 与表 2-10 中第 1 年就属于这种情况。在这种情况下,固定制造费用是作为固定成本还是产品成本,对损益计算来说并不重要,重要的是它已全额列为收入的减项而计入了损益。

当产量大于销量时,按变动成本法计算的损益小于按完全成本法计算的损益。这是因为固定制造费用在变动成本法下被全部列作了当年的成本;而在完全成本法下,相应份额的固定制造费用被列作了当年的资产(即期末存货成本的一部分)。表 2-9 与表 2-10 中的第 2 年就属于这种情况。

当产量小于销量时,按变动成本法计算的损益大于按完全成本法计算的损益。表 2-9 与表 2-10 中的第 3 年就属于这种情况。

三、对变动成本法和完全成本法的评价

(一)变动成本法的优缺点

1. 变动成本法的优点

(1)变动成本法能够揭示利润和业务量之间的正常关系,有利于促使企业重视销售工作。

如前所述,变动成本法能够如实的反映利润和销售量之间的正常关系,使利润真正成为反映企业经营状况的晴雨表,有助于促使企业管理者重视市场销售,认真研究市场动态,实现以销定产,防止因盲目生产而带来的产品大量积压,提高企业的经济效益。

(2)变动成本法可以提供有用的成本信息,便于科学的成本分析和成本控制。

首先,按变动成本法计算的单位产品成本,不包括固定生产成本,使产品成本不受固定成本和产量的影响,便于成本预测和成本控制采用更为科学的方法。

其次,变动成本法以成本性态分析为前提,将全部成本划分为固定成本和变动成本,揭示了成本总额和业务量之间的依存关系,为分清成本升降的原因提供了条件。一般情况下,产销量的变化和成本控制工作的好坏,是引起成本升降的两个主要因素。在变动成本法下,产品的单位成本只包括变动生产成本,单位变动成本和固定成本总额一般不受产销量变动影响,其数额的变动往往是成本控制工作的原因引起的,这样就把产销量变动引起的成本升降同成本控制工作好坏导致的成本升降,清晰的区分开来,有利于科学的成本分析。

再次,变动成本法分别提供了变动生产成本、固定生产成本、变动非生产成本和固定非生产成本的资料,便于确定成本责任的归属。通常变动生产成本发生在生产过程中,其成本责任归属于生产部门;固定生产成本的发生和生产过程没有直接的联系,其数额的高低不应由生产部门负责,而应由管理部门负责;变动非生产成本通常由负责销售工作的部门负责;固定非生产成本则应由管理部门负责。

最后,变动成本法提供的成本信息,有利于采用科学的成本控制方法。一般来说,固定成本的发生和产量之间没有直接的因果关系,其成本控制应以总额控制为目标,一般采用固定预算控制;而变动成本总额随产销量的变动而变动,其成本控制的方向应该是单位成本的消耗,一般通过制定标准成本和弹性预算来控制。

(3)变动成本法提供的成本与损益资料,便于企业进行经营决策。变动成本法所提供

的变动成本、固定成本、贡献毛益和营业利润等资料,有助于揭示成本与业务量之间的依存关系,能反映出生产、销售和利润之间的内在关系,从而可以为正确地进行经济预测和经营决策提供科学依据。

(4)采用变动成本法可以简化成本核算工作。变动成本法将固定成本列入期间成本,大大简化了将固定生产成本计入产品成本时的成本分摊工作,从而减少了由于分摊标准的多样性而带来的主观随意性,简化了成本核算,增强了会计信息的客观性和准确性,也使会计人员从繁重的成本核算工作中解脱出来。

2. 变动成本法的缺点

变动成本法对企业的内部管理有着十分重要的意义,但仍然存在以下缺点:

(1)变动成本法所计算出来的单位产品成本,不符合传统的成本观念的要求。按传统成本观念的理解,生产成本是产品在生产过程中发生的全部耗费,既应该包括变动生产成本,也应该包括固定生产成本,这种观点在全世界范围内得到了广泛的认可。很显然,变动成本法不符合这一观念的要求。

(2)变动成本法不能适应长期决策的需要。变动成本法以成本性态分析为基础,以相关范围内固定成本和单位变动成本固定不变为前提条件,这在短期内是成立的。但成本性态受许多因素的影响,不可能长期不变。而长期决策要解决的是生产能力的增减和经营规模的扩大或缩小的问题,涉及的时间长,必然要突破相关范围的限制。因此,变动成本法不能适应长期决策的需要。

(3)采用变动成本法会对所得税产生一定的影响。由于目前国内外的财务会计都采用的是完全成本法,因此,产品存货的计价都包括了变动生产成本和固定生产成本。如果从某一年开始改用变动成本法,势必要在年初存货成本计价不变的情况下降低年末存货成本的计价,使该年计入利润表的销售成本增加,从而降低该年的营业利润,影响到国家的税收及投资者及时获得收益。此外,如果期末期初存货水平不等,也会造成其营业利润不同于完全成本法的结果,进而导致所得税上的时间性差异。这是妨碍变动成本法应用的很现实的原因。

(二)完全成本法的优缺点

1. 完全成本法的优点

(1)符合传统的成本概念。按照传统的成本概念,产品成本是产品生产过程中发生的耗费。无论是变动生产成本还是固定生产成本均应计入产品成本,完全成本法下的产品成本所包括的内容符合这一概念。

(2)有利于调动企业生产的积极性。完全成本法将全部固定生产成本计入产品成本,在单位变动成本和固定成本总额不变的情况下,随着产量的提高,单位产品成本会降低,从而降低销货成本,使营业利润增加,有利于调动企业生产积极性。

2. 完全成本法的缺点

(1)成本信息不利于成本管理。采用完全成本法计算的单位产品成本不仅不能反映生产部门的真实成果,反而掩盖或夸大了生产业绩。生产部门可以不采取任何降低成本的措施,而仅仅通过产量的增减来提高或降低单位产品成本。所以,采用完全成本法计算出来的单位产品成本并不代表生产部门的真实业绩。

（2）税前净利受产销量的双重影响，其结果往往令人费解，甚至会促使企业片面追求产量，盲目生产。在售价和成本水平不变的情况下，即使各期产品的销售量相同，但只要产量不同，所计算出来的税前净利也不同。特别是在销售量下降、生产量大幅提高的情况下，按完全成本法计算的税前净利反而会增加，产生令人费解的虚假现象。

（3）不利于进行成本预测、短期经营决策。在完全成本法下，成本不是按性态进行划分，不便于进行成本预测、利润预测及直接进行本量利分析，也不便于短期经营决策。

（4）成本计算烦琐。完全成本法下的产品成本包含固定成本部分，所以在成本计算过程中必须对固定成本进行分配，而固定成本的分配往往需要经过烦琐的手续，因而增加了成本计算的工作量。并且，无论分配的方法如何科学，都难免受主观因素的影响，造成成本计算的不准确。

 延伸阅读2-3

尼桑完全成本法的错误影响

Jed Connelly 是尼桑北美公司最高的美国主管，他承认："我们有大量的多余产能需要投入市场。"尼桑希望工厂能以最大的产能生产，而从不考虑汽车的销量如何。因为在簿记规则下（假设完全成本计算法），工厂就会产生利润。结果，尼桑的经销商不得不降低售价并给销售他们汽车的人大量折扣。《财富》杂志评论："多年的折扣和销售困难严重降低了尼桑品牌的价值。丰田关注质量，而顾客到尼桑公司就是为了获得好的折扣。"

本 章 小 结

本章主要介绍了：成本的分类，主要包括成本按用途以及成本按性态分类，主要掌握成本按性态分类，包括固定成本、变动成本和混合成本；混合成本的分解，主要有历史资料分析法、账户分析法和工程分析法，其中历史资料分析法包括高低点法、散布图法和回归分析法；完全成本法与变动成本法，主要掌握两者的产品成本、期间成本、销货成本、存货成本和各期损益，理解变动成本法与完全成本法的区别。

本章重要概念

成本性态　固定成本　变动成本　混合成本　高低点法　工程分析法　账户分析法　完全成本法
变动成本法

推荐阅读资料

[1] 吴大军,牛彦秀.管理会计[M].大连:东北财经大学出版社,2010.
[2] 孙茂竹,文广伟,杨万贵.管理会计学[M].北京:中国人民大学出版社,2013.
[3] 刘萍,于树彬,刘西涛.管理会计[M].大连:东北财经大学出版社,2013.

第三章　本-量-利分析

内容简介

　　本章主要讲解了本-量-利分析的基本概念及基本公式、单一品种的保本分析、盈利条件下的本-量-利分析、多品种条件下的本-量-利分析、本-量-利关系中的敏感性分析,分为五节进行讲解;本章重点为本-量-利分析的基本公式;难点为多品种条件下的本-量-利分析。

学习目的和要求

　　通过本章的学习,学生应掌握本-量-利分析的基本公式以及多品种条件下的本-量-利分析的计算,理解单一品种的保本分析及盈利条件下的本-量-利分析,了解本-量-利关系中的敏感性分析的具体应用。

引例　安妮的色拉

　　多年来,安妮的朋友和家人一直很喜欢她自制的色拉和果冻,有一次,朋友们说:"你应该拿这些东西去卖。"因此,安妮决定试一试。首先,她决定只生产一种产品——绿色仙人掌色拉,她找到罐子、盖子、标签的货源,了解了许多有关食物销售的法律,并且请了当地的职业食品化学分析师分析色拉的成分及含量。

　　安妮拜访了本地的一些食品杂货店和礼品店,有几家愿意寄售她的产品,把色拉放在现金收款机旁。其他商店则愿意陈列其产品,但要求其支付商品陈列费。她预计大约要花一天的时间来送货、检查销售及库存和拜访潜在的顾客。

　　安妮在开始生产之前,向其家庭会计师鲍勃·赖恩咨询。为了开拓市场,安妮打算以每罐3.50美元的低价出售,但是鲍勃在看过安妮列示的成本之后,觉得那是亏本买卖。安妮不知道要价多少,她有什么更好的办法? 经鲍勃最初估计变动成本超过价格,安妮希望通过增加销售量来解决,她错在哪里?

第一节 | 本-量-利分析概述

　　成本、业务量和利润是管理会计定量分析中最常用的三大指标。本节在介绍本-量-利分析的基本概念和假定的基础上,讨论能够揭示本-量-利关系的基本定量模型,并重点介绍贡献毛益等指标的计算公式。

一、本-量-利分析的基本含义

本-量-利分析是对成本、产量(或销量)、利润之间相互关系进行分析的一种简称。是指在变动成本计算模式的基础上,以数学化的会计模型与图式来揭示固定成本、变动成本、销售量、单价、销售额、利润等变量之间的内在规律性联系,为会计预测、决策和规划提供必要的财务信息的一种定量分析方法。

早在 1904 年美国就已经出现了有关最原始的本-量-利关系图的文字记载,1922 年,美国哥伦比亚大学的一位会计学教授提出了完整的保本分析理论。进入 20 世纪 50 年代以后,本-量-利分析技术在西方会计实践中得到广泛应用,其理论更臻完善,成为现代管理会计学的重要组成部分。

目前,无论在西方还是我国,本-量-利分析的应用都十分广泛。它与经营风险分析相联系,可促使企业努力降低风险;与预测技术相结合,企业可进行保本预测、确保目标利润实现的业务量预测等;与决策融为一体,企业据此进行生产决策、定价决策和投资不确定性分析;企业还可以将其应用于全面预算、成本控制和责任会计。

二、本-量-利分析的基本假设

(一)相关范围假设

本-量-利分析既然是建立在成本按性态划分基础上的一种分析方法,那么,成本按性态划分的基本假设也就构成了本-量-利分析的基本假设。第二章在分析一项成本究竟是变动的还是固定的时,均限定在一定的相关范围内,这个相关范围就是成本按性态划分的基本假设,同时,它也构成了本-量-利分析的基本假设之一。

第二章在定义固定成本和变动成本时,有"在一定期间和一定业务量范围内"这样的前提条件,也就是说,相关范围假设包含期间假设和业务量假设两层意思。

1. 期间假设

无论是固定成本还是变动成本,其固定性与变动性均体现在特定的期间内,其金额的大小也是在特定的期间内加以计量而得到的。随着时间的推移,固定成本的总额及其内容会发生变化,单位变动成本的总额和单位变动成本的大小,那也是彼此间而非本期间的结果了。

2. 业务量假设

同样,对成本按性态进行划分而得到的固定成本和变动成本,是在一定业务量范围内分析和计量的结果,业务量发生变化特别是变化较大时,即使成本的性态不发生变化(成本性态是有可能变化的),也需要重新加以计量。这就构成了新的业务量假设。

期间假设与业务量假设之间是一种互相依存的关系。这种依存性在一定期间内业务量往往不变或者变化不大,而一定的业务量又是从属于特定期间的。换句话说,不同期间的业务量往往发生了较大变化,不同期间相距较远时更是如此,而当业务量发生很大变化时,出于成本性态分析的需要,不同的期间也就由此划分了。

（二）模型线性假设

从第二章的论述中我们知道,企业的总成本按性态可以或者可以近似地描述为 $y = a + bx$ 这样一种线性模型。站在本-量-利分析的立场上,由于利润只是收入与支出之间的一个差量,所以本假设只涉及成本与业务量两个方面,而且业务量专指销售数量。具体来说,模型线性假设包括以下几个方面。

1. 固定成本不变假设

本-量-利分析中的模型线性假设首先是固定成本不变假设,用模型来表示就是 $y = a$(y 为固定成本,a 为定数)。 也就是说,在企业经营能力的一定范围(相关范围)内,固定成本是固定不变的,表示在平面直角坐标图中,就是一条与横轴平行的直线。

2. 变动成本与业务量呈完全线性关系假设

与前一条假设一样,本假设也是在一定的相关范围内才能成立,超出这个相关范围,变动成本与业务量之间的关系就需要另外来描述了(这一问题可参见图 2-4)。变动成本与业务量之间的完全线性关系用模型来表示就是 $y = bx$(y 为变动成本总额,b 为单位变动成本,x 为业务量)。 这种关系标识在坐标图中是一条过原点的直线,该直线的斜率就是单位变动成本。

3. 销售收入与销售数量呈完全线性关系假设

这一假设等价于假设销售价格不变。在本-量-利分析中,通常假设销售价格为一个常数,这样销售收入与销售数量之间就呈现一种完全线性关系,用数学模型来表示就是 $y = px$(y 为销售收入,p 为销售单价,x 为销售数量)。 表示在坐标图中也是一条过原点的直线,其斜率就是销售单价。

（三）产销平衡假设

本-量-利分析中的"量"指的是销售数量而非生产数量,在销售价格不变的条件下,这个"量"指销售收入。换句话说。本-量-利分析的核心是分析收入与成本之间的对比关系。但如第二章和前条假设中所指出的,产量这一业务量的变动无论是对固定成本还是变动成本,都可能产生影响,当然也会影响到收入与成本之间的对比关系。所以,当站在销售数量的角度进行本-量-利分析时,就必须假设产销关系是平衡的。

（四）品种结构不变假设

本假设是指在一个多品种生产和销售的企业中,各种产品的销售收入在总收入中所占的比重不会发生变化。由于多品种条件下各种产品的获利能力一般会有所不同,有时差异还会比较大,如果企业产销的产品品种结构发生较大变动,势必导致预计利润与实际利润之间出现较大的"非预计性"出入。

上述假设之间的关系是:相关范围假设是最基本的假设,是本-量-利分析的出发点;模型线性假设则是由相关范围假设派生而来的,也是相关范围假设的延伸和具体化;产销平衡假设与品种结构不变假设又是对模型线性假设的进一步补充;同时,品种结构不变假设又是多品种条件下产销平衡假设的前提条件。

上述诸假设的背后都有一个共同的假设,即企业的全部成本可以合理地或者说比较准确地分解为固定成本与变动成本;否则,本-量-利分析的结果和作用至少要打些折扣。

三、本-量-利分析的基本模型

本-量-利分析所考虑的相关因素主要包括固定成本、单位变动成本、产量或销量、单价、销售收入和税前利润等,这些变量之间的关系可用下式进行反映。

$$税前利润＝销售收入－总成本$$
$$＝销售收入－变动成本－固定成本$$
$$＝单价×销售量－单位变动成本×销售量－固定成本$$
$$＝(单价－单位变动成本)×销售量－固定成本$$

为满足本章后面内容的需要,我们统一设:P——税前利润;p——单价;b——单位变动成本;a——固定成本;x——销售量。

则本-量-利分析的基本计算模型可以表示为:

$$P=(p-b)x-a$$

相关案例3-1 ....

新　手

假设你被 ConneXus 公司通知在这个星期面试。有许多原因让你对这家公司的工作感兴趣。为了准备面试,你在图书馆内研究了一些关于这家公司的相关资料。ConneXus 是由两位年轻工程师——George Searle 和 Humphrey Chen 创立的,主要使消费者能够在他们的手机里订购音乐 DVD。假设你听到一段从收音机里播放的 DVD,而你想要拥有它,只要拿起你的手机,按下"＊DVD"键,同时很快的选取收音机的频道,当你听到你所想要的歌曲时,你需要的 DVD 也正在运送给你的路上了。

ConneXus 每一张 DVD 收取 17 美元,其中包括运费;而公司支付给供应商每 DVD 大约 13 美元,由这里我们可以知道每张 DVD 的贡献毛益为 4 美元;再扣除提供这项服务所需的固定成本,假设公司销售了超过 88 000 张 DVD,Searle 预计公司在开始营运的第一年在销售收入上将会损失 150 万美元。

基于以上你整理的资料,你对这家公司的初步印象是什么?在面试时你还想要获得其他什么样的相关信息?

四、贡献毛益及相关指标的计算

(一)贡献毛益

贡献毛益是指产品的销售收入与相应的变动成本之间的差额,又称边际贡献或贡献边际,单位贡献毛益是指单位产品所提供的贡献毛益。

其计算公式如下:

$$贡献毛益＝销售收入－变动成本＝px-bx$$

$$单位贡献毛益＝\frac{贡献毛益}{销量}＝\frac{px-bx}{x}＝p-b$$

贡献毛益虽然不是企业的利润,但它与企业利润的形式有着密切的关系。企业的生产经营活动首先要获得贡献毛益,然后用于收回企业的固定成本,如果还有剩余则成为利润,如果不能收回固定成本则发生亏损,所以贡献毛益是反映企业盈利能力的指标,我们常用贡献毛益进行本-量-利关系和企业的经营决策分析。

（二）贡献毛益率

贡献毛益率是指贡献毛益总额占销售收入的比重，又称边际贡献率或贡献边际率。

其计算公式如下：

$$贡献毛益率 = \frac{贡献毛益}{销售收入} \times 100\% = \frac{px - bx}{px} \times 100\% = \frac{p - b}{p} \times 100\%$$

贡献毛益率表明每百元销售收入提供的贡献毛益。贡献毛益率指标是正指标，该指标数值越大，说明企业的盈利能力越强，产品给企业带来的收益越大；反之，该指标数值越小，则说明企业的盈利能力越弱，产品给企业带来的收益越小。

（三）变动成本率

变动成本率是指变动成本在销售收入中的比重，其计算公式如下：

$$变动成本率 = \frac{变动成本总额}{销售收入} \times 100\% = \frac{bx}{px} \times 100\% = \frac{b}{p} \times 100\%$$

变动成本率表明了每百元销售收入中有多少是用来弥补变动成本的。它与贡献毛益率指标恰好相反，该指标是逆指标，其数值越大说明企业的盈利能力越弱，产品给企业带来的收益越小；反之，该指标数值越小，则说明企业的盈利能力越强，产品给企业带来的收益越大。

由于变动成本与贡献毛益之和等于销售收入，所以，贡献毛益率与变动成本率之间存在如下关系：

$$贡献毛益率 + 变动成本率 = 1$$

当企业的变动成本率较低时，其贡献毛益率则会较高，企业的盈利能力越强；反之，当企业的变动成本率较高时，其贡献毛益率则较低，企业的盈利能力则会越弱。

【例 3-1】 已知：华夏公司只生产 A 产品，单价为 10 元，单位变动成本为 6 元，固定成本为 40 000 元，2×15 年的生产经营能力为 12 500 件。

要求：（1）计算全部贡献毛益指标。

（2）计算营业利润。

（3）计算变动成本率。

（4）验证贡献毛益率与变动成本率的关系。

（1）全部贡献毛益指标计算如下：

$$贡献毛益 = (10 - 6) \times 12\ 500 = 50\ 000(元)$$

$$单位贡献毛益 = 10 - 6 = 4(元／件)$$

$$贡献毛益率 = \frac{50\ 000}{10 \times 12\ 500} \times 100\% = 40\%$$

（2）营业利润 = （10-6）×12 500-40 000 = 10 000（元）

（3）变动成本率 = $\frac{6}{10}$ × 100% = 60%

（4）贡献毛益率与变动成本率的关系验证：

$$贡献毛益率 + 变动成本率 = 40\% + 60\% = 1$$

第二节 | 单一品种的保本分析

一、保本分析的基本概念

保本点是指企业达到盈亏平衡状态(即利润为零)时的销售量或销售额。在该销售量或销售额下,企业的收入正好等于全部成本,即企业利润为零。若超过这个销售量或销售额,企业盈利;反之,则会发生亏损。我们把保本点又称为盈亏临界点、盈亏平衡点或损益平衡点。

保本点的确定是本-量-利分析中非常重要的内容,它也是建立在本-量-利分析所遵循的假设之上的。保本点分析是本-量-利分析的基础,企业在规划目标利润、控制利润完成情况、估计经营风险时都要用到。保本点分析就是根据成本、销售收入、利润等因素之间的函数关系,预测企业在怎样的情况下达到不盈不亏的状态。保本点分析所提供的信息对于企业合理计划和有效控制经营过程极为有用,如预测成本、收入、利润和预计售价、销量、成本水平的变动对利润的影响等。应该指出的是,保本分析是在研究成本、销售收入与利润三者之间的相互关系的基础上进行的,所以,除了前述销售量因素,销售价格、固定成本与变动成本等因素的变动,同样可以使企业达到不盈不亏的状态,只不过在进行盈亏临界点分析时,某一因素与其他因素之间表现为互为因果关系。

 延伸阅读3-1

放弃剧院,用有线电视赚钱

几年前,好莱坞经历了一段"转入有线"的时期。这个短语指的是一个众所周知(也被扭曲了)的电影制作原则,意思是说如果有人能制作一个电影(质量不是问题)的成本低于100万美元,他们的利润来自有线电视播放权的销售。基本上,这类"电影"跳过所有的剧院,仍旧能获取利润。从商业角度上讲,这个赚钱的时间表明每种产品都有突破点。赚的钱高于突破点,你才会赚取利润;如果赚的钱低于突破点,那你就只有那个电影了。

二、保本点的基本计算模型

保本点分析是以成本性态分析和变动成本法为基础的,如前所述,利润的计算可用如下公式表示:

$$税前利润=(单价-单位变动成本)×销售量-固定成本$$

盈亏临界点就是使利润等于零的销售量或销售额,即:

$$0=(单价-单位变动成本)×销售量-固定成本$$

$$保本点销售量=\frac{固定成本}{单价-单位变动成本}$$

$$保本点销售额=\frac{固定成本}{单价-单位变动成本}×单价$$

【例 3-2】 已知:仍按[例 3-1]资料。

$$保本点销售量 = \frac{40\,000}{10-6} = 10\,000(件)$$

$$保本点销售额 = 10\,000 \times 10 = 100\,000(元)$$

三、企业经营安全程度的评价指标

(一)安全边际指标

许多企业在计算保本点的基础上,还要考虑企业经营的安全程度,确定安全边际指标。

安全边际是指根据现有或预计的销售业务量(包括销售量和销售额两种形式)与保本点业务量之间的差量所确定的定量指标。它包括绝对量和相对量两种形式:安全边际的绝对量,又包括安全边际销售量和安全边际的销售额两种具体形式;安全边际相对量,又称安全边际率。它们的计算公式分别如下:

$$安全边际量 = 实际的销售量 - 盈亏临界点销售量$$
$$安全边际额 = 实际的销售额 - 盈亏临界点销售额$$
$$安全边际率 = \frac{安全边际量}{实际销售量} \times 100\% = \frac{安全边际额}{实际销售额} \times 100\%$$

显然,安全边际量与安全边际额之间存在如下关系:

$$安全边际额 = 安全边际量 \times 单价$$

安全边际量与安全边际率都是正指标,即越大越好。西方一般用安全边际率来评价企业经营的安全程度,表 3-1 列示了经营安全性检验标准。

表 3-1 　　　　　　　　　　　　　　企业经营安全性检验标准

安全边际率	10%以下	10%～20%	20%～30%	30%～40%	40%以上
安全程度	危险	值得注意	比较安全	安全	很安全

相关案例3-2

贷 款 专 员

Sam Calagione 在特拉华州的瑞和柏斯海滩拥有一个小型啤酒生产厂——角鲨头啤酒厂(Dogfish Head)。它对顶级啤酒如世界级黑啤向每个分销商收取每箱 100 美元费用。当销售给零售商时分销商加价 25%,零售商销售给顾客时加价 30%。最近几年 Dogfis 的收入是每年 700 万美元,它的净经营收入是 80 万美元,Calagione 对外报告说制造每箱世界级黑啤原材料 30 美元,人工 16 美元,装瓶和打包 6 美元,水电费 10 美元。

假设 Sam Calagione 向你的银行申请贷款。作为一个信贷员的你需要考虑很多因素,包括公司的安全边际。假设上述有关世界级黑啤的资料对于角鲨头啤酒厂来说具有代表性,公司的其他信息也是良好的,你认为公司的安全边际能否支撑贷款?

（二）保本点作业率指标

某些西方企业不考核安全边际率，而是利用"保本点作业率"指标来评价企业的经营安全程度。

保本点作业率也称盈亏临界作业率、危险率，是指保本点业务量占实际业务量的百分比，该指标是一个反指标，越小说明越安全。其计算公式如下：

$$保本点作业率 = \frac{保本点销量}{实际销量} \times 100\% = \frac{保本点销售额}{实际销售额} \times 100\%$$

（三）安全边际率与保本点作业率的关系

安全边际率与保本点作业率之间存在以下关系：

$$安全边际率 + 保本点作业率 = 1$$

【例3-3】 已知：仍按[例3-1]资料。

要求：（1）计算该企业的安全边际指标。

（2）计算该企业的保本点作业率。

（3）验证安全边际率与保本点作业率的关系。

（4）评价该企业的经营安全程度。

（1）安全边际指标的计算如下：

$$安全边际量 = 12\,500 - 10\,000 = 2\,500（件）$$

$$安全边际额 = 10 \times 2\,500 = 25\,000（元）$$

$$安全边际率 = \frac{2\,500}{12\,500} \times 100\% = 20\%$$

（2）$保本点作业率 = \dfrac{10\,000}{12\,500} \times 100\% = 80\%$

（3）安全边际率 + 盈亏临界点作业率 = 20% + 80% = 1

（4）因为安全边际率为20%，所以可以断定该企业恰好处于值得注意与比较安全的临界点。

四、本-量-利关系图

本-量-利关系图依据数据的特征和目的的不同，可以有以下多种形式。

（一）传统式

传统式是本-量-利关系图最基本的形式，其特点就是将固定成本置于变动成本之下，从而清楚地表明固定成本不随业务量变动的特征。传统式本-量-利关系图的绘制方法如下：

（1）在直角坐标系中，以横轴表示销售数量，以纵轴表示成本和销售收入。这里有两个问题需要说明：一是除了销售数量，横轴还可以表示其他业务量，如销售收入、作业率、工时、服务量等；二是如以横轴表示销售收入量，那么横轴与纵轴的金额刻度最好能保持一致，以便同时适应两个坐标轴。当然，此时总成本线的仰角也应小于45°。

（2）绘制固定成本线。固定成本线为一条与横轴平行的直线，其与纵轴的交点即为固定成本总额。

（3）绘制总成本线。在横轴上任取一点的销售数量，计算其总成本并标于坐标系中（也可只计算该销售数量下的变动成本并以固定成本线为横轴来标出），然后将此点与纵轴上的固定成本点相连并适当向上延伸即可。

（4）绘制销售收入线。同样在横轴上任取一点的销售数量,计算出相应的销售收入并在纵轴上找出与此收入数相应的点,上述两点在坐标系中的交叉点就是在该销售数量下的收入额。将该交叉点与坐标原点相连并同样适当向上延伸即为销售收入线。

传统式本-量-利关系图如图3-1所示。

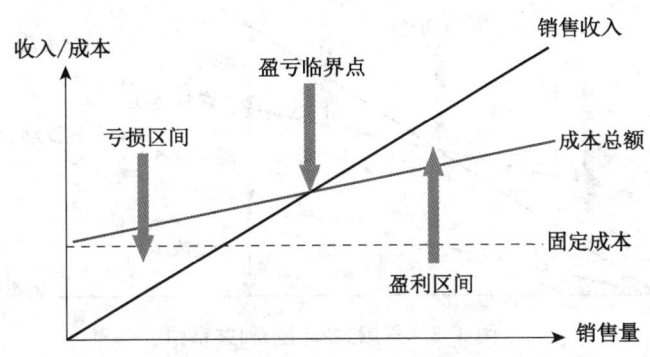

图 3-1　传统式本-量-利关系图

上述总成本线与销售收入线的交点就是保本点。

如前所述,企业利润的高低取决于销售收入与总成本之间的对比,销售收入的大小取决于销售数量和销售单价两个因素,而总成本的大小则取决于变动成本和固定成本这两个因素。在进行保本点分析时,贡献毛益概念给我们的一个启示就是:只要销售单价高于单位变动成本(否则销售量越大亏损越多),固定成本就可以获得补偿,所以至少理论上保本点是存在的。至于保本点的位置则取决于固定成本、单位变动成本和销售单价这几个因素。图3-1直观而又形象地描述了这种关系,具体表现在以下几个方面:

（1）在固定成本、单位变动成本和销售单价不变的情况下,即在保本点既定的情况下,销售量越大,实现的利润越多(当销售量超过保本点时),或者说亏损越少(当销售量不足保本点时);反之,则利润越少或亏损越多。这是本-量-利关系图中的基本关系。

（2）在总成本既定的情况下,保本点的位置随销售单价的变动而逆向变动;销售单价越高(表现在坐标图中就是销售收入线的斜率越大),保本点就越低;反之,保本点越高。

（3）在销售单价和单位变动成本既定的情况下,保本点的位置随固定成本总额的变动而同向变动:固定成本越大(表现在坐标图中就是总成本线与纵轴的交点越高),保本点就越高;反之,保本点越低。

（4）在销售单价和固定成本总额既定的情况下,保本点的位置随单位变动成本的变动而同向变动:单位变动成本越高(表现在坐标图中的就是总成本线的斜率越大),保本点就越高;反之,保本点就越低。

（5）传统式本-量-利关系图是各种本-量-利关系图的基本形式,其他形式则是出于不同考虑由传统式演变而来的。

（二）贡献毛益式

贡献毛益式的特点是将固定成本置于变动成本之上,其绘制方法是:先确定销售收入线和变动成本线（均以原点为起点），然后以纵轴上与固定成本数相应的数值为起点,画一条与变动成本线平行的直线,也就是总成本线。这条线与销售收入线的交点即为保本点。

贡献毛益式本-量-利关系图如图 3-2 所示。

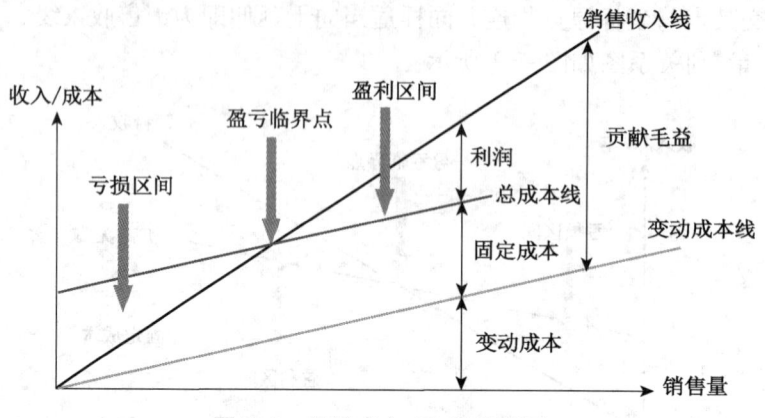

图 3-2　贡献式本-量-利关系图

从图 3-2 中不难看出,贡献毛益式本-量-利关系图强调的是贡献毛益及其形成过程。保本点的贡献毛益等于固定成本;超过保本点的贡献毛益大于固定成本,也就是实现了利润;而不足保本点的贡献毛益小于固定成本,则表明发生了亏损。应该说,贡献毛益式本-量-利关系图更符合变动成本法的思路,也更符合保本点分析的思路。

(三) 利量式

利量式的特点是将纵轴上的销售收入与成本因素略去,使坐标图上仅仅反映利润与销售数量之间的依存关系。其绘制方法是:

(1) 在直角坐标系中,以横轴表示销售数量(也可以是金额),以纵轴表示利润。

(2) 在纵轴上找出与固定成本数相应的数值(零点以下,取负值),并以此为起点画一条与横轴相平行的直线(虚线)。

(3) 在横轴上任取一点的销售量并计算该销售量下的损益数(计算贡献毛益亦可,只不过要从固定成本线开始算起),将由此两点决定的交叉点标于坐标图中。该交叉点与纵轴上相当于固定成本的那一点相连,即为利润线。

利量式本-量-利关系图如图 3-3 所示。

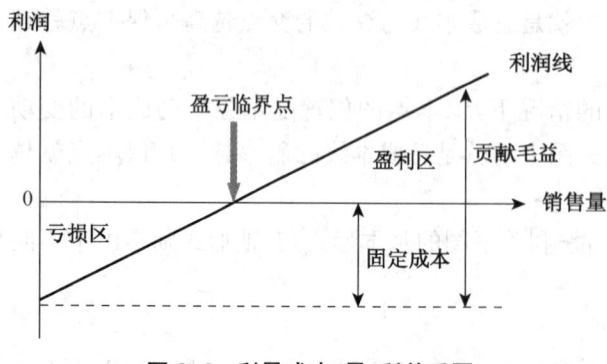

图 3-3　利量式本-量-利关系图

利量式本-量-利关系图是最简单的一种,更易于为企业的管理人员所理解和接受。因为它是最直接地表达了销售量与利润之间的关系:当销售量为零时,企业的亏损就等于固定成本;随着销售量的增长,亏损逐渐减少直至盈利。同时,利量式中的利润线表示的是销售收入与变动成本之间的差量关系,即贡献毛益,利润线的斜率也就是单位贡献毛益。在固定成本既定的情况下,贡献毛益率越高,利润线的斜率也就越大,保本点的临界值也就越小。此外,利量式将固定成本置于横轴之下,能更清晰地表示固定成本在企业盈亏中的特殊作用。

五、有关因素变动对保本点的影响

1. 单价单独变动

由于单价变动会引起单位贡献毛益或贡献毛益率同方向变动,使有关保本点业务量和实现目标利润业务量计算公式的分母改变,从而会改变保本点。

显然,当单价上涨时,会使单位贡献毛益上升和贡献毛益率上升,相应会降低保本点,使企业经营状况向好的方向发展;单价下降时,情况刚好相反。

2. 单位变动成本单独变动

单位变动成本的变动会引起单位贡献毛益或贡献毛益率向相反方向变动,因而使保本点的变动趋势恰好同单价变动成本的方向相同。单位变动成本上升时,会提高保本点,使企业经营状况向不利的方向发展;反之,则相反。

3. 固定成本单独变动

固定成本的变动会改变保本点业务量计算公式的分子,显然固定成本增加会使保本点提高,使企业向不利方向发展;反之,则相反。

第三节 | 盈利条件下的本-量-利分析

保本分析是特殊条件下的本-量-利分析,在此基础上本节进一步讨论企业处于盈利条件的本-量-利关系,重点研究保利点、保净利点、保利成本、保利价格等。

一、盈利条件下本-量-利分析的意义

保本分析以利润为零、企业不盈不亏为前提条件。经过这样抽象处理,可以简化本-量-利分析过程,便于建立定量化模型。但是本-量-利分析不应当停留在如此简单的水平上。因为从完整的意义上说,不能始终把利润这个重要因素排除在外忽略不计;从现实的角度看,企业作为处于现代市场经济环境中独立核算自负盈亏的商品生产者和经营者,绝不能仅仅以不亏本和维持简单再生产来满足。企业不但要保本,还要有盈利;否则就无法发展,甚至影响未来的生存。合理合法取得盈利,既符合社会主义生产目的,又是获得经济效益的具体体现,企业应当理直气壮地追求和为之奋斗;不能实现盈利是不正常的。因此,只有在考虑到盈利存在的条件下才能充分揭示成本、业务量和利润之间正常的关系。

至于为什么不提亏损条件下的本-量-利分析,其原因有二:第一是因为亏损属于非正常情况;第二是因为亏损是利润的相反数,按盈利条件所建立的本-量-利分析模型和结论可以在一定程度上适用于亏损条件分析。

由于现实中的成本、业务量和利润诸因素之间往往存在着错综复杂的制约关系,为简化盈利条件下的本-量-利分析,在研究任何一个因素时,总要假设其他制约因素是已知或不变的。因此,盈利条件下的本-量-利分析实质上是逐一描述业务量、成本、单价、利润等因素相对于其他因素而存在的定量关系的过程,也可简称为保利分析。

二、保利点及其计算

(一) 保利点的含义

所谓保利点,是指在单价和成本水平确定的情况下,为确保预先确定的目标利润(target profit,记作 TP)能够实现,而应达到的销售量和销售额的统称。为此,保利点也称实现目标利润的业务量,具体包括保利量(记作 x')和保利额(记作 y')两项指标。

(二) 保利点的计算

根据本-量-利分析的基本公式,可推导出保利点的计算公式如下:

$$保利量 = \frac{固定成本+目标利润}{单价-单位变动成本}$$

$$= \frac{固定成本+目标利润}{单位贡献边际}$$

$$保利额 = 单价 \times 保利量$$

$$= \frac{固定成本+目标利润}{贡献边际率}$$

$$= \frac{固定成本+目标利润}{1-变动成本率}$$

【例3-4】 沿用[例3-1]的资料,该企业 2×15 年的目标利润为 12 000 元。

要求:计算该年保利点。

$$保利量 = \frac{40\,000+12\,000}{10-6} = 13\,000(件)$$

$$保利额 = 10 \times 13\,000 = 130\,000(元)$$

三、保净利点及其计算

(一) 保净利点的含义

保净利点又称实现目标净利润的业务量。目标净利润也称税后目标利润,是企业在一定时期缴纳所得税后实现的利润目标。它是利润规划中的一个重要指标,代表着所有者的权益,只有税后利润,才是企业可能实现支配的利润,可以用于分红、发行股利、增加盈余公积金、转增资本、形成企业留存收益、增加公积金和提高职工集体福利。企业管理者应重视这一指标的计算和分析。

保净利点也包括保净利量和保净利额两种形式。在计算保净利点过程中,除了需要考虑目标利润外,还必须考虑所得税因素。

(二) 保净利点的计算

在保利点计算公式的基础上,可推导出如下保净利点的计算公式:

$$保净利量 = \frac{固定成本+\dfrac{目标净利润}{1-所得税税率}}{单价-单位变动成本}$$

$$保净利额 = \frac{固定成本+\dfrac{目标净利润}{1-所得税税率}}{贡献毛益率}$$

【例 3-5】　沿用[例 3-1]的资料,该企业 2×15 年的目标净利润为 8 040 元,所得税税率为 25%。

要求:计算该年的保净利点。

$$保净利量=\frac{40\,000+\dfrac{8\,040}{1-25\%}}{10-6}=12\,680(件)$$

$$保净利额=\frac{40\,000+\dfrac{8\,040}{1-25\%}}{40\%}=126\,800(元)$$

四、保利成本及其计算

(一) 保利成本的含义

保利成本是指在其他因素既定的条件下,为保证目标利润的实现,特定成本应当达到的水平,包括保利单位变动成本和保利固定成本两项指标。在一定条件下,保利成本也可以成为目标成本。

(二) 保利单位变动成本的计算

保利单位变动成本又称为实现目标利润应达到的单位变动成本,其计算公式如下:

$$保利单位变动成本=单价-\frac{固定成本+目标利润}{预计销售量}$$

【例 3-6】　沿用[例 3-1]的资料,该企业 2×15 年的目标利润为 12 000 元。

要求:计算保利单位变动成本。

$$保利单位变动成本=10-\frac{40\,000+12\,000}{12\,500}=5.84(元)$$

(三) 保利固定成本的计算

保利固定成本,又称为实现目标利润应达到的固定成本,其计算公式如下:

$$保利固定成本=(单价-单位变动成本)\times预计销售量-目标利润$$

【例 3-7】　已知:华夏公司只生产 A 产品,单价为 10 元,单位变动成本为 6 元,固定成本为 40 000 元,2×15 年的生产经营能力为 12 500 件。沿用[例 3-1]的资料,该企业 2×15 年的目标利润为 12 000 元。

要求:计算保利固定成本。

$$保利固定成本=(10-6)\times12\,500-12\,000=38\,000(元)$$

五、保利单价及其计算

(一) 保利单价的含义

保利单价是指在其他因素既定的条件下,为保证目标利润实现应当达到的单价,又称目标单价。

(二) 保利单价的计算

保利单价的计算公式如下:

$$保利单价=单位变动成本+\frac{固定成本+目标利润}{预计销售量}$$

【例 3-8】 沿用[例 3-1]的资料,该企业 2×15 年的目标利润为 12 000 元。

要求:计算保利单价。

$$保利单价=6+\frac{40\ 000+12\ 000}{12\ 500}=10.16(元)$$

第四节 | 多品种条件下的本-量-利分析

本节在介绍多品种条件下本-量-利分析的意义和方法的基础上,结合案例讲解各种具体方法的应用技巧。

一、多品种条件下本-量-利分析的意义与方法

第二节和第三节所讨论的保本分析和保利分析,都是假定在单一品种条件下进行的。但是在实际经济生活中,绝大多数企业都不止生产经营一种产品。在这种情况下,前面介绍的个别本-量-利模型就无法运用。因为不同品种的销售量无法直接相加,所以就无法直接应用以单一品种为基础的保本量和保利量的计算公式。这就需要进一步研究适用于多品种条件下的本-量-利分析方法和模型。

在多品种条件下,可以运用的本-量-利分析方法有多种形式,本节主要就讲解加权平均法和联合单位法。

二、多品种条件下本-量-利分析具体方法的应用

(一) 加权平均法

加权平均法是指在掌握每种产品本身的边际贡献率的基础上,按各种产品销售额的比重进行加权平均,据以计算综合贡献边际率,进而计算多品种保本量和保本额的一种方法。其计算如下:

$$综合边际贡献率=\sum 某产品的边际贡献率×该产品的销售额比重$$

$$综合保本销售额=\frac{固定成本}{综合边际贡献率}$$

$$综合保利销售额=\frac{固定成本+目标利润}{综合边际贡献率}$$

$$某产品的保本(利)销售额=综合保本(利)销售额×该产品的销售额比重$$

$$某产品的保本(利)销售量=\frac{该产品的保本(利)销售额}{该产品的单价}$$

【例 3-9】 华夏公司在计划期拟生产和销售 A、B、C 三种产品,其固定成本总额为 300 000 元,A、B、C 三种产品的产销量、销售单价、单位变动成本、固定成本有关资料如表 3-2 所示。

表 3-2　　　　　　　　　　　　　**华夏公司产品资料表**　　　　　　　　　金额单位:元

品种	产销量	单价	销售收入	单位变动成本	固定成本
A	100 000 件	10	1 000 000	8.5	
B	25 000 台	20	500 000	16	
C	10 000 套	30	500 000	25	
合计			2 000 000		300 000

用加权平均法计算保本销售额与销售量,其计算过程如下:

(1) 计算各产品的边际贡献率:

$$A 产品边际贡献率＝(10－8.5)÷10×100\%＝15\%$$
$$B 产品边际贡献率＝(20－16)÷20×100\%＝20\%$$
$$C 产品边际贡献率＝(50－25)÷50×100\%＝50\%$$

(2) 计算各产品的销售额占总销售额的比重:

$$A 产品的销售额的比重＝1 000 000÷2 000 000×100\%＝50\%$$
$$B 产品的销售额的比重＝500 000÷2 000 000×100\%＝25\%$$
$$C 产品的销售额的比重＝500 000÷2 000 000×100\%＝25\%$$

(3) 计算综合贡献毛益率:

$$综合贡献毛益率＝15\%×50\%＋20\%×25\%＋50\%×25\%＝25\%$$

(4) 计算综合保本销售额:

$$综合保本销售额＝300 000÷25\%＝1 200 000(元)$$

(5) 计算各产品的保本销售额和销售量:

各产品的保本销售额和保本销售量分别为:

$$A 产品的保本销售额＝1 200 000×50\%＝600 000(元)$$
$$A 产品的保本销售量＝600 000÷10＝60 000(件)$$
$$B 产品的保本销售额＝1 200 000×25\%＝300 000(元)$$
$$B 产品的保本销售量＝300 000÷20＝15 000(台)$$
$$C 产品的保本销售额＝1 200 000×25\%＝300 000(元)$$
$$C 产品的保本销售量＝300 000÷50＝6 000(套)$$

(二) 联合单位法

联合单位法是将按一定固定销售量比例组成的一组产品作为一个联合单位,再在计算联合单价、联合单位变动成本的基础上进行本-量-利分析的一种方法。联合保本销售量和销售额的计算如下:

$$联合保本销售量＝\frac{固定成本}{联合单价－联合单位变动成本}$$
$$某产品保本销售额＝联合保本销售量×该产品销量比$$
$$某产品保本销售额＝该产品保本销售量×该产品单价$$

【例3-10】 沿用[例3-9]的资料和数据,用联合单位法计算保本销售量和销售额,其计算过程如下:

(1) 确定各产品销量比:

$$A:B:C=100\ 000:25\ 000:10\ 000=10:2.5:1$$

(2) 计算联合单价和联合单位变动成本:

$$联合单价=10×10+20×2.5+50×1=200(元)$$
$$联合单位变动成本=8.5×10+16×2.5+25×1=150(元)$$

(3) 计算联合保本销售量和各产品的保本销售量:

$$联合保本量=300\ 000÷(200-150)=6\ 000(联合单位)$$
$$A产品的保本量=6\ 000×10=60\ 000(件)$$
$$B产品的保本量=6\ 000×2.5=15\ 000(台)$$
$$C产品的保本量=6\ 000×1=6\ 000(套)$$

(4) 计算各产品的保本销售额:

$$A产品的保本额=60\ 000×10=600\ 000(元)$$
$$B产品的保本额=15\ 000×20=300\ 000(元)$$
$$C产品的保本额=6\ 000×50=300\ 000(元)$$

可以看出,用加权平均法和联合单位法计算的结果是相同的。但需要注意的是,不论是加权平均法还是联合单位法,都是以品种结构不变为前提的,如果品种结构发生变化,则需要重新计算加权平均的综合贡献毛益率或联合单位,才能进行保本的计算。

 延伸阅读3-2

玩一个CVP游戏

2002年,通用公司(GM)在客户激励活动如降价和零融资中,每辆汽车让利2 600美元。销售量上的激增弥补了价格上的让步,大多数的销售来自卡车和运动型多用途汽车,例如,雪佛兰Suburban越野车和GMC Envoy,这些汽车比普通汽车创造了更多利润。雷曼兄弟公司的分析师估计2002年通用公司会多销售395 000辆卡车和运动型多用途汽车75 000辆汽车。然而,卡车是公司的最佳选择,它能拉动平均贡献边际约7 000美元,而汽车为4 000美元。销售量的增加带来的额外利润是30亿美元。

第五节 | 本-量-利关系中的敏感性分析

敏感性分析是一种应用广泛的分析方法。通常这一方法研究的是:当一个系统的周围环境发生变化时,导致这个系统的状态发生了怎样的变化,是敏感(变化大)还是不敏感(变化小)。在本-量-利基本公式中,各个因素的变化都会对分析结果产生影响,管理会计把这种不同因素的变化对分析结果影响程度的分析和计算叫做敏感性分析。它对于利润预测分析,尤其是对目标利润预测有十分积极的指导作用。

从前面的保本点分析和盈利条件下的本-量-利分析中可以看出,业务量、单价、单位变动成本、固定成本等因素中的某个或某几个的变动,都会对保本点和目标利润产生影响。但由于各因素在计算保本点和目标利润的过程中的作用不同,影响程度当然也不一样,或者说保本点和目标利润对不同因素所作出的反映在敏感性上存在着差异。在现实环境中,影响利润的因素有很多,即使这些因素的变动方向和变动幅度完全一样,对利润所产生的影响也可能不同。本-量-利关系中的敏感性分析主要研究两方面的问题:一是有关因素发生多大变化时会使企业由盈利变为亏损;二是有关因素变化对利润变化的影响程度。

一、有关因素临界值的确定

业务量、单价、单位变动成本和固定成本的变化,都会对利润产生影响。当这种影响是消极的且达到一定程度时,就会使企业的利润为零,而进入盈亏平衡状态;如果这种变化超出上述程度,企业就转入了亏损状态,发生了质的变化。敏感性分析的目的就是确定能引起这种质变的各因素变化的临界值。简单来说,就是求达到临界点的最大、最小允许值。所以,这种方法也称为最大最小法。

由本-量-利关系的基本模型,可以推导出利润为零时求取最大最小值的有关公式:

$$销售量 = \frac{固定成本}{单价 - 单位变动成本}$$

$$单价 = \frac{固定成本}{销售量} + 单位变动成本$$

$$单位变动成本 = 单价 - \frac{固定成本}{销售量}$$

$$固定成本 = 销售量 \times (单价 - 单位变动成本)$$

下面举例说明如何求得最大、最小及临界值。

【例 3-11】 华夏公司为生产和销售单一产品的企业。计划年度内预计有关数据如下:销售量 5 000 件,单价 60 元,单位变动成本为 20 元,固定成本为 80 000 元。

要求: 计算目标利润,并进行有关因素临界值的确定。

$$目标利润 = 5\,000 \times (60 - 20) - 80\,000 = 120\,000(元)$$

(1) 销售量的临界值(最小值):

$$销售量 = \frac{固定成本}{单价 - 单位变动成本} = \frac{80\,000}{60 - 20} = 2\,000(件)$$

这就是说,产品销售量的最小允许值(即保本点销售量)为 2 000 件,再低则会发生亏损。或者说,实际销售量只要达到计划年度预计销售的 40%,企业就可以保本。

(2) 单价的临界值(最小值):

$$单价 = \frac{固定成本}{销售量} + 单位变动成本 = \frac{80\,000}{5\,000} + 20 = 36(元)$$

也就是说,产品的单价不能低于 36 元的最小值,或者说单价降低的幅度不能超过 40%,否则便会发生亏损。

(3) 单位变动成本的临界值(最大值):

$$单位变动成本 = 单价 - \frac{固定成本}{销售量} = 60 - \frac{80\,000}{5\,000} = 44(元)$$

这就意味着,当单位变动成本由 20 元上升到 44 元时,企业的利润将由 90 000 元变为零。44 元为企业所能承受的单位变动成本的最大值,此时其变动成本率为73.3%。

(4)固定成本的临界值(最大值):

$$固定成本 = 销售量 \times (单价 - 单位变动成本) = 5\ 000 \times (60 - 20) = 200\ 000(元)$$

固定成本的临界值也可以直接将原固定成本与目标利润相加而得到,即由固定成本将目标利润简单"吃掉",此时的固定成本总额增加了150%。

二、有关因素变化对利润变化的影响程度

销售量、单价、单位变动成本和固定成本各因素中的某个或者某几个因素的变动,都会对利润产生影响。但利润对不同因素变化所作出的反映在敏感性上存在着差异。如有些因素虽然只发生了较小的变动,却导致利润很大的变动,换句话说,利润对这些因素的变化十分敏感,这些因素也因此被称为敏感因素。与此相反,有的因素虽然变动幅度很大,却有可能只对利润产生较小的影响,也就是说,利润对这些因素的变化并不敏感,这些因素也因此被称为非敏感因素。企业的决策人员需要知道利润对哪些因素的变化比较敏感,而对哪些因素的变化不太敏感。因为,利润对不同程度变动的敏感性不同,人们对其重视程度也就有所区别。

反映敏感程度的指标称为敏感系数,其计算公式如下:

$$敏感系数 = \frac{目标值变动百分比}{因素值变动百分比}$$

【例3-12】 设[例3-11]中的销售量、单价、单位变动成本和固定成本均分别增长了20%,要求:计算各因素的敏感系数。

各因素的敏感系数分别计算如下:

(1)销售量的敏感系数:

销售量增长了20%,则有:

$$销售量 = 5\ 000 \times (1 + 20\%) = 6\ 000(件)$$

$$利润 = 6\ 000 \times (60 - 20) - 80\ 000 = 160\ 000(元)$$

$$利润变化百分比 = \frac{160\ 000 - 120\ 000}{120\ 000} \times 100\% = 33.33\%$$

$$销售量的敏感系数 = \frac{33.33\%}{20\%} = 1.67$$

(2)单价的敏感系数:

单价增长20%,则有:

$$价格 = 60 \times (1 + 20\%) = 72(元)$$

$$利润 = 5\ 000 \times (72 - 20) - 80\ 000 = 180\ 000(元)$$

$$利润变化的百分比 = \frac{180\ 000 - 120\ 000}{120\ 000} \times 100\% = 50\%$$

$$单价的敏感系数 = \frac{50\%}{20\%} = 2.50$$

(3)单位变动成本的敏感系数:

单位变动成本增长20%,则有:

$$单位变动成本＝20\times(1+20\%)=24(元)$$

$$利润＝5\,000\times(60-24)-80\,000=100\,000(元)$$

$$利润变化的百分比＝\frac{100\,000-120\,000}{120\,000}\times100\%=-16.67\%$$

$$单位变动成本的敏感系数＝\frac{-16.67\%}{20\%}=-0.83$$

（4）固定成本的敏感系数:

固定成本增长20%。则有:

$$固定成本＝80\,000\times(1+20\%)=96\,000(元)$$

$$利润＝5\,000\times(60-24)-96\,000=84\,000(元)$$

$$利润变化的百分比＝\frac{84\,000-12\,000}{12\,000}\times100\%=-30\%$$

$$固定成本的敏感系数＝\frac{-30\%}{20\%}=-1.50$$

将上述四个因素按敏感系数绝对值排列,其顺序依次是单价(2.50)、销售量(1.67)、单位变动成本(0.83)和固定成本(1.50),也就是说,影响利润最大的因素是单价和销售量,然后才是单位变动成本和固定成本。

各个因素敏感系数的高低除了与既定条件所决定的实现目标利润的模型有关外,还与各个因素在模型运算过程中的作用有关。

各个因素的敏感系数可通过以下公式计算而得:

$$固定成本的敏感系数＝-\frac{固定成本}{利润}$$

$$销售量的敏感系数＝\frac{销售量\times(单价-单位变动成本)}{利润}$$

$$单价的敏感系数＝\frac{销售量\times单价}{利润}$$

$$单位变动成本的敏感系数＝-\frac{销售量\times单位变动成本}{利润}$$

分析上述个因素敏感系数的计算公式,至少可以有以下两点规律性的结论:

第一,关于敏感系数的符号。某一因素的敏感系数为负号,表明该因素的变动与利润的变动为反向关系;反之亦然。

第二,关于敏感系数的大小。从上述公式不难看出,各因素敏感系数的分母均为利润,所以其相互之间的大小关系直接决定于其各分子数值的大小,应具体分析。以单价的敏感分析为例,当与其他因素的敏感分析进行比较时会有以下结果。

由于销售量×单价大于销售量×(单价-单位变动成本),单价的敏感程度一定大于销售量的敏感程度。

通常情况下,销售量×单价既大于固定成本,又大于销售量×单位变动成本(即,当销售量×单价大于固定成本与销售量×单位变动成本之和时,企业才盈利),否则,企业可能连简单再生产都难以维持,现金支付也可能已经发生了严重困难,所以,单价的敏感程度一般应该是最大的。也就是说,涨价是企业提高盈利的最直接有效的手段,价格下跌则是企业最大的威胁。

敏感系数提供了利润对有关因素变动而变动的敏感程度,反过来,利用敏感系数可以分析企业为实现目标利润应采取的单项措施,而且计算过程也比较简单。

本 章 小 结

本章主要概括介绍本-量-利分析的基本假设;本-量-利基本公式以及相关指标;本-量-利关系图;单一品种生产下的保本保利分析;多种产品情况下的盈亏临界点分析的计算,包括联合单位法及加权平均贡献毛益率法;本-量-利的敏感性分析。

本章重要概念

本-量-利分析　贡献毛益　本-量-利关系图　联合单位法　加权平均贡献毛益率法　本-量-利敏感性分析

推荐阅读资料

［1］吴大军,牛彦秀.管理会计[M].大连:东北财经大学出版社,2010.

［2］孙茂竹,文广伟,杨万贵.管理会计学[M].北京:中国人民大学出版社,2013.

［3］刘萍,于树彬,刘西涛.管理会计[M].大连:东北财经大学出版社,2013.

第四章 经营预测

内容简介

本章主要讲解了经营预测的特征、内容和步骤;销售量的预测,包括定性预测和定量预测,定性销售预测包括判断分析法和调查分析法,定量预测包括趋势预测分析法、因果预测分析法和购买力指数法;成本预测,包括可比产品成本预测与不可比产品成本预测;利润预测,包括直接预测法和因素分析法;资金需要量预测,包括资金需要总量预测、固定资金需要量预测。本章重点掌握销售量预测的定量预测法与成本预测的可比产品成本预测。

学习目的和要求

通过本章的学习,学生应掌握销售预测、成本预测、利润预测和资金需要量预测的方法,理解经营预测的作用和意义,了解经营预测的概念、步骤、特征和目标。

引例 如何准确预测

预测未来是一件难事,然而,太多的公司把预测当做猜测游戏,它们打着科学的旗号,却在微乎其微的成功可能性上孤注一掷。于是,预测结论频频改变,成了人们操纵的把戏,在此过程中,预测者执著于自己的个人预测能力,而当未来不如所愿时,就归咎于实施能力不够。但他们忘记了预测能力未必能保证对未来的预测万无一失。

在这个多变的世界中,人们必须接受不确定性。换句话说,在这个世界中,没有肯定的未来,任何未来都有无限可能。但是,一个精心设计的预测可以帮助管理者了解各种未来的可能,使他们能够制定更全面的计划。那么如何实现一个好的预测呢?

要有效预测,光考虑未来的各种可能是不够的,还要看到各种可能背后的推动力,即"为什么会这样"。例如,在预测过程中,惠而浦(Whirpool Corporation)的管理者提出未来的各种可能的销售需求,描述了他们做这种预测的原因和背后的动力。同时,经理也会影响部分驱动力,例如,他们可以与零售伙伴合作,以推动市场需求。

在了解未来动力的过程中对背后原因的分拆是一个有效的办法。例如,商业周期是影响家电行业需求的驱动力。

要有效预测,我们需要认识到,专家的智慧是靠不住的。专家智慧靠不住怎么办?许多公司在集体智慧中寻找能力,同前者相比,这种智慧具有独特的优势。预测团队需要有多个不同观点的人,只有这样才能揭示出未来的无限可能。有时集体预测会笼罩在权威的阴影下使集体智慧失去了用武之地。所以,公司有必要鼓励预测团队成员挑战权威,大胆讲出自己的判断。

要准确预测,公司不必寻找预测明星,而要培养一种气氛:让员工能够敞开心胸,公开讨论不确定性,质疑组织的偏见。

企业必须培养一种坦诚文化,鼓励员工正视不确定性,认识自己的偏见。此外,任何商业模型都是从假设开始的,要应用它们,就要寻求经验数据来阐明和挑战那些假设。没有一个模型是客观的,商业模型只代表着一个不确定世界中非常主观的看法。

第一节 | 经营预测概述

一、经营预测的特征

企业经营预测是指企业根据过去的历史资料和现在所取得的经济信息、统计资料为基础,利用各种科学的方法及有关人员多年的实践经验,对未来经济活动可能产生的经济效益和发展趋势作出科学的预测和推测的过程。其主要特点是根据过去和现在预计未来,根据已知推测未知。

目前,在市场经济条件下,企业的竞争非常的激烈,在这样一个复杂多变的经济环境里,为了求生存、谋发展,如果没有科学的经营预测和周密的计划安排,工作上必然处处被动,缺乏应变能力和竞争能力,其结果就很难实现企业的经营目标,更谈不上提高经济效益了。只有科学的预测分析,才能为企业领导的决策提供科学的依据。

1. 依据的客观性

经营预测是以客观准确的历史数据和合乎实际的经验为依据所进行的分析,而不是毫无根据的、纯主观的臆测。

2. 时间的相对性

经营预测事先应明确规定某项预测的时间期限范围。经营预测的时间越短,受不确定因素的影响越小,预测结果越准确;反之,预测的时间越长,受不确定因素的影响越大,预测结果的准确性就相对差一点。

3. 结论的可检验性

经营预测应考虑到可能产生的误差,且能够通过对误差的检验进行反馈,调整预测程序的方法,尽量减少误差。

4. 方法的灵活性

经营预测可灵活运用多种方法,在选择预测方法时,应事先进行试点,选择那些简便易行、成本低、效率高的一种或几种方法配套使用,才能达到事半功倍的效果。

二、经营预测的内容

经营预测的内容包括销售预测、成本预测、利润预测和资金预测等几个方面。

1. 销售预测

销售预测是其他各项预测的前提,是根据市场调查所得到的有关资料,通过有关因素的分析研究,预计和测算特定产品在一定时期内的市场销售量及变化趋势,进而预测本企业产品未来销售量的过程。

2. 成本预测

成本预测是根据企业未来发展目标和其他有关资料,运用专门方法,预测企业未来成本发展水平及发展趋势的过程。

3. 利润预测

利润预测是指在销售预测的基础上,根据企业未来发展目标和其他有关资料,预计企业未来应达到和可望实现的利润水平及其变动趋势的过程。

4. 资金预测

资金预测是指销售预测、利润预测和成本预测的基础上,根据企业未来经营发展的目标并考虑影响资金的各项因素,运用一定方法预计、推测企业未来一定时期内或一定项目所需要的资金数额、来源渠道、运用方向及其效果的过程。

三、经营预测的步骤

1. 明确预测目的和要求

预测目的不同,预测的内容和项目所需要的资料以及运用的方法都会有所不同。根据经营活动的需要明确预测的具体要求,并根据具体要求拟定预测项目,制订预测计划以保证预测顺利进行。

2. 明确预测对象

要做好经营预测,必须首先确定预测对象,即确定预测的内容和范围,进而有针对性地做好各阶段的预测工作。

3. 收集整理资料

进行经营预测必须要有充分的资料,才能为预测提供进行分析的可靠数据。收集资料是进行预测的重要一环是预测的基础性工作。收集资料应力求资料完整,资料越完整,预测结果越精确可靠。同时要对所收集的大量资料进行整理、归纳,找出与预测对象有关的各项因素之间的相互依存关系。

4. 选择预测方法

不同的预测对象和内容,应选择不同的预测方法。尤其是用定量分析法进行预测时,必须根据预测目的和历史数据的变化类型来选择数学模型,确定各变量之间可能存在的联系,根据有关参数,建立预测模型,将有关数据代入预测模型,求得预测值。

5. 分析预测误差并修正预测值

任何方法的预测不可能完全准确,特别是中、长期预测。尤其是根据数学模型计算出来的预测值可能没有将非计量因素考虑进去,这就需要对其进行修正,使预测值切实为决策提供科学依据。

第二节 | 销 售 预 测

在市场经济条件下,企业的生存取决于市场对企业的接纳程度,取决于企业能否生产出适销对路、质量合格、满足市场需求的产品,市场决定着企业的生存和发展。对企业产品销售的预测,可以说是对企业生存和发展的预测;在以销定产的方式下,对企业产品销售的预测对于其他预测(成本预测、利润预测以及资金预测)起着决定性作用。销售预测是制定企业经营预测最重要的依据,在做好销售预测的前提下,才能相互衔接地开展好其他各项经营预测。

销售预测的基本方法可分为定性分析和定量分析两大类,这些方法同样适用于其他经营预测。

 相关案例 4-1

"绿箭"口香糖如何预测销售量

"绿箭"口香糖1914年在美国首次推出,目前行销全球逾180个国家,已经成为世界上备受钟爱的口香糖产品之一,"绿箭"口香糖也是中国第一批自行生产和销售的口香糖品牌之一。在中国,许多消费者对箭牌产品的认识正是从"绿箭"开始的。"绿箭"在2006年推出薄荷糖系列,为消费者的口气持久清新提供了更多选择。如何预测每天"绿箭"口香糖的需要量?准确的预测对"绿箭"的发展有什么意义?

一、定性销售预测

定性销售预测又称为定性分析法或非数量分析法,它主要是依靠预测人员丰富的实践经验和知识以及主观的判断分析能力,在考虑政治经济形势、市场变化、经济政策、消费倾向等各项因素对经营影响的前提下,对事物的性质和发展趋势进行预测和推测的分析方法。由于经济生活的复杂性,并非所有影响因素都可以进行定量分析,某些因素(例如,政治经济形势的变动、消费倾向、市场前景、宏观环境的变化等)只有定性的特征;再者,定量分析本身也存在着局限性,任何数学方法都不能概括所有复杂的经济变化情况。如果不结合预测期间的政治、经济、市场以及政策方面的变化情况,必然会导致预测结果脱离客观实际。所以,我们必须根据具体情况,把定量分析与定性分析方法结合起来使用,这样才能得到良好的效果。

定性销售预测方法又分为判断分析法和调查分析法两大类。

(一)判断分析法

1. 营销员判断法

营销员判断法又称意见汇集法,是指由企业熟悉市场情况及相关变化信息的营销人员对市场进行预测,再将各种判断意见加以综合分析、整理,并得出预测结论的方法。企业营销人员能充分了解市场现状以及本企业的生产、销售情况,因此也就在一定程度上保证了预测的准确性。这种方法的优点在于用时短、成本低、比较实用。但是这种方法单纯靠营销人员的主观判断,具有较多的主观因素和较大的片面性。

【例 4-1】 华夏公司有3名销售人员和1名经理。每个预测者预计其销售量和概率如表4-1所示,先用概率计算出每个预测者的期望值,然后用加权平均法加以综合。

假设经理的预测更准确、更重要,将其预测的权重确定为2,而将销售人员的预测权重均确定为1,则综合预测结果为:

表 4-1　　　　　　　　　　　　　　　　销售量预测表

	销售量(件)	概率	销售量×概率
甲销售员预测:			
最高	500	0.2	100
最可能	400	0.5	200
最低	300	0.3	90
期望值			390
乙销售员预测:			
最高	600	0.2	120
最可能	500	0.6	300
最低	400	0.2	80
期望值			500
丙销售员预测:			
最高	550	0.2	110
最可能	450	0.5	225
最低	350	0.3	105
期望值			440
经理预测:			
最高	500	0.3	150
最可能	450	0.5	225
最低	300	0.2	60
期望值			435

$$综合的预测销售量 = \frac{390 \times 1 + 500 \times 1 + 440 \times 1 + 435 \times 2}{1 + 1 + 1 + 2} = 440(件)$$

这种方法一般适用于不便直接向顾客调查的公司。

2. 专家判断法

专家判断法是指由专家根据他们的经验和判断能力对特定产品的未来销售量进行判断和预测的方法。其主要有以下三种不同形式:

(1)个别专家意见汇集法,即分别向每位专家征求对本企业产品未来销售情况的个人意见,然后将这些意见再加以综合分析,确定预测值。

(2)专家小组法,即将专家分成小组,运用专家们的集体智慧进行判断预测的方法。此方法的缺陷是预测小组中专家意见可能受权威专家的影响,客观性较德尔菲法差。

(3)德尔菲法又称函询调查法,它采用函询的方式,征求各方面专家的意见,各专家在互不通气的情况下,根据自己的观点和方法进行预测,然后由企业把各个专家的意见汇集在一起,通过不记名方式反馈给各位专家,请他们参考别人的意见修正本人原来的判断,如此反复数次,最终确定预测结果。

（二）调查分析法

调查分析法是指通过对有代表性顾客的消费意向的调查，了解市场需求的变化趋势，进行销售预测的一种方法。公司的销售取决于顾客的购买，顾客的消费意向是销售预测中最有价值的信息。如果通过调查，可以了解到顾客明年的购买量，顾客的财务状况，顾客的爱好、习惯和购买力的变化，顾客购买本公司产品占总需要量的比重和选择供应商的标准，这对销售预测将更有帮助。

在调查时应注意：首先，选择的调查对象要具有代表性和普遍性，调查对象应能反映市场中不同阶层或行业的需要及购买需要；其次，调查的方法必须简便易行，使调查对象乐于接受调查；此外，对调查所取得的数据与资料要进行科学的分析，特别要注意去伪存真、去粗取精。只有这样，所获得的资料才具有真实性、代表性，才能作为预测的依据。

凡是顾客数量有限，调查费用不高，每个顾客意向明确又不会轻易改变的，均可以采用调查分析法预测。

【例 4-2】 华夏公司对某地区销售量的预测如表 4-2 所示。

表 4-2　　　　　　　　　　　　　华夏公司销售量预测表

家庭收入 ①	家庭户数 （万户） ②	每户年均购买量（罐） ③	总需求量 ④=③×② （罐）	本企业市场占有率⑤	本企业销售预测 ⑥=④×⑤ （罐）
5 万元以下	12	10	120	30%	36
5 万～10 万元	8	30	240	25%	60
10 万～15 万元	3	100	300	20%	60
15 万～20 万元	1	300	300	15%	45
20 万元以上	0.2	500	100	5%	5
合计	24.2	—	1060	—	206

二、定量销售预测

定量销售预测也称数量分析法。它主要是应用数学的方法，对与销售有关的各种经济信息进行科学的加工处理，建立相应的数学模型，充分揭示各有关变量之间的规律性联系并作出相应的预测结论，具体方法又可以分为以下几种。

（一）趋势预测分析法

趋势预测分析法是指根据企业历史的、按发生时间的先后顺序排列的一系列销售数据，应用一定数学方法进行加工处理，按时间数列找出随销售时间而发展变化的趋势，由此推断其未来发展趋势的分析方法。这种方法是假设事物的发展将遵循"延续性原则"，是可以预测的。常用的趋势分析法主要有算术平均法、移动平均法、趋势平均法和指数平滑法。

1. 算术平均法

算术平均法又称简单平均法，它是直接将若干时期实际销售业务量的算数平均值作为销售量预测值的一种预测方法。这种方法的原理是一视同仁地看待 n 期内的各期销售量对未来预测销售量的影响。其计算公式如下：

$$\text{预测销售量}\bar{Q}_{n+1} = \frac{\text{已知时间序列各期销售业务量之和}}{\text{时间序列期数}} = \frac{\sum Q_t}{n}$$

这种方法的优点是计算过程简单,缺点是没有考虑远近期销售业务量的变动对预测期销售状况的不同影响程度,从而使不同时期资料的差异简单平均化。所以,该法只适于各期销售业务量比较稳定、没有季节性变动的食品和日常用品等的预测。

【例4-3】已知:华夏公司生产一种产品,20×8年1~12月份销售资料如表4-3所示。

表4-3 销售资料 单位:吨

月份	1	2	3	4	5	6	7	8	9	10	11	12
销量(Q_t)	25	23	26	29	24	28	30	27	25	29	32	33

要求:按算术平均法预测20×9年1月份的销售量(计算结果保留两位小数)。

解:$\sum Q_t = 25+23+26+29+24+28+30+27+25+29+32+33 = 331(\text{吨})(n=12)$

20×9年1月份预测销售量 $= \frac{331}{12} = 27.58(\text{吨})$

2. 加权平均法

加权平均法是指将若干历史时期的实际销售量或销售额作为样本值,将各个样本值按照一定的权数计算得出加权平均数,并将该平均数作为下期销售量的预测值。一般地,由于市场变化较大,离预测期越近的样本值对其影响越大,而离预测期越远的则影响越小,所以权数的选取应遵循"近大远小"的原则。其计算公式为:

$$\text{预测销售量}\bar{Q}_{n+1} = \sum_{i=1}^{n} W_i Q_i$$

式中 W_i——第i期的权数($0 < W_i < W_{i+1} < 1$,且$\sum W_i = 1$);

Q_i——第i期的实际销售量。

加权平均法较算术平均法更为合理,计算也较方便,因而在实践中应用较多。

【例4-4】华夏公司各期销售数据及权数如表4-4所示。

表4-4 销售资料 单位:吨

年度	2×10	2×11	2×12	2×13	2×14	2×15	2×16	2×17
销量	3 250	3 300	3 150	3 350	3 450	3 500	3 400	3 600
权数	0.04	0.06	0.08	0.12	0.14	0.16	0.18	0.22

预测销售量$\bar{Q}_{2018} = 3\,250 \times 0.04 + 3\,300 \times 0.06 + 3\,150 \times 0.08 + 3\,350 \times 0.12 + 3\,450$

$\times 0.14 + 3\,500 \times 0.16 + 3\,400 \times 0.18 + 3\,600 \times 0.22$

$= 3\,429(\text{吨})$

3. 移动平均法

移动平均法是指在掌握n期销售量的基础上,按照事先确定的期数(记作m,

$m < n/2$)逐期分段计算 m 期的算数平均数,并以最后一个 m 期的平均数作为未来 $n+1$ 期的预测销售量的一种方法。

所谓"移动"是指预测值随着时间的不断推移,计算的平均值也在不断向后顺延。此法假定预测值主要受最近 m 期销售业务量的影响。此法的计算公式如下:

$$预测销售量\overline{Q}_{n+1} = 最后 m 期的算术平均销量$$
$$= \frac{最后 m 期销售业务量之和}{m}$$
$$= \frac{Q_{n-m+1} + Q_{n-m+2} + \cdots + Q_{n-1} + Q_n}{m}$$

移动平均法虽然能够克服算术平均法忽视远近期销售量对预测量影响程度不同的缺点,有助于消除远期偶然因素的不规则影响,但仍存在只考虑 n 期数据中的最后 m 期资料,缺乏代表性的缺点。此法适于销售业务略有波动的产品预测。

但有人认为这样计算的平均值只反映预测期前一期的销售水平,还应在此基础上,按趋势值进行修正。趋势值 b 的计算公式如下:

$$趋势值 b = 最后移动期的平均值 - 上一个移动期的平均值$$

修正的移动平均法按以下公式进行预测:

$$预测销售量\overline{Q}_{n+1} = 最后 m 期的算术平均销量 + 趋势值$$

【例 4-5】 华夏公司 $2\times10 \sim 2\times16$ 年的产品销售量资料如下:

表 4-5   销 售 资 料

年度	2×10	2×11	2×12	2×13	2×14	2×15	2×16
销售量(吨)	1 890	2 010	2 070	2 100	2 040	2 260	2 110

若 2×16 年的预测值为 2 117.5 吨,假设样本期为 4 期。

移动平均法下,公司 2×17 年预测销售量为:

$$(2\ 100 + 2\ 040 + 2\ 260 + 2\ 110) \div 4 = 2\ 127.5(吨)$$

修正的移动平均法下,公司 2×17 年预测销售量为:

$$\overline{Q}_{2\times17} = 2\ 127.5 + (2\ 127.5 - 2\ 117.5) = 2\ 137.5(吨)。$$

4. 平滑指数法

平滑指数法是指在综合考虑有关前期预测销售量和实际销售量信息的基础上,利用事先确定的平滑指数预测未来销售量的一种方法。其计算公式如下:

$$某期预测销售量(\overline{Q}) = 平滑指数 \times 前期实际销售量 + (1 - 平滑指数) \times 前期预测销售量$$
$$= \alpha \cdot Q_{t-1} + (1 - \alpha) \cdot \overline{Q}_{t-1}$$

式中,α 表示平滑指数,这是一个经验数据,其取值范围通常在 $0.3 \sim 0.7$ 之间。平滑指数具有修正实际数所包含的偶然因素对预测值的影响的作用,平滑指数取值越大,则近期实际数对预测结果的影响就越大;平滑指数取值越小,则近期实际数对预测结果的影响就越小。因此,进行近期预测或销量波动较大时的预测,应采用较大的平滑指数;进行长期预测或销量波动较小时的预测,可采用较小的平滑指数。

【例4-6】 华夏公司2×16年实际销售量为2 600吨,原预测销售量为2 375吨,平滑指数=0.4,要求:用平滑指数法预测华夏公司2×17年的销售量。

$$2×17年预测销售量 = 0.4×2 600+(1-0.4)×2 375 = 2 465(吨)$$

从平滑指数法的预测公式可看出,该法的实质是在已知以前期预测销售量和实际销售量的基础上,分别以平滑指数及其补数(1-平滑指数)为权数的一种特殊加权平均法。该法比较灵活,适用范围较广,但在选择平滑指数时,存在一定的随意性。

(二)因果预测分析法

影响产品销售的因素是多方面的,既有企业外部因素,也有企业内部因素;既有客观因素,又有主观因素。在这些因素中,有些因素对产品销售起着决定性作用或与产品销售存在某种函数关系,只要找到与产品销售(因变量)相关的因素(自变量)以及它们之间的函数关系,就可以利用这种函数关系进行产品的销售预测,这种销售预测方法就是因果预测分析法。

因果预测分析法最常用的方法是回归分析法,回归分析法又包括回归直线法、对数直线法和多元回归法等,此处仅对回归直线法作简单介绍。

回归直线法也称一元回归分析法,它是假定预测对象销售量的变量因素只有一个,根据直线方程式 $y=a+bx$,按照数学上的最小二乘法来确定一条误差最小、能正确反映自变量 x 和因变量 y 之间关系的直线。它的常数项 a 与系数 b 的值可按下列公式计算:

$$a = \frac{\sum y - b\sum x}{n}$$

$$b = \frac{n\sum xy - \sum xy}{n\sum x^2 - \left(\sum x\right)^2}$$

求出 a 与 b 的值后,结合自变量 x 的预测销售量或销售额,代入公式 $y=a+bx$,即可求得预测对象 y 的预计销售量或销售额。

【例4-7】 华夏公司专门生产汽车轮胎,而决定汽车轮胎销售量的主要因素是汽车销售量。中国企业工业联合会最近5年的汽车实际销售量统计及该企业最近5年的轮胎实际销售量资料如表4-6所示。

表4-6 2×11—2×15年全国汽车实际销售量及华夏公司轮胎实际销售量

年度	2×11	2×12	2×13	2×14	2×15
汽车销售量(万辆)	10	12	15	18	20
轮胎销售量(万只)	64	78	80	106	120

假设预测期2×16年汽车销售量根据汽车工业联合会的预测为25万辆,该轮胎生产企业的市场占有率为35%,采用最小二乘回归直线法预测2×16年该公司轮胎的销售量如下:

① 在 $y=a+bx$ 中,设 y 为轮胎销售量,x 为汽车销售量;

② 根据上述资料,初步计算结果如表4-7所示。

表 4-7 初步计算结果

年度	汽车销售量(x)	轮胎销售量(y)	xy	x^2	y^2
2×11	10	64	640	100	4 096
2×12	12	78	936	144	6 084
2×13	15	80	1 200	225	6 400
2×14	18	106	1 908	324	11 236
2×15	20	120	2 400	400	14 400
$N = 5$	$\sum x = 75$	$\sum y = 448$	$\sum xy = 7\ 084$	$\sum x^2 = 1\ 193$	$\sum y^2 = 42\ 216$

③ 代入公式：

$$b = \frac{n \sum xy - \sum xy}{n \sum x^2 - \left(\sum x\right)^2} = \frac{5 \times 7\ 084 - 75 \times 448}{5 \times 1\ 193 - 75^2} = 5.35$$

$$a = \frac{\sum y - b \sum x}{n} = \frac{448 - 5.35 \times 75}{5} = 9.35$$

④ 将 a 与 b 的值代入公式 $y = a + bx$，得出预测结果，2×16 年该公司轮胎的预计销售量为：

$y = a + bx = 9.35 + 5.35 \times 25 = 143.1$（万只）

2×16 年该企业轮胎预计市场销售量 $= 143.1 \times 35\% = 50.085$（万只）

第三节 | 成 本 预 测

成本预测是成本管理的重要环节。它是在编制成本预算之前，根据企业的经营总目标和预测期可能出现的各个影响因素，采用定量和定性分析方法，确定目标成本、预计成本水平和变动趋势的一种管理活动。

成本预测是企业进行产品设计方案的选择、零件外购或自制、是否增加新设备、新产品是否投产等决策的基础。通过成本预测，可以掌握未来的成本水平及其变动的趋势，为编制成本计划，进行成本控制、成本分析和成本考核提供依据。

为了保证成本预测达到预期的目标，成本预测应该服从企业总的经营目标，各部门、单位的成本预测应该以企业经营目标为基准进行协调，以保证整个企业的成本预测、决策系统的协调性、一致性；成本预测的方案应该切实可行，包括技术上是否可行、产品质量是否有保证、是否符合国家有关的法律及社会道德的约束等；成本预测方案应该具有应变能力，必须考虑可能发生的因素变化，并拟定应变措施，使成本预测、决策方案具有一定的弹性。

成本预测可以分为近期预测（月、季、年）和远期预测（3 年、5 年、10 年）。远期预测通常用于分析宏观经济变动对企业成本的影响（如生产力布局变动、经济结构变动、价格变动等），为企业确定中长期预算和年度预算提供资料。近期预测着重分析影响成本的各个因素的变动，预算各个方案的成本指标，从中选择最优方案据以确定计划成本指标。在近期预测中，成本预测的侧重点是年度成本预测。一般来说，成本预测的步骤包括：

（1）根据企业的经营目标，提出初选的目标成本。

（2）初步预测在当前生产经营条件下成本可能达到的水平，并找出与初选目标成本的差距。

（3）提出各种成本降低方案，对比、分析各种成本方案的经济效果。

（4）选择成本最优方案并确定正式目标成本。

成本预测按产品的不同，又可分为可比产品成本预测和不可比产品成本预测。

一、可比产品成本预测

可比产品是指以往年度正常生产过的产品，其过去的成本资料比较健全和稳定，下面结合成本预测的步骤介绍可比产品成本预测。

（一）确定初选目标成本

目标成本是指企业为实现经营目标所应达到的成本水平，也是企业未来期间成本管理所应达到的目标，选择可比产品的初选目标成本主要有两种方法。

1. 选择某一先进的成本水平作为初选目标成本

它可以根据本企业上年实际平均单位成本和上级下达的成本降低率来计算，可以是国内外同种产品的先进成本、本企业历史上先进水平的实际成本，也可以是按本企业平均先进的消耗定额制定的定额成本或计划成本。

2. 根据企业预测期的目标利润来预算目标成本

即首先确定目标利润，然后从销售收入中减去目标利润和应纳税金，余额就是确定的初选目标成本，用公式表示如下：

$$\text{按市场可接受价格计算的销售收入} - \text{企业测算的目标利润} - \text{应纳税金} = \text{目标成本}$$

按上述公式预算的目标成本仅仅是个初步要求。因此，还要进一步进行成本初步测算并选择最优方案，根据成本可能降低的程度最后确定预测期目标成本。

（二）成本初步预测

成本初步预测是指在当前生产条件下，不采取任何新的降低成本措施确定预测期可比产品能否达到初选目标成本要求的一种预测。初步预测是根据历史资料来推算的，一般可以采用以下两种方法。

1. 按上年预计平均单位成本预算预测期可比产品成本

上年平均单位成本是测算预测期可比产品成本降低额和降低率的基础。由于成本计划通常是在上年第 4 季度编制的，所以上年平均单位成本可按以下公式进行预计：

$$\text{上年预计平均单位成本} = \frac{\text{上年 1～3 季度实际平均单位成本} \times \text{上年 1～3 季度实际产量} + \text{上年第 4 季度预计单位成本} \times \text{上年第 4 季度预计产量}}{\text{上年 1～3 季度实际产量} + \text{上年第 4 季度预计产量}}$$

式中，上年 1～3 季度的产量和单位成本实际数，可以从有关核算资料中获得，而第 4 季度的产量和单位成本预计数，则可以根据原来的预计产量和计划单位成本，并考虑上年 1～3 季度计划完成的结果分析确定。

上年预计平均单位成本确定后,可按以下公式计算按上年预计平均单位成本计算的计划年度可比产品总成本,作为预测期可比产品成本降低指标的基础。

$$\begin{array}{l}\text{按上年预计平均单位} \\ \text{成本计算的预测期} \\ \text{可比产品总成本}\end{array} = \sum \left(\begin{array}{l}\text{各种可比产品} \\ \text{上年预计平均} \\ \text{单位成本}\end{array} \times \begin{array}{l}\text{预测期各种} \\ \text{可比产品} \\ \text{预计产量}\end{array}\right)$$

2. 根据前 3 年可比产品资料预算预测期可比产品成本

根据前 3 年可比产品成本资料预算预测期可比产品成本的具体方法有简单平均法和加权平均法。在采用这两种方法时,首先,对过去 3 年的成本资料进行必要的调整,剔除成本中的那些偶然费用,特别是数额较大的,如自然灾害和意外事故造成的停工损失等;其次,对涉及产品设计、工艺改变耗用的价格有重大变化的情况也要进行调整;最后,根据实际资料,将前 3 年可比产品成本划分为变动成本和固定成本两部分,对于混合成本也要采用一定的方法分解为变动成本和固定成本,以便进行预测。

(1)简单平均法。简单平均法适用于前 3 年销售和成本基本稳定的产品成本预测。其预测公式如下:

$$\begin{array}{l}\text{预测期可比} \\ \text{产品总成本}\end{array} = \frac{\text{前 3 年单位变动成本之和}}{3} \times \begin{array}{l}\text{计划年度} \\ \text{生产销量}\end{array} + \frac{\text{前 3 年固定成本总额之和}}{3}$$

(2)加权平均法。在前 3 年销售和成本变动较大的情况下,为了反映接近预测年份的成本变动对预测值的影响,对最接近预测年份的成本资料在计算平均数时须加大其比重,权数可确定为 3,预测期前 2 年的权数为 2,预测期前 3 年的权数为 1,其预测公式如下:

$$\begin{array}{l}\text{预测期} \\ \text{可比产品} \\ \text{总成本}\end{array} = \frac{\text{前 1 年单位变动成本} \times 3 + \text{前 2 年单位变动成本} \times 2 + \text{前 3 年单位变动成本} \times 1}{6} \times \begin{array}{l}\text{计划年度} \\ \text{生产销售量}\end{array}$$
$$+ \frac{\text{前 1 年固定成本总额} \times 3 + \text{前 2 年固定成本总额} \times 2 + \text{前 3 年固定成本总额} \times 1}{6}$$

(三) 提出各种成本降低方案

成本降低方案的提出主要可以从改进产品设计、改善生产经营管理、控制管理费用三个方面着手,这些方案应该既能降低成本,又能保证生产和产品质量的需要。

1. 改进产品设计,开展价值分析,努力节约原材料、燃料和人力等消耗

产品结构设计是否先进合理,是决定产品设计成本水平的重要环节和先决条件。产品结构设计不先进合理,不仅会影响产品的性能、质量,而且会产生连锁反应,增加成本,造成较大的浪费。这是因为产品的体积、重量和样式基本上决定了产品投产后的原材料、燃料、动力和人工的消耗程度。对产品结构设计分析,可采用功能成本分析的方法。功能成本分析也叫价值分析,其目的是以最低的总成本可靠地实现产品的必要功能,提高产品效益。产品功能与成本预测分析的目的就是以最低的成本实现产品的必要功能。它不是单纯的强调功能,也不是盲目地追求降低成本,而是辩证地处理两者的关系,力图实现它们之间的合理结合,以提高产品功能与成本的比值,实现价廉物美的要求,提高企业的经济效益。

2. 改善生产经营管理,合理组织生产

生产经营管理的好坏与产品成本的高低有着密切的关系,如劳动力的合理组织、车间的合理设置、工艺方案的选择、零部件的外购或自制决策、新设备增加等都会影响产品成本。因此,企业应积极从合理组织生产中挖掘降低产品成本的潜力,针对生产经营管理中存在的问题提出不同的改进方案,并对此分析不同方案的经济效果,从中选择最优的成本降低方案。

3. 严格控制费用开支,努力降低管理费用

管理费用在产品成本中占有相当的比重,因此,控制和节约车间经费和企业管理费,也是降低产品成本不可忽视的重要方面。为了节约管理费用,减少非生产性支出,企业各部门、车间应实行严格的费用控制制度,实际费用支出应与费用预算进行比较,以便确定责任、进行奖惩,达到降低成本的目的。

(四)正式确定目标成本

企业的成本降低措施和方案确定后,应进一步测算各项措施对产品成本的影响程度,据以修订初选目标成本,正确确定企业预测期的目标成本。

在测算各项措施对产品成本的影响程度时,应抓住影响成本的重点因素进行测算。一般可以从节约原材料的消耗、提高劳动生产率、合理利用设备、节约管理费用、减少废品损失等方面进行测算。

1. 测算材料费用对成本的影响

原材料费用是构成产品成本的主要项目之一,在产品成本中一般占有较大的比重。在保证产品质量的前提下,合理、节约的使用原材料,降低原材料费用,是不断降低产品成本的主要途径。影响原材料费用变动的因素有材料消耗定额和材料价格。材料消耗定额降低,会使产品单位成本中的材料费用相应地降低,两者的降低幅度是一致的。例如,材料消耗定额降低 1%,材料费用也会相应地降低 1%。但是,由于材料费用只是产品成本的一个组成部分,因此,材料费用的降低率并不等于产品成本的降低率。材料消耗定额降低形成的节约,应按下列公式计算:

$$\frac{材料消耗定额降低}{影响的成本降低率} = \frac{材料费用占}{成本的百分率} \times \frac{材料消耗定额}{降低的百分率}$$

如果在材料消耗定额发生变动的同时,价格也发生变动,则材料价格变动对成本的影响,可按下列公式计算:

$$\frac{材料价格}{变动影响的} = \frac{材料费用}{占成本的} \times \left[1 - \frac{材料消耗}{定额降低} \right] \times \frac{材料价格}{降低百分率}$$
$$\text{成本降低率} \quad \text{百分率} \quad \text{的百分率}$$

以上两个公式可合并计算如下:

$$\frac{材料消耗定额}{和价格同时降} = \frac{材料费用}{占成本的} \times \left[1 - \left[1 - \frac{材料消耗}{定额降低} \right] \times \left(1 - \frac{材料价格}{降低百分率} \right) \right]$$
$$\text{低影响的成本} \quad \text{百分率} \quad \text{的百分率}$$
$$\text{降低率}$$

在一些工业企业里,提高原材料利用率是节约材料费用的重要途径。在产品重量不变的情况下,原材料利用率的提高就会相应节约原材料的消耗。因此,也可单独测算提高原材料利用率对产品成本的影响程度。其计算公式如下:

$$\begin{array}{l}\text{原材料利用率}\\\text{提高影响的}\\\text{成本降低率}\end{array}=\left(1-\dfrac{\text{上年的原材料利用率}}{\text{计划年度的原材料利用率}}\right)\times\begin{array}{l}\text{材料费用占}\\\text{成本的百分率}\end{array}$$

以上公式同样适用于燃料和动力费用的测算。

2. 测算工资费用对成本的影响

（1）测算在生产工人人数和工资不变的情况下，由于劳动生产率提高而形成的节约。劳动生产率提高，说明单位时间内的产量增加，在其他因素不变的条件下，单位产品所分担的工资费用减少。因此，在只有劳动生产率一个因素变动时，它对成本的影响可按下列公式计算：

$$\begin{array}{l}\text{劳动生产率提高}\\\text{影响的成本降低率}\end{array}=\begin{array}{l}\text{生产工人工资占}\\\text{成本的百分率}\end{array}\times\left(1-\dfrac{1}{1+\begin{array}{l}\text{劳动生产率}\\\text{提高的百分率}\end{array}}\right)$$

（2）测算由于劳动生产率提高超过平均工资增长率而形成的节约。劳动生产率的变动，同单位产品中工资费用的变动呈反比例的关系；而平均工资的增长，同单位产品中工资费用的增长呈正比例关系。所以，当劳动生产率的增长速度超过平均工资的增长速度时，就能节约产品成本中的工资费用。其计算公式如下：

$$\begin{array}{l}\text{劳动生产率和}\\\text{平均工资相互作用}\\\text{影响的成本降低率}\end{array}=\begin{array}{l}\text{生产工人}\\\text{工资占成本}\\\text{的百分率}\end{array}\times\left(1-\dfrac{1+\begin{array}{l}\text{平均工资}\\\text{增长的百分率}\end{array}}{1+\begin{array}{l}\text{劳动生产率}\\\text{增长的百分率}\end{array}}\right)$$

（3）测算生产增长超过管理费用增加而形成的节约。在企业的制造费用、管理费用中，有一部分费用属于固定费用，如管理人员工资、办公费、差旅费、折旧费等。这些费用一般不随产量的增加而变动；另一部分费用则属于变动费用，如消耗性材料、运输费等，这些费用则随产量增长而有所增加，但只要采取适当的节约措施，其增长速度一般会小于生产增长速度。所以，企业生产的增长会使单位产品中应分摊的管理费用减少，从而使产品单位成本降低，其计算公式如下：

$$\begin{array}{l}\text{生产增长超过}\\\text{管理费用增加}\\\text{影响成本降低率}\end{array}=\begin{array}{l}\text{管理费用占}\\\text{成本的百分率}\end{array}\times\left(1-\dfrac{1+\begin{array}{l}\text{管理费用增加}\\\text{的百分率}\end{array}}{1+\begin{array}{l}\text{生产增长}\\\text{的百分率}\end{array}}\right)$$

（4）测算废品率降低而形成的节约。生产中发生废品、意味着人力、物力和财力的浪费，合格品的成本也会随之提高，而降低废品率可以减少废品损失，从而降低产品成本，其计算公式如下：

$$\begin{array}{l}\text{废品损失减少影}\\\text{响的成本降低率}\end{array}=\begin{array}{l}\text{废品损失占}\\\text{成本的百分率}\end{array}\times\begin{array}{l}\text{废品损失}\\\text{减少百分率}\end{array}$$

上述各因素影响成本降低率乘以上年预计（或实际）平均单位成本计算的预测期可比产品总成本，即可求出各因素变动影响成本的降低额，汇总之后即为预测期可比产品成本总降低额；也可以综合上述计算结果，先求得预测期可比产品成本总降低率，再乘以按上年预计（或实际）平均单位成本计算的预测期可比产品总成本，计算出预测期可比产品成本总降低额。

【例 4-8】 华夏公司预测期的目标成本初步测算可比产品成本降低率为 7%，国家下达的降低任务为 6%，经过充分论证，确定预测期影响成本的主要因素如表 4-8 所示。

表 4-8 预测期影响成本的主要因素

因　　素	百分比
可比产品生产增长	25%
原材料消耗定额降低	10%
原材料价格平均上涨	8%
劳动生产率提高	20%
生产工人工资增加	4%
管理费用增加	4%
废品损失减少	10%

该企业按上年预计平均单位成本计算的预测期可比产品总成本为 772 800 元,可比产品各成本项目的比重如表 4-9 示。

表 4-9 可比产品各成本项目的比重

项　　目	比重
原材料	70%
生产工人工资	15%
管理费用	10%
废品损失	5%
合计	100%

根据上述资料可以分项计算可比产品成本降低率和降低额。

(1) 由于原材料消耗定额下降及平均价格上升而形成的节约。

$$成本降低率 = 70\% \times [1 - (1 - 10\%) \times (1 + 8\%)] = 1.96\%$$
$$成本降低额 = 772\ 800 \times 1.96\% = 15\ 147(元)$$

(2) 由于劳动生产率提高超过平均工资增长而形成的节约。

$$成本降低率 = 15\% \times \left(1 - \frac{1 + 4\%}{1 + 20\%}\right) = 2\%$$
$$成本降低率 = 772\ 800 \times 2\% = 15\ 456(元)$$

(3) 由于生产增长超过管理费用增加而形成的节约。

$$成本降低率 = 10\% \times \left(1 - \frac{1 + 4\%}{1 + 25\%}\right) = 1.68\%$$
$$成本降低额 = 772\ 800 \times 1.68\% = 12\ 983$$

(4) 由于废品损失减少而形成的节约。

$$成本降低率 = 5\% \times 10\% = 0.5\%$$
$$成本降低额 = 772\ 800 \times 0.5\% = 3\ 864(元)$$

综合以上计算结果,预测期可比产品成本总降低率为 6.14%(即 1.96% + 2% + 1.68% + 0.5%),总降低额为 47 450 元(15 147 + 15 456 + 12 983 + 3 864),接近初步预测的目标成本降低率(7%),并可实现上级下达的可比产品成本降低任务(6%)。因此,可以把6.14%的可比产品成本总降低率作为正式的目标,并据此编制成本计划。

 延伸阅读4-1

CFO做预测时最头痛的问题

首席财务官作出精确财务预测的最大障碍是什么呢?埃森哲公司对美国及英国200名财务、资金、现金管理人员的调查显示,超过半数的人认为,收集适当的数据所消耗的时间是最大的障碍。

除了这个因素,另外一个最常遇到的障碍是"获取数据的工具不足"(占44%)。

同样,当问及在预算及预测过程中最想在12个月内有所改变和提高的三个方面时,58%的被访问者选择了"收集数据所需的时间",另外各有48%的被访问者选择了"数据收集工具"和"收集数据的流程"。

"虽然由于科技的发展,企业可以获得越来越多的信息,但这些信息并没有及时地传递给有需要的人。"埃森哲公司财务与绩效管理服务业务的全球执行合伙人萨克利夫说,"这个问题引起了CFO的高度重视,因为精确的数据对确定财务管理战略,从而提高股东长期价值越来越重要。"

萨克利夫认为调查的结果会引起人们对一个问题的关注:是否有必要重新检查用于收集和分析数据的基础流程和工具。"为了树立CFO的威信,提高数据的准确程度,大多数企业对企业的财务部门做了大量投资,然而他们并没有达到预定的目标。"他指出,"数据不完整、预测的目的和过时的数据收集工具不协调,这些存在的问题不仅仅是财务部门独有的——在企业上下各个领域都应该给予妥善解决。"

二、不可比产品成本预测

不可比产品成本是指企业以往年度没有正式生产过的产品,其成本水平无法与过去进行比较,因而不能像可比产品那样通过采用下达成本降低指标的方法控制成本支出。但在新技术高速发展、产品更新换代加快的情况下,不可比产品的比重在不断上升,因此,为了全面控制企业费用支出,加强成本管理,除了对可比产品成本进行预测,还应对不可比产品成本进行预测。预测时主要采用以下三种方法。

1. 技术测定法

技术测定法是指在充分挖掘生产潜力的基础上,根据产品设计结构、生产技术条件和工艺方法,对影响人力、物力消耗的各项因素进行技术测试和分析计算,从而确定产品成本的一种方法。该方法比较科学,但工作量较大,对品种少、技术资料比较齐全的产品可以采用。

2. 产值成本法

产值成本法是指按工业总产值的一定比例确定产品成本的一种方法。产品的生产过程同时也是生产的耗费过程,在这一过程中,产品成本体现生产过程中的资金耗费,而产值则以货币形式反映生产过程中的成果。产品成本与产值之间客观上存在一定的比例关系,比例越大说明消耗越大,成本越高;比例越小说明消耗越小,成本越低。这样,企业进行预测时,就可以参照同类企业相似产品的实际产值成本率加以分析确定。其计算公式如下:

$$某种不可比产品的预测单位成本 = \frac{某产品的总产值 \times 预计产值成本率}{预计产品产量}$$

该方法虽然不太准确,但工作量小,简便易行。

3. 目标成本法

目标成本法是指根据产品的价格构成制定产品目标成本的一种方法。产品价格包括产品成本、销售税金和利润三个部分。在企业实现目标管理的过程中,先确定单位产品价格和单位利润目标,然后按下列公式计算单位产品的目标成本:

$$单位产品目标成本 = 预测单位售价 - 单位产品销售税金 - 单位产品目标利润$$

或

$$单位产品目标成本 = 预测单位售价 \times (1 - 税率) - \frac{目标利润总额}{预测产量}$$

第四节 利 润 预 测

利润是企业在一定会计期间进行经营活动的结果,是营业收入减去与之相配比的费用后的余额。利润预测是按照企业经营目标的要求,通过对影响利润变化的成本、产销量等因素的综合分析,对未来一定时间内可能达到的利润水平和变化趋势所进行的科学预计和推测。利润预测是在销售预测和成本预测的基础上进行的。

对企业利润的预测可根据利润总额的构成方式分项进行。

$$利润总额 = 营业利润 + 投资净收益 + 营业外收支净额$$

预测时可先分别预测营业利润、投资净收益、营业外收支净额,然后将各部分的预测结果相加,得出利润预测数额。

对企业利润的预测可采用直接预测法和因素分析法两种方法。

一、直接预测法

直接预测法是指根据本期的有关数据,直接推算出预测期的利润数额。预测时可根据利润的构成方式,分别预测营业利润、投资净收益、营业外收支净额,然后将各部分预测数相加,得出利润预测数额。即:

$$利润总额 = 营业利润 + 投资净收益 + 营业外收支净额$$

营业利润是由产品销售利润和其他业务利润组成的,这两部分预测利润的公式分别为:

$$预测产品销售利润 = 预计产品销售收入 - 预计产品销售成本 - 预计产品销售税金$$
$$= 预计产品销售数量 \times \left(\begin{array}{c} 预计产品 \\ 销售单价 \end{array} - \begin{array}{c} 预计单位 \\ 产品成本 \end{array} - \begin{array}{c} 预计单位产 \\ 品销售税金 \end{array} \right)$$

$$\begin{array}{c}预测其他 \\ 业务利润\end{array} = \begin{array}{c}预计其他 \\ 业务收入\end{array} - \begin{array}{c}预计其他 \\ 业务成本\end{array} - \begin{array}{c}预计其他 \\ 业务税金\end{array}$$

预测企业的投资净收益是根据预计企业向外投资的收入减去预计投资损失后的数额得出的。预测营业外收支净额是用预计营业外收入减去预计营业外支出后的差额。

最后,将所求的各项预测数额加总,便可计算出下一期间的预测利润总额。

【例4-9】 华夏公司生产 A、B、C 三种产品,本期有关销售价格、单位成本及预计下期产品销售量如表4-10所示,预测下期其他业务利润的资料为:其他业务外入为 20 000 元,其他业务成本为 14 000 元,其他业务税金为 4 000 元。

表 4-10   **华夏公司产品资料**   金额单位:元

产品	销售单价	单位产品		预计下期产品销售量(件)
		销售成本	销售税金	
A	100	50	20	5 000
B	240	170	40	2 000
C	80	50	12	8 000

根据资料,预测下一会计期间的营业利润。

预测各产品销售利润额为:

        A产品:5 000×(100−50−20)＝150 000(元)

        B产品:2 000×(240−170−40)＝60 000(元)

        C产品:8 000×(80−50−12)＝144 000(元)

        合计   354 000(元)

预测其他业务利润为:

        20 000−14 000−4 000＝2 000(元)

所以,预测下一会计期间的营业利润为:

        预测营业利润＝预测产品销售利润＋预测其他业务利润

                  ＝354 000＋2 000＝356 000(元)

二、因素分析法

因素分析法是在本期已实现的利润水平基础上,充分估计预测期影响产品销售利润的各因素增减变动的可能,来预测企业下期产品销售利润的数额。影响产品销售利润的主要因素有产品销售数量、产品品种结构、产品销售成本、产品销售价格及产品销售税金等。

在预测企业下一会计期间的产品销售利润额时,应首先计算本期的成本利润率:

$$本期成本利润率＝\frac{本期产品销售利润额}{本期产品销售成本}×100\%$$

计算出本期成本利润率后,就可以进一步预测下期各相关因素变动对产品销售利润的影响。

1. 预测产品销售量变动对利润的影响

在其他因素不变的情况下,预测期产品销售数量增加,利润额也随之增加;反之,预测期产品销售数量减少,利润额也会随之下降。

因为在对下期的产品销售成本进行预测时,已将销售量变动而使生产量变动的因素考虑在内了,由产品销售数量变动而使利润增加或减少的数额,可用本期的销售成本与下期预测销售成本相比较,再根据本期的成本利润率求得,其计算公式如下:

$$\begin{matrix}因销售量变动\\而增减的利润额\end{matrix}＝\left(\begin{matrix}预测下期产\\品销售成本\end{matrix}−\begin{matrix}本期产品\\销售成本\end{matrix}\right)×\begin{matrix}本期成本\\利润率\end{matrix}$$

2. 预测产品品种结构变动对利润的影响

产品品种结构对利润的影响是由于各个不同的产品利润率不同,而预测下期利润时是以本期各种产品的平均利润率为依据的。如果预测期不同利润率产品在全部产品中所占的销售比重发生变化，就会引起全部产品平均利润率发生变动，从而影响到利润额的增加或减少。所以，应根据预测的下期产品品种结构变动情况确定下期平均利润率，然后通过比较本期和下期利润率的差异，计算预测期由于品种结构变动而增加或减少的利润数额。期影响可按下列公式计算：

$$\begin{array}{l}\text{由于产品品种结构}\\\text{变动而增减的利润}\end{array}=\begin{array}{l}\text{按本期成本计算}\\\text{的下期成本总额}\end{array}\times\left(\begin{array}{l}\text{预测期平}\\\text{均利润率}\end{array}-\begin{array}{l}\text{本期平均}\\\text{利润率}\end{array}\right)$$

$$\text{预测期平均利润率}=\sum\left(\text{各产品本期利润率}\times\text{该产品下期销售比重}\right)$$

3. 预测产品成本降低对利润的影响

在产品价格不变的情况下，降低产品成本会使利润相应增加。由于成本降低而增加的利润，可根据经预测确定的产品成本降低率求得。其计算公式如下：

$$\begin{array}{l}\text{由于成本降低}\\\text{而增加的利润}\end{array}=\begin{array}{l}\text{按本期成本计算的}\\\text{预测期成本总额}\end{array}\times\begin{array}{l}\text{产品成本}\\\text{降低率}\end{array}$$

4. 预测产品价格变动对利润的影响

如果在预测期产品销售价格比上期提高，则销售收入也会增多，从而使利润额增加；反之，如果产品销售价格降低，也会导致利润额减少，销售价格增加或减少同样会使销售税金相应地随之增减，这一因素同样要予以考虑。其计算公式如下：

$$\begin{array}{l}\text{由于产品销售价格}\\\text{变动而增减的利润}\end{array}=\begin{array}{l}\text{预测期产品}\\\text{销售数量}\end{array}\times\begin{array}{l}\text{变动前}\\\text{售价}\end{array}\times\begin{array}{l}\text{价格}\\\text{变动率}\end{array}\times\left(1-\text{税率}\right)$$

5. 预测产品销售税率变动对利润的影响

产品销售税率变动直接影响利润额的增减。如果税率提高，利润额减少；如果税率降低，则使利润额增加。其计算公式如下：

$$\begin{array}{l}\text{由于产品销售税率}\\\text{变动而增减的利润}\end{array}=\begin{array}{l}\text{预测期产品}\\\text{销售收入}\end{array}\times\left(1\pm\begin{array}{l}\text{价格}\\\text{变动率}\end{array}\right)\times\left(\text{原税率}-\begin{array}{l}\text{变动后}\\\text{税率}\end{array}\right)$$

 延伸阅读4-2

创业公司如何进行财务预测

在创业阶段预测业务收入和成本与其说是一门学问，还不如说是一门艺术。合理的财务预测会帮助你制定和运行各种计划，有助于公司的成功。

许多创业者抱怨：建立具有任何准确度的预测都会花费大量时间，这些时间原可以用于销售。但如果你不能提供一套周密预测的话，很少会有投资者投钱给你。更重要的是，合理的财务预测会帮助你制订和运行各种计划，有助于公司的成功。

(1) 从成本开始，而不是收入。在创业阶段，预测成本比预测收入容易得多。比如，固定成本包括租金、公共费用支出(水电煤气费)、电话费、会计费、法律费、许可费、邮费、广告费、工资等；可变成本则包括已销售商品成本、材料和供应、包装等；还有直接人工成本。在创业阶段由于广告和营销成本总是超出预期，应该加倍进行预计。

(2) 用保守和积极两种方式预测收入。如果你像多数创业者一样，就会常常在保守的现实和积极的理想状态之间起伏，这会让你动力十足，也能帮助你鼓舞他人。这种理想状态被称为"大胆的理想主义"。建议在创业阶段拥抱梦想，至少制订一套积极假定下的计划，通过制订两套收入计划(一个积极的，一个保守的），你会迫使自己作出保守的假定，然后根据积极的计划再放宽其中一些假定。

（3）检查主要比率，确保计划可靠。在制订了积极的收入预测以后，很容易忘掉成本，许多创业者会乐观地专注于达到收入目标，如果不能实现，就假定成本能被调整到适应现实的基础上。积极的思维往往会帮助你增加销售，但也能帮你见减少成本。

为企业制订一套精确的增长计划是需要时间的。刚开始创业时，往往很难把计划制订得很详细，因为商业模式会发展和变化，但如果有可能，应尽量把计划做得详细些。定期检查并更新预算会帮助创业者的头脑更清醒。

第五节 | 资金需要量预测

资金需要量的预测，就是以预测期企业生产经营规模的发展和资金利用效果的提高等为依据，在分析有关历史资料、技术经济条件和发展规划的基础上，运用数学方法，对预测期资金需要量进行科学的预计和测算。

资金需要量的预测在提高企业经营管理水平和企业经济效益方面具有十分重要的意义：①资金需要量的预测是进行经营决策的主要依据；②资金需要量的预测是提高经济效益的重要手段；③资金需要量的预测是编制资金预算的必要步骤。

在资金需要总量预测中，常用的方法有资金增长趋势预测法和预计资产负债表法。

一、资金增长趋势预测法

资金增长趋势预测法，就是运用回归分析法（最小二乘法）原理对过去若干期间销售收入（或销售量）及资金需要量的历史资料进行分析、计量后，确定反映销售收入与资金需用量之间的回归直线（$y = a + bx$），并据以推算未来期间资金需要量的一种方法。

虽然影响资金总量变动的因素很多，但从短期经营决策角度看，引起资金发生增减变动的最直接、最重要的因素是销售收入。在其他因素不变的情况下，销售收入增加，往往意味着企业生产规模扩大，从而需要更多的资金；相反，销售收入减少，往往意味着企业生产规模缩小，所需资金也就随之减少。因此，资金需要量与销售收入之间存在内在联系，利用这种联系可以建立数学模型，用于预测未来期间销售收入达到一定水平时的资金需要总量。

【例 4-10】 华夏公司近 5 年的资金总量和销售收入的资料如表 4-11 所示。

表 4-11 　　　　　华夏公司 2×10—2×14 年资产总量和销售收入 　　　　　单位：万元

年份	销售收入	资金总额
2×10	396	250
2×11	430	270
2×12	420	260
2×13	445	275
2×14	500	290

如果华夏公司 2×15 年销售收入预测值为 580 万元，试预测 2×15 年的资金需要总量。

根据回归分析原理，对表 4-11 中的数据进行加工整理，如表 4-12 所示。

表 4-12   相关数据计算表

年份 n	销售收入 x（万元）	资金总额 y（万元）	xy	x^2
2×10	396	250	99 000	156 816
2×11	430	270	116 100	184 900
2×12	420	260	109 200	176 400
2×13	445	275	122 375	198 025
2×14	500	290	145 000	250 000
$n=5$	$\sum x = 2\,191$	$\sum y = 1\,345$	$\sum xy = 591\,675$	$\sum x^2 = 966\,141$

将表 4-16 中的数值代入最小二乘法公式中,计算 a 与 b 的值。

$$b = \frac{n\sum xy - \sum x \sum y}{n\sum x^2 - (\sum x)^2} = \frac{5 \times 591\,675 - 2\,191 \times 1\,345}{5 \times 966\,141 - (2\,191)^2} = 0.379\,8$$

$$a = \frac{\sum y - b\sum x}{n} = \frac{1\,345 - (0.379\,8 \times 2\,191)}{5} = 102.57$$

将 a,b 的值代入公式 $y = a + bx$,预测 2×15 年资金需要总量的结果为:

$$y = a + bx = 102.57 + 0.379\,8 \times 580 = 322.854(万元)$$

二、预计资产负债表法

预计资产负债表法是通过编制预计资产负债表来预计预测期的资产、负债和留用利润,从而测算外部资金需要量的一种方法。

资产负债表是反映企业某一时点资金占用(资产)和资金来源(负债和所有者权益之和)平衡状况的会计报表。企业增加的资产,必然是通过增加负债或所有者权益的途径予以解决的。因此,通过预计资产的增减,可以确定需要从外部筹措的资金数额。

由于资产、负债的许多项目随销售收入的增加而增加,随其减少而减少,呈现一定的比例关系,因此,可以利用基年资产、负债各项目与销售收入的比例关系,预计预测期的资产、负债各项目的数额。

【例 4-11】 华夏公司 2×14 年 12 月 31 日的资产负债如表 4-13 所示。2×14 年度实现销售收入 300 000 元,扣除所得税后可获 5% 的销售净利润。如果 2×15 年度销售收入增加到 400 000 元,根据预计资产负债表法预计 2×15 年资金需要总量。

表 4-13   资产负债表

2×14 年 12 月 31 日   单位:元

资产		负债和所有者权益	
现金	15 000	应付账款	30 000
应收账款	30 000	应付费用	30 000
存货	90 000	短期借款	60 000

（续表）

资　　产		负债和所有者权益	
预付账款	35 000	长期负债	30 000
固定资产	70 000	普通股	60 000
		留用利润	30 000
合计	240 000	合计	240 000

将资产负债表中预计随销售变动而变动的项目分离出来。从资产负债表中可以看出，资产中除预付账款外均属于敏感资产，这些资产将随销售的增加而增加，因为较多的销售不仅会增加现金、应收账款，占用较多的存货，而且相应会增加一部分固定资产。而负债和所有者权益中只有应付账款、应付费用属于敏感负债，将随销售的增加而增加；短期借款、长期负债、普通股等将不随销售的增加而增加；当企业税后利润不全部分配给投资者时，留用利润也将增加。

计算各敏感项目2×14年度的销售百分比。根据基年各敏感项目的数额及基年销售收入额，可按下列公式计算基年销售百分比：

$$某敏感项目销售百分比 = \frac{基年该项目金额}{基年销售收入} \times 100\%$$

以应收账款为例，其销售百分比计算如下：

$$应收账款销售百分比 = \frac{30\,000}{300\,000} \times 100\% = 10\%$$

其他各敏感项目的销售百分比计算如表4-14。

表4-14　　　　　　　　　　　　各敏感项目销售百分比计算表

资产	销售百分比（%）	负债和所有者权益	销售百分比（%）
现金	5	应付账款	10
应收账款	10	应付费用	10
存货	30	短期借款	不变动
预付账款	不变动	长期负债	不变动
固定资产	23.33	普通股	不变动
		留用利润	变动
合计	68.33	合计	20

从上表中可以看出，销售收入每增加100元，将多占用资金68.33元，但同时只增加20元的资金来源（留用部分未考虑在内），尚有48.33元的资金缺口。

编制预计资产负债表。根据2×14年12月31日的资产负债表及销售百分比，编制2×15年预计资产负债表，如表4-15所示。

表4-15中的留用利润为基年留用利润30 000元与2×15年预留利润20 000元之和即50 000元。可用资金总额为2×15年预计负债170 000元与预计所有者权益110 000元之和即280 000元。用资产预计数308 320元减去可用资金总额，即为企业需要筹措的资金28 320元。

通过以上计算可以看出，华夏公司2×15年预计资金需要总量为308 320元，与2×14年年底相比需增加资金68 320元，如果考虑资金来源将随销售增长而增加的话，仍需筹措资金28 320元。

表 4-15 2×15 年预计资产负债表

项 目	2×14 年年末资产负债表	2×14 年销售百分比(%)	2×15 年预计资产负债表
资产			
现金	15 000	5	20 000
应收账款	30 000	10	40 000
存货	90 000	30	120 000
预付账款	35 000	不变动	35 000
固定资产	70 000	23.33	93 320
资产总额	240 000	68.33	308 320
负债和所有者权益			
应付账款	30 000	10	40 000
应付费用	30 000	10	40 000
短期借款	60 000	不变动	60 000
长期负债	30 000	不变动	30 000
负债总额	150 000	20	170 000
普通股	60 000	不变动	60 000
留用利润	30 000	变动	50 000
负债和所有者权益总额	240 000		280 000
可用资金总额			280 000
需筹措资金			28 320
合计			308 320

本 章 小 结

本章主要概括介绍经营预测的特征、内容与步骤;销售预测,包括定性预测方法与定量预测方法;成本预测,包括可比产品与不可比产品成本的预测;利润预测;资金需要量预测。

本 章 重 要 概 念

经营预测 定性预测 定量预测 移动加权平均法 销售百分比 可比产品 不可比产品

推 荐 阅 读 资 料

[1] 吴大军,牛彦秀.管理会计[M].大连:东北财经大学出版社,2010.

[2] 孙茂竹,文广伟,杨万贵.管理会计学[M].北京:中国人民大学出版社,2013.

[3] 刘萍,于树彬,刘西涛.管理会计[M].大连:东北财经大学出版社,2013.

第五章　短期经营决策

内容简介

本章主要讲解了决策分析的意义与原则、决策的程序和相关概念；产品功能成本决策；品种决策包括生产何种新产品、亏损产品决策、零部件自制外购决策、半成品是否深加工决策；产品组合优化决策；定价决策，包括以成本为基础的定价决策与产品寿命周期定价决策。本章重点为品种决策和产品组合优化决策；难点为产品功能成本决策。

学习目的和要求

通过本章的学习，学生应掌握品种决策包括生产何种新产品、亏损产品决策、零部件自制外购决策、半成品是否深加工决策和产品组合优化决策；理解以成本为基础的定价决策与产品寿命周期定价决策；了解决策分析的意义与原则、决策的程序和相关概念。

引例　海尔集团的发展

海尔集团自 1984 年创立以来，从一个亏损 147 万元的濒临倒闭的小厂，由小到大、由弱到强、由国内到国外，一跃成为品牌价值为 440 多亿人民币，全球销售额达 768 亿元人民币，拥有包括白色家电、黑色家电、米色家电在内的 69 大门类 10 800 多个规格品牌群的具有一流国际化水平的国有特大型企业，为中国家电行业名副其实的老大。根据欧洲 2002 年的统计，海尔位列全球白色家电企业五强。综观海尔集团的发展历程，其生产战略按产品生命周期理论来划分，现可以分成以下两个阶段：

第一阶段为 1984—1998 年，根据产品生命周期理论，技术水平不高，只具有相对成本优势的海尔集团正处于中小企业阶层，这一时期，海尔集团的国际化生产战略是不断吸收、引进国内外先进的生产技术，提升自己的管理水平，提升自己产品的附加值。这一时期的海尔从 1984 年引进德国利勃海尔的亚洲最先进的四星级电冰箱生产线开始，通过与中国科学院、北京航空航天大学、菲利浦集团等国内外著名的科学研究所、大学、跨国公司合作，不断增强自己的科技水平。同时，通过兼并、控股等一系列资本运营手段，逐步壮大自己的综合实力，进而通过自己的强大的技术水平和雄厚的经济实力，不断地进行技术创新、管理创新，不断进行技术管理和资本的积累，如此周而复始，使集团的年平均增长率达到 80% 以上。

第二阶段是从 1998 年至今，在这一时期，通过第一阶段的技术、管理和资本上的积累，使海尔集团已经迈入了国际化大公司的行列，海尔集团拥有的技术、管理优势与世界先进水平保持了同步的发展，部分甚至是领先世界先进水平。所有这一切，使海尔集团基本具备了产品生命周期理论中所阐述的对外扩张的生产战略的实力。因此,在这一阶段,海尔集团在"先有市场,再有工厂"的思想的指导下,开始了在海外建立生产工厂、基地的历程。

第一节 决策分析概述

一、决策分析的意义和原则

所谓决策就是根据确定的目标,根据对过去、现状的分析,对未来行动作出决定的过程。企业的决策分为经营决策和投资决策两个方面。决策分析只是决策过程的一个组成部分,是企业会计人员参与决策活动的主要内容。

管理会计中的决策分析是对企业未来经营、投资活动中可能面临的问题,由有关人员在充分的可行性研究的基础上,拟定各种备选方案,并对备选方案进行成本、效益等方面进行比较,以便为最终确定行动方案奠定基础。

为了保证决策的科学性,使得决策能够达到预期的目标,必须遵循以下几个原则。

1. 信息原则

决策要以相关信息为依据,搜集与决策相关的信息贯穿于决策的整个程序之中。掌握充分、准确、及时和相关的信息是进行科学决策的必要前提和条件。

2. 择优原则

决策就是一个选择的过程。决策要从有助于实现一定决策目标的未来各种可能行动方案中选取最满意的(可行)方案。这是一个分析对比、综合判断的过程。这个过程要以择优为原则。决策者所掌握的信息越充分,综合判断能力就越强,实现优中择优的可能就越大。

3. 充分利用资源原则

经济学原理告诉我们,资源是稀缺的。现代化企业的生产经营活动必须取得并利用一系列的人力、物力和财力资源。在正常情况下,资源条件就是决策方案实施的客观制约因素。因此,在决策中,为了促使决策方案的实施具有客观基础,就必须以最充分和最合理的利用稀缺资源为原则。

4. 反馈原则

企业的决策总是依存于一定的主客观环境和条件。经济活动不仅复杂而且具有高度的不确定性。因此,原先以择优原则为基础选取的方案付诸实施以后,其原来所赖以依存的主客观环境和条件可能发生了变化,从而使得决策方案的论证和择优的主客观环境和条件与最满意的可行方案的实施所面临环境和条件不同。这就要求决策者要以反馈原则为指导,根据反馈信息所揭示的新情况,对原先决策过程进行适当的修改和调整,使之更具有客观现实性。

二、决策的程序

决策应尽可能做到主客观一致,与企业内外部环境相适应。为此必须按照科学的程序来进行。从本质上说,决策程序就是提出问题、分析问题和解决问题的过程。一般而言,决策的程序有如下几个步骤。

1. 确定决策目标

决策目标是决策的出发点和终点。决策是为了实现一定的经济目标。因此,决策首先要明确某项决策要解决什么问题,达到什么目的。确定决策目标就是要根据企业所面临的内外部环境和条件,确定某项决策究竟要解决什么问题,达到什么目的。例如,企业在生产方面,存在新产品研制和开发问题、生产力如何提高问题、生产设备如何充分利用问题、生产工艺技术革新问题以及产品生产组合问题等等,有关生产决策就是要确定决策要解决的是上述所列问题的哪一个问题。

2. 收集相关信息

确定了决策的目标,决策者就要针对并围绕决策目标,广泛地收集与决策目标相关的信息。这是决策程序中具有重要意义的步骤,它是关系决策成败的关键问题之一。

在当今信息社会,信息是管理决策的重要依据,任何管理决策都离不开信息。决策者所收集的信息必须符合决策所需的质量要求,只有这样,才能使所收集的信息对决策具有相关性。因此,收集与决策目标相关的信息在企业决策程序中要反复进行,贯穿于决策各个步骤之间。也就是说,决策程序中各个步骤都涉及它。

3. 提出备选方案

决策就是对未来的各种可能行动方案进行选择或作出决定。为了未来各种可能行动方案作出最优的选择,必须根据所确定的决策目标和所掌握的相关信息,提出实现决策目标的各种备选方案。这是科学决策的基础和保证。

4. 选择最优方案

选择最优可行方案是整个决策过程中最关键的环节。在这个环节中,决策者必须根据所掌握的相关信息,对各种备选方案的可行性进行充分的论证。全面权衡有关因素的影响,通过不断比较、筛选,选择出最优的可行方案。

5. 方案的实施和修正

决策的付诸实施才是决策的目的,其实施结果也是检验所作决策正确性与否的客观依据。因此,决策方案选定之后,就应该将其纳入企业的计划,并具体组织实施。在方案实施过程中,要对实施的具体情况进行检查和监督,将实施结果与决策目标进行比较,揭示偏离决策目标的程度及其原因,"对症下药",采取相应的措施,纠正偏差,甚至修正原先的决策方案,使之尽量符合客观需要和适应企业内外部环境,以保证决策目标的顺利实现。

三、决策的相关概念

1. 相关收入

相关收入是指与特定决策方案相联系的、能对决策产生重大影响、在短期经营决策中必须予以充分考虑的收入。如果某项收入只属于某个经营决策方案,即若有这个方案存在,就会发生这项收入,若这个方案不存在,就不会发生这项收入,那么,这项收入就是相关收入。相关收入的计算,要以特定的决策方案的单价和相关销售量为依据。与相关收入相对立的是无关收入。如果无论是否存在某个决策方案,均不会发生某项收入,那么该项收入就是该方案的无关收入。显然,在经营决策中是不考虑无关收入的。

2. 相关成本

相关成本是与特定决策方案相互联系的、能对决策产生重大影响、在经营决策中必须予以充分考虑的成本。这里所说的相关成本,是指与某个特定决策方案直接相关的成本,此方案采用,该成本就会发生;否则,该成本就不会发生。相关成本包括:边际成本、机会成本、重置成本、付现成本、专属成本、可延缓成本等。

(1)边际成本。边际成本是指当业务量发生微小变动时所引起的成本变动额。但在实际经济活动中,业务量的微小变动只能小到一个经济单位。因此,在管理会计中,边际成本是指当业务量增加一个单位所引起的成本增加额,在相关范围内,边际成本实际上就是单位变动成本。

【例5-1】 华夏公司每增加 1 个单位产量的生产引起总成本的变化及边际成本的变化,如表 5-1 所示。

表 5-1　　　　　　　　　　　　华夏公司总成本及边际成本变化表

产量(件)	总成本(元)	边际成本(元)
100	800	—
101	802	2
102	804	2
103	806	2
104	808	2
105	918	110
106	920	2
107	922	2

由表 5-1 可以看出,产量每增加 1 个单位,边际成本并不总是一个固定数值。当产量从 100 件递增至 104 件时,每增加 1 单位产量的边际成本为 2 元,但从 104 件增加到 105 件时,增加 1 个单位产量的边际成本就上升为 110 元,接着总成本又以每增加 1 单位产量边际成本为 2 的变化趋势,这是因为当产量从 100 件增加到 104 件时,是在相关范围内,固定成本不随产量变化,而只是变动成本随产量变化;当从 104 件增加到 105 件时,边际成本上升为 110 元,这表明第 105 件产品已超出了原来的相关范围,要达到这个产量需增加固定成本。在这之后,边际成本又以一个固定数值(2 元),在新的相关范围内,随着单位产量的增加而增加。

(2)机会成本。企业在进行经营决策时,必须从多个备选方案中选择一个最优方案,而放弃另外的方案。此时,被放弃的方案所可能获得的潜在利益就成为已选中的最优方案的机会成本,也就是说,不选其他方案而选最优方案的代价,就是已放弃方案的获利可能。选择方案时,将机会成本的影响考虑进去,有利于对所选方案的最终效益进行全面评价。

【例5-2】 华夏公司现有一空置的车间,既可以用于 A 产品的生产,也可以出租。如果用来生产 A 产品,其收入为 35 000 元,成本费用为 18 000 元,可获净利 17 000 元;用于出租则可获租金收入 12 000 元。在决策中,如果选择用于生产 A 产品,则必须作出放弃出租的方案,其本来可能获得的租金收入 12 000 元应作为生产 A 产品的机会成本,由生产的 A 产品负担。这时,我们可以得出正确的判断结论:生产 A 产品将比出租多获净利 5 000 元。

可见,机会成本产生于公司的某项资产的用途选择。具体来讲,如果一项资产只能用来实现某一职能而不能用于实现其他职能,不会产生机会成本,如公司购买的一次还本付息债券,只能在到期时获得约定的收益,因而不会产生机会成本;如果一项资产可以同时用来实现若干功能,则可能产生机会成本,如公司购买的可转让债券,既可以到期获得约定收益,又可以在未到期前中途转让以获得转让收益,从而可能产生机会成本。

此外,应注意的是,由于机会成本只是被放弃方案的潜在收益,而非实际支出,因而不能据以登记入账。但由于公司资源的有限性,必须充分利用资源效益,所以机会成本在经营决策中应作为一个现实的重要因素予以考虑。

(3) 付现成本。付现成本是指在决策方案开始实施时,立即用现金支付的营运成本。在一定意义上来说,决策方案的成本往往都要用现金来支付的,但发生的时间有所不同。有的发生在决策方案实施前,如购买原有设备的支出;有的发生在决策方案实施后,如购买原材料采用分期付款方式时的后期付款。管理会计中所说的付现成本不包括前面所说的方案实施前和实施后用现金支付的成本,他只是指方案开始实施时马上用现金支付的成本。

(4) 专属成本。专属成本是指那些能够明确归属于特定决策方案的成本。它往往是为了弥补生产能力不足的缺陷,增加有关设备而发生的。专属成本的确认与取得有关设备的方式有关。若采用购买方式,则购买设备的支出就是该方案的专属成本;若采用租入方式,则设备的租金就是该方案的专属成本。另外,在具体应用时,凡是属于某一方案新增加的固定成本,都可确认为专属成本。如采购材料决策时,到外地采购材料的差旅费支出,就可确认为该采购方案的专属成本。

(5) 可延缓成本。可延缓成本是指那些在经营决策中对其暂缓开支不会对企业未来的生产经营产生重大不利影响的那部分成本,可延缓成本也是决策中必须考虑的相关成本。

3. 无关成本

所谓无关成本是指不受决策结果影响,已经发生或不管方案是否采用都注定要发的成本。在经营决策中,没有必要考虑无关成本。无关成本主要包括:沉没成本、联合成本和不可延缓成本。

(1) 沉没成本。沉没成本是指过去已经发生并无法由现在或将来的任何决策所改变的成本。由于沉没成本是对现在或将来的任何决策都无影响的成本,因此决策时不予考虑。

【例 5-3】 华夏公司有一台旧设备要提前报废,其原始成本为 10 000 元,已计提折旧 8 000 元,折余净值 2 000 元,这 2 000 元的折余价值就是沉没成本。假设处理这台旧设备有两个方案可供考虑:一是将旧设备直接出售,可获得变价收入 500 元;二是经修理后再出售,需支出修理费用 1 000 元,但可获得 1 800 元。

在进行决策时,由于旧设备折余价值 2 000 元属于过去已经支出再无法收回的沉没成本,所以不予考虑,只需将这两个方案的收入进行比较。直接出售可得收入 500 元,而修理后出售可得净收入 800 元 (1 800-1 000),显然,第二个方案比第一个方案可多得 300 元 (800-500)。所以,应将旧设备修理后再出售。

可见,沉没成本是企业在以前经营活动中已经支付现金,而在现在或将来经营期间摊入成本费用的支出,如固定资产、无形资产、递延资产等均属于企业的沉没成本。

延伸阅读5-1 ....

警惕协和谬误

决策中沉没成本的概念是科学的,但沉没成本也可能导致协和谬误。

协和谬误即某件事情在投入了一定成本,进行到一定程度后发现不宜继续下去,却苦于各种原因而将错就错,欲罢不能。

沉没成本很可能会延续人们无谓的坚持。已经沉没的本该放弃,可惜大部分人有赌徒式的心理,相信阿基米德的杠杆终将启动。可惜他们在爬到足够撬动杠杆的支点之前,已经窒息了。协和谬误倒是给了人们半途而废的理由,会不会有人担心它的滥觞会左右一些本该坚持的目标?的确这个可能,但是应该相信人们有足够的理智,他们全可以比较沉没成本、机会成本和未来收益的关系,看清了以后,必定会坦然地走出协和谬误。

例如,妈妈花2 000元给亚莉购买了一架电子琴。但她对音乐没有什么兴趣,电子琴渐渐落了灰。不久,亚莉妈妈的同事介绍说有一位音乐学院钢琴专业的老师可以给亚莉做家教。这个时候你觉得亚莉妈妈会作何决定呢?亚莉妈妈决定请家教,理由是:"电子琴都买了,当然要好好学,请一个老师教教,要不这个琴就浪费了!"于是,每月500元的付出又坚持了半年,最终还是不得不放弃了。为了不浪费2 000元的电子琴,亚莉妈妈继续浪费了3 000元的家教费。

当你进行了一项不理性的行动后,应该忘记已经发生的行为和你支付的成本。只要考虑这项活动之后需要耗费的精力和能够带来的好处,再综合评定它能否给自己带来正效应。例如,进行投资时,把目光投向前方,审时度势,如果发现这项投资并不能盈利,应该及早停掉,不要惋惜已经投下去的各项成本:精力、时间、金钱等。

(2)联合成本。联合成本是指为多种产品的生产或多个部门的设置而发生的,应由这些产品或这些部门共同负担的成本。例如,在企业生产过程中,几种产品共同的设备折旧费、辅助车间成本等都属于联合成本。

(3)不可延缓成本。不可延缓成本是与可延缓成本相对立的成本,是指在经营决策中,若对某项成本暂缓开支就会对企业未来的生产经营产生重大不利影响,这类成本就是不可延缓成本。由于不可延缓成本具有较强的刚性,注定要发生,必须保证对它的支付,没有什么可选择的余地,所以决策中没有必要加以考虑。

第二节 | 产品功能成本决策

一、含义

产品功能成本决策是将产品的功能(产品所担负的职能或所起的作用)与成本(为获得产品一定的功能必须支出的费用)对比,寻找降低产品途径的管理活动。其目的在于以最低的成本实现产品适当的、必要的功能,提高企业的经济效益。

产品功能与成本之间的关系表示如下:

$$价值(V) = 功能(F) \div 成本(C)$$

从上式可以看出,功能与价值呈正比,功能越高,价值越大;反之,则越小。成本与价值呈反比,成本越高,价值越小;反之,则越大。

二、步骤

(一)选择分析对象

由于企业的产品(或零件、部件)很多,实际工作中不可能都进行功能成本分析,应有所选择。选择的一般原则是:

(1)从产量大的产品中选,可以有效地积累每一产品的成本降低额。

(2)从结构复杂、零部件多的产品中选,可以简化结构、减少零部件的种类或数量。

(3)从体积大或重量大的产品中选,可以缩小体积、减轻重量。

(4)从投产期长的老产品中选,可以改进产品设计,尽量采用新技术、新工艺、新方法加工。

(5)从畅销产品中选,不仅可以降低成本,而且能使该产品处于更有利的竞争地位。

(6)从原设计问题比较多的产品中选,可以充分挖掘改进设计的潜力。

(7)从工艺复杂、工序繁多的产品中选,可以简化工艺、减少工序。

(8)从成本高的产品中选,可以较大幅度地降低成本。

(9)从零部件消耗量大的产品中选,可以大幅度降低成本,优化结构。

(10)从废品率高、退货多、用户意见大的产品中选,可以提高功能成本分析的效率。

(二)围绕分析对象收集各种资料

分析对象确定后,应深入进行市场调查,收集各种资料作为分析研究的依据。所需资料大致包括以下几个方面:

(1)产品的需求状况,如用户对产品性能及成本的要求、销售结构及数量的预期值、价格水平等。

(2)产品的竞争状况,如竞争对手的数量、分布、能力,以及竞争对手在产品设计上的特点及推销渠道等。

(3)产品设计、工艺加工状况。结合市场需求及竞争对手的优势,在产品设计、工艺加工技术方面本厂存在的不足等。

(4)经济分析资料,如产品成本构成、成本水平、消耗定额、生产指标等。

(5)国内外同类型产品的其他有关资料。

(三)功能评价

1. 基本步骤

(1)以功能评价系数为基准,将功能评价系数与按目前成本计算的成本系数相比,确定价值系数。

(2)将目标成本按价值系数进行分配,并确定目标成本分配额与目前成本的差异值。

(3)选择价值系数低、降低成本潜力大的作为重点分析对象。

2. 方法

(1)评分法,即按产品或零部件的功能重要程度打分,通过确定不同方案的价值系数来选择最优方案。

【例5-4】 为改进某型手表有3个方案可供选择,现从走时、夜光、防水、防震、外观等五个方面采用

5 分制评分,评分结果如表 5-2 所示。

表 5-2 评分结果表

项目	走时	夜光	防水	防震	外观	总分	选择
方案 1	3	4	5	4	5	21	√
方案 2	5	5	3	5	4	22	√
方案 3	5	4	4	3	4	20	×

上述几个方案中,方案 3 的总分最低,初选淘汰。对于方案 1 和方案 2 应结合成本资料进行第二轮比较,有关成本资料如表 5-3 所示。

表 5-3 相关方案成本表 金额单位:万元

项目	预计销售量(件)	直接材料、人工等	制造费用	制造成本
方案 1	5 000	280	80 000	296
方案 2	5 000	270	50 000	280

如果以方案 1 的成本系数为 100,则方案 2 的成本系数为:(280÷296)×100=94.59。

方案 1 的价值系数为:21÷100=0.21

方案 2 的价值系数为:22÷94.59=0.23

通过对比可知,方案 2 不仅成本较低,而且功能成本比值(价值系数)高,因而应该选择方案 2。

(2)强制确定法,也称为一对一比较法或"0—1"评分法,就是把组成产品的零件排列起来,一对一地对比,凡功能相对重要的零件得 1 分,功能相对不重要的零件得零分。然后,将各零件得分总计数被全部零件得分总数除,即可求得零件的功能评价系数。

【例 5-5】 假设甲产品由 A、B、C、D、E、F、G 七个零件组成,按强制确定法计算功能评价系数如表 5-4 所示。

表 5-4 功能评价系数计算表

零件名称	一对一比较结果							得分合计	功能评价系数
	A	B	C	D	E	F	G		
A	×	1	1	0	1	1	1	5	5/21=0.238
B	0	×	0	1	1	0	0	2	2/21=0.095
C	0	1	×	0	0	1	1	3	3/21=0.143
D	1	0	1	×	1	1	0	4	4/21=0.191
E	0	0	1	0	×	1	1	3	3/21=0.143
F	0	1	0	0	0	×	1	2	2/21=0.095
G	0	1	0	1	0	0	×	2	2/21=0.095
合计								21	1.000

在功能评价系数确定后,应计算各零件的成本系数和价值系数:

各零件的成本系数＝某零件的目前成本÷所有零件目前成本合计

各零件的价值系数＝某零件的功能评价系数÷该零件的成本系数

以表5-4中甲产品的七个零件为例,说明价值系数的计算,如表5-5所示。

表5-5 价值系数计算表

项目	功能评价系数	目前成本	成本系数	价值系数
A	0.238	300	0.250	0.952
B	0.095	500	0.417	0.228
C	0.143	48	0.040	3.575
D	0.191	46	0.038	5.026
E	0.143	100	0.083	1.723
F	0.095	80	0.067	1.418
G	0.095	126	0.105	0.905
合计	1.000	1 200	1.000	—

价值系数表示功能与成本之比,如果价值系数等于1或接近于1(如A,G零件),则说明零件的功能与成本基本相当,因而也就不是降低成本的主要目标。

如果价值系数大于1(如C、D、E、F零件),则说明零件的功能过剩或成本偏低,在该零件功能得到满足的情况下,已无必要进一步降低成本或减少过剩功能。

如果价值系数小于1(如B零件),则说明与功能相比成本偏高了,应作为降低成本的主要目标,进一步挖掘提高功能、降低成本的潜力。

那么B零件的成本应降低到什么程度,才能与功能相匹配呢?在产品目标成本已定的情况下,可将产品目标成本按功能评价系数分配给各零件,然后与各零件的目前成本比较,即可确定各零件成本降低的数额。

假定甲产品的目标成本为1 000元,则各零件预计成本及成本降低额的计算如表5-6。

表5-6 各零件预计成本及成本降低额的计算

项目	功能评价系数	按功能评价系数分配目标成本	目前成本	成本降低额
A	0.238	238	300	62
B	0.095	95	500	405
C	0.143	143	48	−95
D	0.191	191	46	−145
E	0.143	143	100	−43
F	0.095	95	80	−15
G	0.095	95	126	31
合计	1.000	1 000	1 200	200

从表 5-6 可以看出,目标成本比目前成本应降低 200 元,其中 A、B、G 零件成本与其功能相比偏高,故应作为降低成本的对象,尤其是 B 零件更应作为重点对象;至于 C、D、E、F 零件(特别是 D 零件),只有在功能过剩的情况下才考虑减少过剩功能以降低成本,否则应维持原状。

(四)试验与提案

在功能评价的基础上,即可对过剩功能和不必要成本进行调整,从而提出新的、可供试验的方案。然后,按新方案进行试验生产,在征求各方面意见的同时,对新方案的不足予以改进。

第三节 品 种 决 策

品种决策旨在解决生产什么产品的问题,例如,生产何种新产品,亏损产品是否停产,零部件是自制还是外购,半成品是否需要进一步加工等。在品种决策中,经常以成本作为判断方案优劣的标准,有时也以贡献毛益额作为评价标准。

一、生产何种新产品

如果企业有剩余的生产能力可供使用,或者可以利用过时老产品腾出来的生产能力,在有几种新产品可供选择时,一般采用贡献毛益分析法进行决策。

贡献毛益分析法是在成本性态分类的基础上,通过比较各备选方案贡献毛益的大小来确定最优方案的分析方法。在这里,"贡献"是指企业的产品或劳务对企业利润目标的实现所做的贡献。传统会计认为,只有当收入大于完全成本时才形成贡献;而管理会计则认为,只要收入大于变动成本则形成贡献。因为固定成本总额在相关范围内并不随业务量(产销量)的增减变动而变动,因此,收入减去变动成本后的差额(即贡献毛益)越大,则减去不变的固定成本后的余额(即利润)也就越大。也就是说,贡献毛益的大小反映了备选方案对企业利润目标所做贡献的大小。

1. 在不存在专属成本的情况下,通过比较不同备选方案的贡献毛益总额,能够正确地进行择优决策。

【例 5-6】 华夏公司原来生产甲、乙两种产品,现有丙、丁两种新产品可以投入生产,但剩余生产能力有限,只能将其中一种新产品投入生产。企业的固定成本为 3 600 元,并不因为新产品投产而增加。各种产品的资料如表 5-7 所示。

表 5-7 各种产品相关资料表

产品名称	甲	乙	丙	丁
产销数量(件)	600	400	360	480
售价(元)	20	16	12	18
单位变动成本(元/件)	8	10	6	10

这时,只要分别计算丙、丁产品能够提供的贡献毛益额加以对比,便可作出决策。如表 5-8 所示。

表 5-8   贡献毛益计算表   单位:元

项目	丙	丁
预计销售数量(件)	360	480
售价	12	18
单位变动成本	6	10
单位贡献毛益	6	8
贡献毛益总额	2 160	3 840

以上计算表明,丁产品的贡献毛益额大于丙产品的贡献毛益额 1 680 元(3 840−2 160)。可见,生产丁产品优于生产丙产品。

这种决策的正确性可以用表 5-9 和表 5-10 计算两个方案的公司利润额加以证明。

表 5-9   公司利润额计算表   单位:元

项目	甲	乙	丙	合计
销售收入	12 000	6 400	4 320	22 720
变动成本	4 800	4 000	2 160	10 960
贡献毛益总额	7 200	2 400	2 160	11 760
固定成本	—	—	—	3 600
利润	—	—	—	8 160

表 5-10   公司利润额计算表   单位:元

项目	甲	乙	丁	合计
销售收入	12 000	6 400	8 640	27 040
变动成本	4 800	4 000	4 800	13 600
贡献毛益总额	7 200	2 400	3 840	13 440
固定成本	—	—	—	3 600
利润	—	—	—	9 840

2. 在存在专属成本的情况下,首先应计算备选方案的剩余贡献毛益(贡献毛益总额减去专属成本后的余额),然后通过比较不同备选方案的剩余贡献毛益总额,能够正确地进行择优决策。

【例 5-7】 如果[例 5-6]中丙产品有专属固定成本(如专门设置设备的折旧)360 元,丁产品有专属固定成本 1 300 元,则有关分析如表 5-11 所示。

表 5-11   剩余贡献毛益计算表   单位:元

项目	丙	丁
贡献毛益额	2 160	3 840
专属固定成本	360	1 300
剩余贡献毛益总额	1 800	2 540

在这种情况下,丁产品的剩余贡献毛益额比丙产品的多了 740 元,因此生产丁产品优于丙产品。

3. 在企业的某项资源(如原材料、人工工时、机器工时等)受到限制的情况下,如果不存在专属成本,可以通过计算、比较各备选方案的单位资源贡献毛益或者贡献毛益总额,来正确进行择优决策。

【例5-8】 华夏公司现有设备的生产能力是30 000个机器工时,现有生产能力的利用程度为80%。现准备用剩余生产能力开发新产品甲、乙或丙。新产品甲、乙、丙的有关资料如表5-12所示。

表 5-12　　　　　　　　　　　　　　　各产品相关资料表

产品名称	甲	乙	丙
单位产品定额工时(小时)	2	3	4
单位销售价格(元)	30	40	50
单位变动成本(元)	20	26	34

根据以上资料:

剩余机器工时为:30 000×(1−80%)=6 000(工时)。计算甲、乙、丙三种产品的单位资源贡献毛益和贡献毛益总额如表5-13所示。

表 5-13　　　　　　　　　　　　　　　贡献毛益计算表

项目	甲	乙	丙
最大产量(件)	6 000÷2=3 000	6 000÷3=2 000	6 000÷4=1 500
单价(元/件)	30	40	50
单位变动成本(元/件)	20	26	34
单位贡献毛益(元/件)	10	14	16
单位资源贡献毛益(元/件)	5	4.67	4
贡献毛益总额(元/件)	30 000	28 000	24 000

可以比较三种产品的单位资源贡献毛益,由于甲、乙、丙三种产品可以利用的均为6 000机器工时,而三种产品的单位资源贡献毛益比较而言,甲(5)>乙(4.67)>丙(4),所以安排生产甲产品。

另外,也可以比较贡献毛益总额,即甲(30 000)>乙(28 000)>丙(24 000),所以安排生产甲产品。

可见,利用单位资源贡献毛益和贡献毛益总额,两种方法得出的结论是一致的。

4. 在企业的某项资源(如原材料、人工工时、机器工时等)受到限制的情况下,如果存在专属成本,可以通过计算、比较各备选方案的剩余贡献毛益总额,来正确进行择优决策。

【例5-9】 沿用[例5-8]的资料,由于现有设备加工精度不足,生产甲、乙、丙三种产品分别需要追加专属成本5 000元、2 000元、3 000元。甲、乙、丙产品的剩余贡献毛益额如表5-14所示。

表 5-14　　　　　　　　　　　　　　　剩余贡献毛益计算表

项目	甲	乙	丙
最大产量(件)	6 000÷2=3 000	6 000÷3=2 000	6 000÷4=1 500
贡献毛益总额(元/件)	30 000	28 000	24 000
专属成本(元)	5 000	2 000	3 000
剩余贡献毛益额(元)	25 000	26 000	21 000

从计算结果可知,开发乙产品最为有利。由于乙(26 000)＞甲(25 000)＞丙(21 000),所以安排生产乙产品。

二、亏损产品的决策

对于亏损产品,绝不能简单地予以停产,而必须综合考虑企业各种产品的经营状况、生产能力的利用以及有关因素的影响,结合其边际贡献情况,做出停产、继续生产、转产或出租等最优选择。

1. 亏损产品停产后剩余生产能力无法转移

【例 5-10】 华夏公司本年产销 A、B、C 三种产品,其中有一种产品为亏损产品,其有关资料如表 5-15 所示。

表 5-15 　　　　　　　　　　　A、B、C 产品相关资料表

项目	A 产品	B 产品	C 产品
销量(件)	900	450	300
单价(元/件)	20	60	30
单位变动成本(元/件)	10	46	15
固定成本总额(元)	15 000(按各产品销售收入比重分配)		

要求:计算哪种产品为亏损产品?是否要停产?

三种产品的销售收入比重＝900×20：450×60：300×30＝2：3：1

固定成本分配:A 产品应负担的固定成本＝$15\ 000×\frac{2}{6}=5\ 000$(元)

B 产品应负担的固定成本＝$15\ 000×\frac{3}{6}=7\ 500$(元)

C 产品应负担的固定成本＝$15\ 000×\frac{1}{6}=2\ 500$(元)

三种产品的利润计算如表 5-16 所示。

表 5-16 　　　　　　　　　　　　　利润计算表 　　　　　　　　　　单位:元

项目	A 产品	B 产品	C 产品	合计
销售收入	18 000	27 000	9 000	54 000
变动成本	9 000	20 700	4 500	34 200
固定成本	5 000	7 500	2 500	15 000
税前利润	4 000	−1 200	2 000	4 800

由计算结果可以看出,B 产品利润为−1 200 元,为亏损产品。停产前,三种产品的利润为 4 800 元,若停产,由于剩余生产能力无法转移,则只有 A、C 两种产品,其固定成本总额仍然为 15 000 元,固定成本分摊计算如下:

A 与 C 产品的销售收入比重＝900×20：300×30＝2：1

固定成本分配:A 产品应负担的固定成本＝$15\ 000×\frac{2}{3}=10\ 000$(元)

$$C产品应负担的固定成本=15\,000\times\frac{1}{3}=5\,000(元)$$

A与C产品的利润计算如表5-17所示。

表5-17 利润计算表 单位:元

项目	A产品	C产品	合计
销售收入	18 000	9 000	27 000
变动成本	9 000	4 500	13 500
固定成本	10 000	5 000	15 000
税前利润	-1 000	-500	-1 500

由计算结果可以看出,由于剩余生产能力无法转移,B产品停产后,A、C两种产品由盈利转变为亏损,这是因为B产品能够提供贡献毛益额6 300元(27 000-20 700),可以弥补部分固定成本。

所以,在剩余生产经营能力无法转移时,若亏损产品能够提供贡献毛益,即能够弥补部分固定成本,一般不应停产。但如果亏损产品不能提供贡献毛益额,通常应考虑停产。

2. 亏损产品停产后剩余生产能力可以转移

(1) 亏损产品停产后,剩余生产能力可以转产。

【例5-11】 沿用[例5-10]资料,假设该企业停止生产B产品后,可将生产能力转产D产品,预计D产品销售单价为70元,单位变动成本(单位直接材料、单位直接人工与单位制造费用之和)50元,通过市场预测,D产品1年可产销800件,转产D产品需追加2 000元的机器投资。问是否应该停止生产B产品而转产D产品?

在转产决策中,只要转产的D产品提供的贡献毛益额(在存在专属固定成本时应计算剩余贡献毛益额)大于亏损产品B产品提供的贡献毛益总额,就应作出转产的决策。D产品的剩余贡献毛益额的计算如下:

$$D产品销售收入=70\times800=56\,000(元)$$
$$D产品变动成本=50\times800=40\,000(元)$$
$$D产品贡献毛益额=56\,000-40\,000=16\,000(元)$$
$$D产品专属固定成本=2\,000(元)$$
$$D产品剩余贡献毛益额=16\,000-2\,000=14\,000(元)$$

从上述计算可以看出,D产品提供的剩余贡献毛益额14 000元大于B产品提供的贡献毛益额6 300元,说明转产D产品比继续生产B产品更加有利可图。

(2) 亏损产品停产后,剩余生产能力可以出租。在亏损产品停产后,闲置的厂房、设备等固定资产可以出租时,只要出租净收入(指租金收入扣除合同规定的应由出租者负担的某些费用后的余额)大于亏损产品所提供的贡献毛益额,这时也应考虑停止生产亏损产品而采用出租的方案。

【例5-12】 沿用[例5-10]资料,假设B产品停产后,其腾出的机器设备可以对外出租,租金为8 500元。问亏损产品是否应停产?

若转产,该企业可增加租金收入8 500元,若继续生产B产品,B产品提供的贡献毛益额6 300元,租金收入大于B产品提供的贡献毛益额,应停产而出租设备。

综上所述,在不改变生产能力的短期决策中,固定成本一般不变,因而可以把固定成本排除在决策考虑因素外(但专属固定成本必须考虑),只需要比较各方案的贡献毛益额就可选择最优方案。

3. 在生产、销售条件允许的条件下,大力发展能够提供贡献毛益额的亏损产品,也会扭亏为盈,并使企业的利润大大增加。

【例 5-13】 沿用[例 5-10]资料,假定华夏公司将 B 产品的销量提高到 900 件,假定固定成本总额不变,则企业将盈利(其中 B 产品将盈利),有关计算如下:

$$三种产品的销售收入比重 = 900 \times 20 : 900 \times 60 : 300 \times 30 = 2 : 6 : 1$$

$$固定成本分配:A 产品应负担的固定成本 = 15\ 000 \times \frac{2}{9} = 3\ 333(元)$$

$$B 产品应负担的固定成本 = 15\ 000 \times \frac{6}{9} = 10\ 000(元)$$

$$C 产品应负担的固定成本 = 15\ 000 \times \frac{1}{9} = 1\ 667(元)$$

三种产品的利润计算如表 5-18 所示。

表 5-18　　　　　　　　　　　　　　　　利润计算表　　　　　　　　　　　　单位:元

项目	A 产品	B 产品	C 产品	合计
销售收入	18 000	54 000	9 000	81 000
变动成本	9 000	41 400	4 500	54 900
固定成本	3 333	10 000	1 667	15 000
税前利润	5 667	2 600	2 833	39 900

从上述计算中可以看出,B 产品由亏损 1 200 元转为盈利 2 600 元,该企业的总利润由 4 800 元上升为 39 900 元。

4. 对不提供贡献毛益额的亏损产品,不能不加区别地予以停产

首先,应在努力降低成本上做文章,以期转亏为盈;其次,应在市场允许的范围内通过适当提高售价来扭亏为盈;最后,应考虑企业的产品结构和社会效应的需要。

总之,亏损产品的决策涉及的因素很多,需要从不同角度设计方案并采用恰当的方法优选方案。

三、自制还是外购的决策

对那些具有机械加工能力的企业而言,常常面临所需零配件是自制还是外购的决策问题。由于所需零配件的数量对自制方案或外购方案都是一样的,因而这类决策通常只需要考虑自制方案和外购方案的成本高低,在相同质量并保证及时供货的情况下,就低不就高。

影响自制或外购的因素很多,因而所采用的决策分析方法也不尽相同,但一般都采用增量成本(实行某方案而增加的成本)分析法。

(一) 企业已经具备自制能力,且零部件的全年需用量为固定常数

1. 自制能力无法转移

如果企业可以从市场上买到现在由企业自己生产的某种零配件,而且质量相当、供货及

时、价格低廉,这时一般都会考虑是否停产外购。在由自制转为外购,而且其剩余生产能力不能利用(固定成本并不因停产外购而减少)的情况下,正确的分析方法是:将外购的单位增量成本,即购买零配件的价格(包括买价,单位零配件应负担的订购、运输、装卸、检验等费用),与自制时的单位增量成本相对比,单位增量成本低的即为最优方案。由于固定成本不因停产外购而减少,这样,自制的单位变动成本就是自制方案的单位增量成本。所以,自制单位变动成本高于购买价格时,应该外购;自制的单位变动成本低于购买价格时,应该自制。

【例 5-14】 华夏公司生产甲产品每年需要 A 零件 58 000 件,由车间自制时每件成本为 78 元,其中单位变动成本为 60 元,单位固定成本为 18 元。现市场上销售的 A 零件价格为每件 65 元,且质量更好、保证按时送货上门。若外购,该固定成本不减少,该公司应该自制还是外购?

由于自制单位变动成本 60 元＜外购单位价格 65 元

所以,应选择自制。这时每件 A 零件的成本将降低 5 元,总共降低 290 000 元,但如果停产外购,则自制时所负担的一部分固定成本(外购价格与自制单位成本的差额)将由其他产品负担,此时企业将减少利润:$(58\,000 \times 18) - (78 - 65) \times 58\,000 = 290\,000$(元)。

2. 自制能力可以转移

在零配件外购并且腾出的剩余生产能力可以转移的情况下(如出租、转产其他产品),由于出租剩余生产能力能获得租金收入,转产其他产品能提供贡献毛益额,因此将自制方案与外购方案对比时,必须把租金收入或转产产品的贡献毛益额作为自制方案的一项机会成本,并构成自制方案增量成本的一部分,这时,应将自制方案的变动成本与租金收入(或转产产品的贡献毛益额)之和与外购成本相比,择其低者。

【例 5-15】 华夏公司每年需要 C 零件 5 000 件,若要自制,则自制单位变动成本为 10 元;若外购,则外购单位价格为 12 元。如果外购 C 零件,则腾出来的生产能力可以出租,每年租金收入为 3 200 元。

在计算、比较外购和自制这两个方案的增量成本时,应将租金收入 3 200 元作为自制方案的机会成本,如表 5-19 所示。

表 5-19　　　　　　　　　　　　　　增量成本对比表

项　　目	自制增量成本	外购增量成本
外购成本		$12 \times 5\,000 = 60\,000$
自制变动成本	$10 \times 5\,000 = 50\,000$	
外购时租金收入	3 200	
合计	53 200	60 000
自制利益	$60\,000 - 53\,200 = 6\,800$	

计算结果表明,选择自制方案是有利的,比外购方案减少成本 6 800 元。

(二) 企业尚不具备自制能力,且零部件的全年需用量不确定

1. 购买的零部件不存在打折、促销等情况

在企业所需零配件由外购转为自制时需要增加一定的专属成本(如购置专用设备而增加的固定成本),或由自制转为外购时可以减少一定的专属固定成本的情况下,自制方案的单位增量成本不仅包括单位变动成本,而且应包括单位专属固定成本。由于单位专属固定成本随产量的增加而减少,因此自制方案单位增量成本与外购方案单位增量成本的对比将

在某个产量点产生优劣互换的现象,即产量超过某一限度时自制有利,产量低于该限度时外购有利。这时,就必须首先确定该产量限度点(利用成本分界点的分析方法),并将产量划分为不同的区域,然后确定在何种区域内哪个方案最优。

在成本按性态分类的基础上,任何方案的总成本都可以用 $y=a+bx$ 表述。所谓成本无差别点,是指在该业务量水平上,两个不同方案的总成本相等,但当高于或低于该业务量水平时,不同方案则具有不同的业务量优势区域。利用不同方案的不同业务量优势区域进行最优化方案选择的方法,称为成本无差别点分析法。

设:x—— 成本无差别点业务量;a_1,a_2—— 方案Ⅰ、方案Ⅱ的固定成本总额;b_1,b_2—— 方案Ⅰ、方案Ⅱ的单位变动成本;y_1,y_2—— 方案Ⅰ、方案Ⅱ的总成本。

于是:

$$y_1 = a_1 + b_1 x$$
$$y_2 = a_2 + b_2 x$$

根据在成本无差别上的两个方案总成本相等的原理,令:

$$y_1 = y_2$$

则 $a_1 + b_1 x = a_2 + b_2 x$
变形得

$$x = \frac{a_1 - a_2}{b_2 - b_1}$$

这时,整个业务量被分割为两个区域:$0 \sim x$ 及 $x \sim \infty$,其中,x 为成本无差别点。

【例 5-16】 华夏公司每年需用 B 零件不确定,以前一直外购,购买价格每件 8.4 元。现该公司有无法移作他用的多余生产能力可以用来生产 B 零件,但每年将增加专属固定成本 1 200 元,自制时单位变动成本 6 元。

问题:该企业零部件自制还是外购?

为了便于了解两种方案的产量取舍范围,可将上述资料绘入直角坐标系内,如图 5-1 所示。

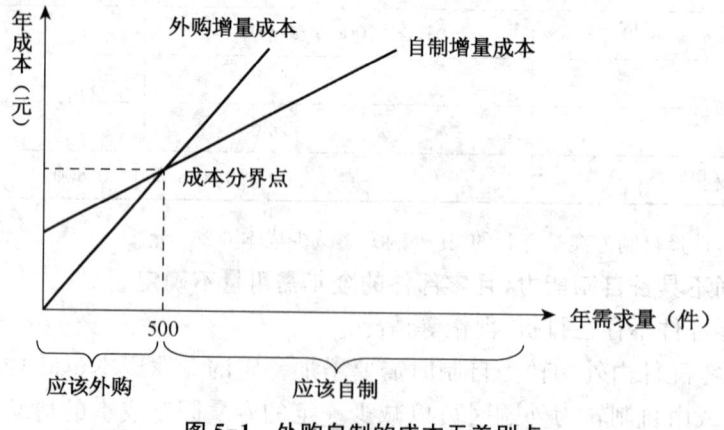

图 5-1 外购自制的成本无差别点

从图 5-1 中可以看出,B 零件需求量在 500 件以内时,应该外购;而当需求量超过 500 件时,则自制有利。由于该公司 B 零件的需求量为 860 件,因而自制有利。

图中的成本分界点也可按以下公式计算。

该企业每年需要的零部件的不确定,则可以设每年需要量为 x。

$$外购成本:y = 8.4x$$

$$自制成本:y = 1\,200 + 6x$$

外购成本与自制成本相等时的年需求量,即为成本分界点:

$$8.4x = 1\,200 + 6x$$

$$x = \frac{1\,200}{8.4 - 6} = 500(件)$$

所以,成本分界点的公式如下:

$$成本分界点 = \frac{自制增加的专属固定成本}{购买价格 - 自制单位变动成本}$$

利用公式法确定成本分界点只是将整个需求量划分为 500 件以内和 500 件以上两个区域,要确定这两个区域中哪个方案有利,还需将某一设定值代入 y_1 或 y_2 进行试算。

假定产量为 100 件,则:

$$y_1 = 8.4 \times 100 = 840(元)$$

$$y_2 = 1\,200 + 6 \times 100 = 1\,800(元)$$

可见,在 500 件以内时外购有利,500 件以上则自制有利。

2. 购买的零部件存在打折、促销等情况

为了促进产品销售,供应商往往采用一些促销方法,如折扣或折让。在这种情况下,外购方案就应考虑购买价格的变动,以作出正确的决策。

【例 5-17】 华夏公司生产需要一种零件,若自制的话,单位变动成本为 1 元,并需购置一台年折旧额为 2 200 元的设备;若外购的话,供应商规定凡一次购买量在 3 000 件以下时,单位售价 2 元,超过 3 000 件时,单位售价 1.55 元。

问题:该零部件自制还是外购?

设自制方案的成本与一次购买量在 3 000 件以下的成本分界产量为 x_1,则:

$$2\,200 + x_1 = 2x_1$$

解得:$x_1 = 2\,200(件)$

设自制方案的成本与一次购买量在 3 000 件以上的成本分界量为 x_2,则:

$$2\,200 + x_2 = 1.55x_2$$

解得:$x_2 = 4\,000(件)$

根据上式,可以绘制图 5-2。

图 5-2 形象地说明:当零件需要量低于 2 200 件或为 3 000~4 000 件时,外购成本低,外购比较有利;零件需要量为 2 200~3 000 件或在 4 000 件以上时,自制成本低,自制比较有利。2 200 件及 4 000 件时,自制、外购均可。

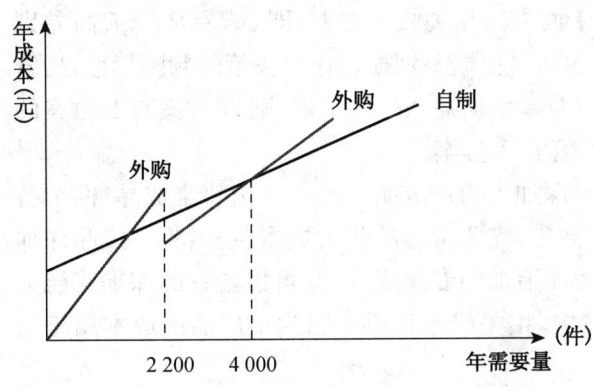

图 5-2 外购自制的成本无差别点

97

延伸阅读5-2

外购研究与开发

几年以前,很多专家都认为美国不太可能外购其他国家的研究和开发成果以降低人力成本。然而,这些专家错了,诸如宝洁、波音、戴尔、礼来和摩托罗拉等公司都越来越依赖亚洲商业伙伴以满足他们的研究和开发需求。事实上,研究表明美国科技公司外购70%电子记事本设计、65%个人笔记本电脑设计和30%的数字摄像机设计。

Allen J. Delattre是埃森哲高科技咨询实践的总监,他说:"研究和开发是唯一可操控的成本。公司要么需要削减成本,要么需要增加研究和开发生产力。"鉴于这种现实,大多数西方公司都开始实行创新的全球模式,即利用印度的软件研究人员、中国台湾的工程师和中国大陆的工厂。这些国家和地区的低成本加上他们很强的技术导向使从海外购买研究和开发能力对比单纯依靠美国国内劳动力的研究和开发对美国公司更有吸引力。

四、半成品是否深加工的决策

半成品是一个与产成品相对立的概念,是指那些经过初步加工而形成的,已具备独立使用价值,但尚未最终完成全部加工过程的特殊产品表现形式。半成品经过进一步深加工就可以变成产成品,从这个意义上说半成品是产成品的原料(但必须注意的是,未经过加工的原材料不能说是半成品)。产成品是已经完成最终加工过程的产品,两者的完工程度不同。

半成品是否深加工,是企业对于那种既可以直接出售,又可以经过深加工变成产成品之后再出售的半成品所作的决策。

半成品是否深加工的决策一般采用"差别损益分析法",具体分析见表5-20。

表5-20 差别损益分析表

项目	A方案	B方案	差异额(Δ)
相关收入	R_A	R_B	ΔR
相关成本	C_A	C_B	ΔC
差别损益			ΔP

表中的差别损益等于差别收入与差别成本之差,即 $\Delta P = \Delta R - \Delta C$,其绝对值表示企业多获得的利润或少发生的损失;差别收入等于两方案相关收入之差,即 $\Delta R = R_A - R_B$;差别成本等于两方案相关成本之差,即 $\Delta C = C_A - C_B$。根据差别损益作出决策的判断标准是:若差别损益 ΔP 大于零,则 A 方案优于 B 方案;若差别损益 ΔP 等于零,则 A 方案与 B 方案的效益相同;若差别损益 ΔP 小于零,则 B 方案优于 A 方案。

半成品是否深加工的决策涉及"将半成品深加工为产成品"和"直接出售半成品"两个备选方案。在"将半成品深加工为产成品"的方案中,需要考虑的相关成本包括:将半成品深加工为产成品的变动成本,为了形成深加工能力而追加的专属成本,与可以转移的深加工能力有关的机会成本。在"直接出售半成品"方案中,相关成本为零。因为半成品的成本属于与决策方案无关的沉没成本,故不予考虑。

1. 企业已具备将全部半成品深加工为产成品的能力,且无法转移,半成品与产成品的

投入产出比为1:1

【例5-18】 华夏公司常年组织生产甲半成品,其单位成本为80元/件,市场售价为100元/件,每月产量为1 000件。

甲半成品经过深加工可加工成市场售价为200元的乙产品,每完成一件乙产品另需追加变动性的加工成本80元。

假定甲与乙的投入产出比为1:1,企业已具备将全部甲半成品深加工为乙产成品的能力,且无法转移。

要求:作出是否将全部甲半成品深加工为乙产成品的决策。

计算过程和结果如表5-21所示。

表5-21　　　　　　　　　　　　　　差别损益分析表　　　　　　　　　　　　单位:元

项目 方案	将全部甲半成品 深加工为乙产成品	直接出售 甲半成品	差异额
相关收入	200×1 000=200 000	100×1 000=100 000	+100 000
相关成本	80 000	0	+80 000
其中:加工成本	80×1 000=80 000	0	—
差别损益			+20 000

决策结论:应当将全部甲半成品深加工为乙产成品,这样可以使企业多获得20 000元的利润。

2. 企业虽已具备100%的深加工能力,但能够转移

在企业已具备100%的深加工能力,但能够转移的情况下,"将全部半成品深加工为产成品"方案的相关成本中,必然包括与可以转移的深加工能力有关的机会成本。

【例5-19】 仍按[例5-18]资料。假定企业已具备将全部甲半成品深加工为乙产成品的能力,但如果可以将与此有关的设备对外出租,预计1个月可获得15 000元的租金收入,该设备月折旧为6 000元。其他条件不变。

要求:作出是否将全部甲半成品深加工为乙产成品的决策。

计算过程和结果如表5-22所示。

表5-22　　　　　　　　　　　　　　差别损益分析表　　　　　　　　　　　　单位:元

项目方案	将全部甲半成品 深加工为乙产成品	直接出售甲半成品	差异额
相关收入	200×1 000=200 000	100×1 000=100 000	+100 000
相关成本	95 000	0	+95 000
其中:加工成本	80×1 000=80 000	0	—
机会成本	15 000		
差别损益			+5 000

决策结论:应当将全部甲半成品深加工为乙产成品,这样可以使企业多获得5 000元的利润。

3. 企业尚不具备深加工能力

在企业尚不具备深加工能力的情况下,"将全部半成品深加工为产成品"方案的相关成本中,必然包括与追加深加工能力有关的"专属成本"。

【例 5-20】 仍按[例 5-18]资料。假定企业尚不具备深加工能力,如果每月支付21 000元租入一台专用设备,可将全部甲半成品深加工为乙产成品,其他条件均不变。

要求:作出是否将全部甲半成品深加工为乙产成品的决策。

计算过程和结果如表 5-23 所示。

表 5-23　　　　　　　　　　　　　　　　差别损益分析表　　　　　　　　　　单位:元

项目方案	将全部甲半成品深加工为乙产成品	直接出售甲半成品	差异额
相关收入	200×1 000=200 000	100×1 000=100 000	+100 000
相关成本	101 000	0	+101 000
其中:加工成本	80×1 000=80 000	0	—
专属成本	21 000	0	—
差别损益			−1 000

决策结论:不应当将全部甲半成品深加工为乙产成品,否则将使企业多损失 1 000 元的利润。

4. 企业已具备部分深加工能力

【例 5-21】 仍按[例 5-18]资料。假定企业已具备将 80% 的甲半成品深加工为乙产成品的能力,但可以将有关设备对外出租,预计 1 年可获得 15 000 元租金收入,该设备年折旧额为 6 000 元。其他条件均不变。

要求:作出是否将 80% 甲半成品深加工为乙产成品的决策。

计算过程和结果如表 5-24 所示。

表 5-24　　　　　　　　　　　　　　　　差别损益分析表　　　　　　　　　　单位:元

项目方案	将 80% 的甲半成品深加工为乙产成品	直接出售 80% 的甲半成品	差异额
相关收入	200×800=160 000	100×800=80 000	+80 000
相关成本	79 000	0	+79 000
其中:加工成本	80×800=64 000	0	—
机会成本	15 000	0	—
差别损益			+1 000

决策结论:应当将 80% 的甲半成品深加工为乙产成品,这样可以使企业多获得 1 000 元的利润。

5. 半成品与产成品的投入产出比不是 1:1

在半成品与产成品的投入产出比不是 1:1 的情况下,必须根据实际的投入产出比来计算两个方案的相关业务量;同时还必须考虑是否已具备深加工能力,以及已经具备的深加工能力能否转移。

【例 5-22】 仍按[例 5-18]资料。假定企业已具备将全部的甲半成品深加工为乙产成品的能力,且不能转移;但甲和乙的投入产出比为 1:0.9。其他条件均不变。

要求:作出是否将全部甲半成品深加工为乙产成品的决策。

计算过程和结果如表 5-25 所示。

表 5-25		差别损益分析表	单位:元
项目方案	将全部甲半成品 深加工为乙产成品	直接出售甲半成品	差异额
相关收入	200×900＝180 000	100×1 000＝100 000	＋80 000
相关成本	72 000	0	＋72 000
其中:加工成本	80×900＝72 000	0	—
差别损益			＋8 000

决策结论:应当将全部的甲半成品深加工为乙产成品,这样可以使企业多获得 8 000 元的利润。

五、是否接受低价追加订货的决策

追加订货是指在企业正常经营过程中,外单位临时提出的额外订货任务,即正常订货以外的订货。追加订货的单价称为特殊单价,它不仅比正常单价要低,而且还可能比正常订货的单位完全生产成本要低,是一种水平偏低的价格。

在现实的经济活动中,要求在本运营期内交货的追加订货量可能小于、等于或大于剩余生产能力。如果追加订货量小于或等于剩余生产能力,企业就可以利用现有的剩余生产能力来完成追加订货量的任务,这是比较正常的。但也会出现追加订货量大于剩余生产能力的情况,也就是剩余生产能力不足。完成追加订货,就要考虑不同的处理方案:可以与客户进行协商,减少追加订货量;可以租入或购买设备,弥补生产能力的不足,但会发生相应的专属成本;还可以既不减少追加订货量,也不追加专属成本,而是将正常订货的一部分用于追加订货,以弥补剩余生产能力的不足,这样就会发生冲击正常任务的现象。

是否接受低价追加订货的决策一般采用“差别损益分析法”,且往往涉及“接受追加订货”和“拒绝追加订货”两个备选方案。在该类决策中,拒绝追加订货方案的相关收入和相关成本均为零。接受追加订货方案的相关收入等于追加订货的价格与追加订货量的乘积,其相关成本要根据给定的条件来确定,一般需考虑变动成本、机会成本和专属成本。

1. 追加订货量小于企业的剩余生产能力,剩余生产能力无法转移,不涉及追加投入专属成本

因为剩余生产能力无法转移,所以不涉及机会成本,且不涉及追加专属成本,则“接受追加订货”方案的相关成本只有变动成本。只要追加订货单价大于单位变动成本,就可以作出接受追加订货的决策。

【例 5-23】 假设华夏公司只生产甲产品,每年最大生产能力为 1 200 件,本年已与其他企业签订了 1 000 件甲产品的供货合同,平均价格为 100 元/件,单位变动成本为 50 元/件,固定成本为 30 000 元,假定该企业剩余生产能力无法转移。

1 月上旬,B 企业要求以 70 元/件的价格向该企业追加订货 200 件的甲产品,年底交货,追加订货没有特殊要求,不涉及追加投入专属成本。

因为追加订货单价 70 元大于单位变动成本 50 元,所以这项订货可以接受。

此项结论可通过表 5-26 得到验证。

表 5-26   利润计算表   单位:元

项目	正常销售	特别订货	合计
销售收入	100 000	14 000	114 000
变动成本	50 000	10 000	60 000
贡献毛益	50 000	4 000	9 000
固定成本	30 000	—	30 000
营业净利润	20 000	4 000	24 000

从表 5-26 可以看出,这项追加订货能使企业增加贡献毛益 4 000 元,由于固定成本已全部由正常销售承担,所以新增的 4 000 元全部转化为利润,即这项追加订货可使企业增加利润 4 000 元。

2. 追加订货量小于企业的剩余生产能力,且剩余生产能力可以转移

企业剩余生产能力转移出去可以获得相关收益,如果接受追加订货,这部分收益就会丧失,所以应作为"接受追加订货"方案的机会成本。

【例 5-24】 沿用例[例 5-23]资料,假定华夏公司的剩余生产能力可承揽加工业务,预计可获得 3 000元的边际贡献。其他条件不变。

表 5-27   差别损益分析表   单位:元

项目	接受追加订货	拒绝追加订货	差异额
相关收入	14 000	0	+14 000
相关成本	13 000	0	+13 000
其中:变动成本	10 000	0	—
机会成本	3 000	0	—
差别损益			+1 000

因为差别损益>0,所以应该接受追加订货,接受追加订货能使企业增加利润 1 000 元。

3. 追加订货量小于企业的剩余生产能力,需追加投入专属成本

如果追加订货有特殊要求,必须追加专属成本才能完成时,该专属成本应纳入"接受追加订货"方案的相关成本之中。

【例 5-25】 沿用例[例 5-24]资料,假设 B 企业要求以 70 元/件的价格向华夏公司追加订货 200 件的甲产品,追加订货有特殊的工艺要求,要完成追加订货必须追加投入 2 000 元的专属成本。那么华夏公司是否应接受追加订货呢?

表 5-28   差别损益分析表   单位:元

项目	接受追加订货	拒绝追加订货	差异额
相关收入	14 000	0	+14 000
相关成本	12 000	0	+12 000
其中:变动成本	10 000	0	—
专属成本	2 000	0	—
差别损益			+2 000

因为差别损益＞0,所以应该接受追加订货,这可使企业增加利润 2 000 元。

4. 追加订货冲击正常生产任务

所谓冲击正常生产任务,就是指由于追加订货量大于剩余生产能力,只得用一部分正常订货来弥补生产能力的不足,从而导致这部分产品不能按正常单价出售。这种情况下所发生的不能按正常价格出售的正常订货收入,就应当作为接受追加订货的机会成本。另外,变动成本的计算应以剩余生产能力为限。

具体计算如下:

$$机会成本 = 正常单价 \times 冲击正常任务量$$

式中:

$$冲击正常任务量 = 追加订货量 - 剩余生产能力$$
$$变动成本 = 单位变动成本 \times 剩余生产能力$$

【例 5-26】沿用例[例 5-25]资料,假设 B 企业要求以 70 元/件的价格向华夏公司追加订货 300 件的甲产品,不需要追加投入专属成本,那么是否接受追加订货呢?

表 5-29   差别损益分析表

项目	接受追加订货	拒绝追加订货	差异额
相关收入	21 000	0	+21 000
相关成本	20 000	0	-20 000
其中:变动成本	10 000	0	—
机会成本	10 000	0	—
差别损益			+1 000

因为差别损益＞0,所以应该接受追加订货。这可使企业增加利润 1 000 元。

第四节 | 产品组合优化决策

产品组合优化决策适用于多品种生产的企业。在多品种产品的生产过程中,各种产品的生产都离不开一些必要的条件或因素,如机器设备、人工、原材料等,而其中有些因素可以用于不同产品的生产,如果各种产品共用一种或几种因素,而这些因素又是有限的,就应使各种产品的生产组合达到最优化的结构,以便有效、合理的使用这些限制因素。产品组合优化决策就是通过计算、分析而作出各种产品应生产多少,才能使各个生产因素得到合理、充分的利用,并能获得最大利润的决策。

对于某项单一资源因素存在限制的情况下,我们在新产品决策中利用单位贡献毛益分析法,但是如果多项资源存在限制的话,能否也利用这种方法呢? 我们通过一个例题说明一下。

【例 5-23】 华夏公司生产 A、B 两种产品，共用设备工时总数为 18 000 小时，人工工时总数为 24 000 小时。A 产品单位产品所需设备工时 3 小时，人工工时 5 小时，单位贡献毛益额为 42 元；B 产品单位产品所需设备工时 5 小时，人工工时 6 小时，单位贡献毛益额为 60 元。预测市场销售量：A 产品为 3 000 件，B 产品为 2 000 件。

A、B 产品单位限制因素所提供的贡献毛益额的比较如表 5-30 所示。

表 5-30 贡献毛益对比表

项　　目	A 产品	B 产品	限制因素（小时）
单位设备工时贡献毛益(元)	14	12	18 000
单位人工工时贡献毛益(元)	8.4	10	24 000

A、B 两种产品单位限制因素所提供的贡献毛益额：

单位设备工时：A 产品 14(元)＞B 产品 12(元)，则应该选择 A 产品。

单位人工工时：A 产品 8.4(元)＜B 产品 10(元)，则应该选择 B 产品。

由此可见，利用单位资源贡献毛益无法进行判断。

对于多种产品的组合优化决策我们一般利用图解法进行决策，该方法比较直观，容易理解。

根据上述例题资料，设 x 为 A 产品产量，y 为 B 产品产量，S 为可获得的贡献毛益，则生产两种产品所用人工工时为 $5x+6y$；生产两种产品所用设备工时为 $3x+5y$；生产两种产品可获得贡献毛益为 $42x+60y$。根据约束条件可建立线性规划模型如下：

约束条件：

$$\begin{cases} 5x+6y \leqslant 24\ 000 & (L_1) \\ 3x+5y \leqslant 18\ 000 & (L_2) \\ x \leqslant 3\ 000 & (L_3) \\ y \leqslant 2\ 000 & (L_4) \\ x,\ y \geqslant 0 \end{cases}$$

目标函数：$S = 42x + 60y$

用图解法求解以上线性规划模型，即在满足以上约束条件的前提下，求 S(贡献毛益额)的最大值。

(1) 在平面直角坐标系中根据约束方程画出几何图形，如图 5-3 所示。

图中代表 L_1，L_2，L_3，L_4 四个方程的直线围成一个可行解区域，满足约束条件的方程解必定位于阴影区域，即可行解区域内。

(2) 根据目标函数 $S = 42x + 60y$ 绘出等利润线。

从目标函数 $S = 42x + 60y$ 可以看出，$x = 60$ 时的贡献毛益额等于目标函数 $y = 42$ 时的贡献毛益额，因此连接 x 轴上 60 件的点与 y 轴上 42 件的点所得到的直线就称为等利润线，等利润线有无限条，即凡在可行解范围内与这条等利润线平行的无限条直线，都称为等利润线。

以虚线表示的等利润线 $y = -\dfrac{7}{10}x + \dfrac{S}{60}$ 的斜率为 $-\dfrac{7}{10}$，截距为 $\dfrac{S}{60}$，等利润线的纵截距越大，所能提供的贡献毛益越多。从图 5-3 中可以直观地看出，通过 L_1 和 L_4 的交点 P 处的那条等利润线距原点的距离最大，所获得的利润也最大。

(3) 将可行区域中的外凸点 A、B、C、P 所代表的产品组合代入目标函数 $S = 42x + 60y$ 进行试算，求出目标函数的最大值，相应的组合即为最优产品组合，如表 5-31 所示。

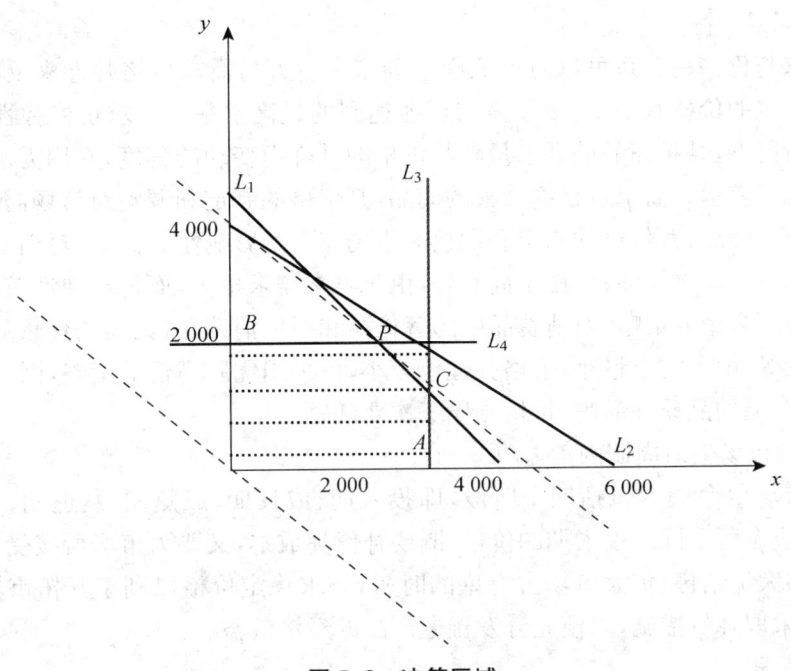

图 5-3　决策区域

表 5-31　　　　　　　　　　各种组合的目标函数试算表　　　　　　　　　单位:元

外凸点	产品组合		目标函数	贡献毛益额 S
	x	y	$S = 42x + 60y$	
A	3 000	0	42×3 000+60×0	126 000
B	0	2 000	42×0+60×2 000	120 000
C	3 000	1 500	42×3 000+60×1 500	216 000
P	2 400	2 000	42×2 400+60×2 000	220 800

比较试算结果,当 $x = 2\,400$,$y = 2\,000$ 时,获得的目标函数 S 值最大,是产品组合决策的最优解。

第五节 定 价 决 策

一、影响价格的基本因素

一种产品价格制定的适当与否,往往决定了该产品能否被市场接受,并直接影响该产品的市场竞争地位和市场占有率。一般来讲,影响价格制定的基本因素包括如下几个方面。

1. 成本因素

成本是影响定价的最基本因素。从长期来看,产品价格应等于总成本加上合理的利润,否则企业无利可图,将会停止生产;从短期来看,企业应根据成本结构确定产品价格,即产品价格必须高于平均变动成本,以便掌握盈亏情况,减少经营风险。

2. 需求因素

市场需求与价格的关系可以简单地用市场需求潜力与需求价格弹性来反映,市场需求潜力是指在一定的价格水平下,市场需求可能达到的最高水平。需求价格弹性是指在其他条件不变的情况下,某种商品的需求量随其价格的升降而变动的程度,它用需求变化率与价格变化率之比来表示。需求价格弹性大的商品,其价格的制定和调整对市场需求影响大;需求价格弹性小的商品,其价格的制定和调整对市场需求的影响小。例如,对消费品中的日常生活必需品,如粮食、食用油、日用小商品等,由于日常需求量大,而价格弹性较小,可采用较低的定价和薄利多销的策略;对消费品中的奢侈品和耐用消费品,如高档化妆品、名贵首饰、高级组合音响等,由于需求量小,价格弹性也较小,可采用优质高价的策略,因为对购买者来说,看中的是商品的品质和品牌,价格则属于次要问题。

3. 商品的市场生命周期因素

商品的市场生命周期包括四个阶段,即投入期、成长期、成熟期、衰退期。在不同的阶段,定价策略应有所不同。投入期的价格,既要补偿高成本,又要为市场所接受;成长期和成熟期正是产品大量销售、扩大市场占有率的时机,要求稳定价格以利于开拓市场;进入衰退期后,一般应采取降价措施,以便充分发掘老产品的经济效益。

4. 竞争因素

产品竞争的激烈程度不同,对定价的影响也不同。竞争越激烈,对价格的影响也越大。完全竞争的市场,企业几乎没有定价的主动权;在不完全竞争的市场中,竞争的强度主要取决于产品制造的难易程度和供求形势。由于竞争影响定价,企业要做好定价工作,必须充分了解竞争者的情况:主要竞争对手来自何方,主要竞争对手实力如何,以及主要竞争者的定价策略如何。

5. 科学技术因素

科技发展和技术进步在生产中的推广和应用必将导致新产品、新工艺、新材料代替老产品、老工艺、旧材料,从而形成新的产业结构、消费结构和竞争结构。例如,化纤工业的兴起和发展形成对传统棉纺织工业和丝绸工业的巨大竞争压力;高清晰度彩电系统将是对原有彩电系统的否定。这种科学技术因素对销售价格的影响必须予以考虑。

6. 相关工业产品的销售量

某些产品的销售量往往取决于相关工业产品的销售,如纺织业与服装业、轮胎业与汽车业、玻璃业与建筑业等,基本上是后者的销售决定前者的销售。因此,前者销售价格的制定可以根据后者的预测资料进行。

二、企业价格制定的目标

一般认为,企业要做好定价工作,必须按定价程序做好以下三项工作:第一是确定定价目标;第二是研究和选择定价方法;第三是研究和制定定价策略,掌握定价技巧。确定定价目标是每个企业制定产品价格的首要过程。所谓定价目标,就是产品的价格在实现以后应达到的目的。企业的定价目标一般有以下几种。

1. 以追求最大利润为定价目标

获取最大利润是多数企业定价的最重要的目标,也是最终目标。但追求最大利润并不等于追求最高价格。在竞争激烈的市场上,任何企业想靠长期维持不合理的高价以获取最大利润是不可能的,因为这会遇到许多方面的对抗,如需求的减少、替代品的盛行、竞争者的加入等,有时甚至由于消费者的不满和抗议而导致政府的干预。所以,高价并不是企业获取最大利润的良策。

这里所讲的最大利润具有两个方面的含义:一是指长期最大利润,而不是短期的最大利润;二是指全部产品的最大利润,而不是单一产品的最大利润。为实现最大利润这一目标,不同企业往往根据不同情况,针对不同产品选择不同的定价目标,也就是下面介绍的几种主要定价目标。

2. 以既定投资利润率为定价目标

任何企业都希望投资获得预期的报酬,多数是希望获得长期的报酬,追求既定的投资利润率或投资收益率是企业经常采用的注重长期利润的一种定价目标,它是根据投资期望得到一定百分比的纯利或毛利为目标。这种目标既不盲目追求一时的高利,也不急于限利求销,而是力图保持长期稳定的收益,在选择利润率时,应当慎重研究和计算分析,既要保证利润目标的实现,又能为消费者所接受。

选择这一定价目标的企业应具备较强的实力。在同行业中实力雄厚、竞争力强的大型企业常以此作为企业的长期定价目标。如果在同行业中,地位不高、竞争实力不强,选择这种定价目标就会遇到同类产品的竞争或消费者的拒绝。

3. 以保持和提高市场占有率为定价目标

市场占有率是指企业产品销量在同类产品的平均销售总量中所占的比重,也称市场份额。它是反映企业经营状况好坏和产品竞争能力强弱的一个重要指标。能否维持和提高市场占有率,对企业来说有时比获得预期收益更为重要,因为市场占有率的高低直接影响到企业今后能否长期稳定的获得收益。

选择这一定价目标,企业应具备的条件是:具有潜在的生产经营能力,总成本的增长速度低于总销售量的增长速度,商品的需求价格弹性较大,即能够薄利多销。

4. 以稳定的价格为定价目标

保持稳定的价格是达到一定投资效益和长期利润的重要途径。因此,一些在行业中能够左右市场价格的大企业,为了长期有效的经营该种产品并稳定地占领市场,往往希望价格稳定,从而获取稳定的利润。

通常,稳定的价格是由一个行业的领导企业所决定的,对它来说,这是稳妥的保持策略。同行业中,以稳定的价格为定价目标的其他中小企业所定的价格往往与领导企业的定价保持一定的比例关系。小企业通常愿意长期追随领导企业的价格。领导企业也不能任意提高价格,以免引起各方的不满和政府的干预。

5. 以应对和防止竞争为定价目标

在市场经济中,企业之间的竞争是多方面的,大多数企业尤其注重价格的竞争。企业在定价之前,往往要广泛收集资料,将本企业产品的规格、品质与竞争者类似的产品认真地比较,并主要以市场有决定性影响的竞争者的价格作为定价基础,以应对和防止竞争为定价目标。采用这种定价目标时,企业可以采取与竞争者相同的价格,也可采取低于或高于竞争者的价格。一般来说,较小的企业或谋求扩大市场占有率的企业往往采取低于竞争者价格的定价方法;而资金雄厚或技术先进、产品优良、服务较好的企业,也可采取高于竞争者价格的定价方法。以竞争因素为定价目标的企业,在成本和需求发生变化时,只要竞争者保持原价,自身一般也维持原价;当竞争者改变价格时,则应相应调整价格,以应对或避免竞争。

除上述常见的企业定价目标,还有保持良好的企业形象定价目标、消费者定价目标等。企业的定价目标是多种多样的。目标选择的合理与否取决于能否为企业带来最大的利润。由于利润受多种因素的影响,在实践中,有的企业定价目标往往是多目标的综合运用。

三、以成本为基础的定价决策

成本是企业生产和销售产品所发生的各项费用的总和,是构成产品价格的基本因素,也是价格的最低经济界限。以成本为基础制定产品价格,不仅能保证生产中的耗费得到补偿,而且能保证必要的利润。凡是新产品的价格制定,都可以采用以成本为基础的定价决策方法。

(一)成本加成定价法

成本加成定价法是以单位预计完全成本(或目标完全成本)为基础,加上一定数额的利润和销售税金来确定产品的价格。一般有以下三种计算方式。

1. 计划成本定价法

$$产品价格=\frac{单位预测成本+单位预测利润}{1-销售税率}$$

$$单位预测利润=\frac{该产品预测利润总额}{该产品预测销售量}$$

2. 成本利润率定价法

$$产品价格=\frac{单位预测成本\times(1+成本利润率)}{1-销售税率}$$

$$成本利润率=\frac{该产品预测利润总额}{该产品预测总成本}\times100\%$$

3. 销售利润率定价法

$$产品价格=\frac{单位预测成本}{1-销售利润率-销售税率}$$

$$销售利润率=\frac{该产品预测利润总额}{该产品预测销售收入}\times100\%$$

【例5-24】 华夏公司计划投资300万元生产甲产品,根据市场调查,甲产品预计每年销售50万件,此时预计总成本500万元,该企业要求该项投资的利润率为25%,销售税率10%,则有关指标可以预测计算如下:

$$单位预测成本=\frac{500}{50}=10(元/件)$$

$$预测利润总额=300\times25\%=75(万元)$$

$$单位预测利润=\frac{75}{50}=1.5(元/件)$$

$$成本利润率=\frac{75}{500}\times100\%=15\%$$

$$销售利润率 = 75 \div \frac{500+75}{1-10\%} \times 100\% = 11.74\%$$

产品单位价格定价如下：

（1）计划成本定价法：

$$\frac{10+1.5}{1-10\%} = 12.78(元/件)$$

（2）成本利润率定价法：

$$\frac{10 \times (1+15\%)}{1-10\%} = 12.78(元/件)$$

（3）销售利润率定价法：

$$\frac{10}{1-10\%-11.74\%} = 12.78(元/件)$$

上述三种方法中，大多数工业企业采用成本利润率定价法，商业企业一般采用销售利润率定价法。

成本加成定价法的优点在于：预测企业成本比预测市场需求更有把握，因而可以减少需求变动对价格的调整次数；可以保证生产耗费得到补偿。但它也存在以下严重缺点：一是很难适应市场需求的变化，往往导致定价过高或偏低；二是企业生产多种产品时，难以准确分摊间接费用，从而导致定价不准确。

 延伸阅读5-3

格兰仕的定价策略

信奉"价格竞争是最高层次的竞争"理念的格兰仕在短短的五、六年内，连续对竞争对手发动了7次价格进攻。格兰仕的降价，不是在产品成本之下进行的倾销。格兰仕的每次降价都是建立在成本降低的基础上。格兰仕的做法是，当生产规模达到100万台时，将出厂价定在规模为80万台的企业的成本价以下；当规模达到400万台时，将出厂价又调到规模为200万台的企业的成本价以下；而现在规模达到1 000万台以上时，又把出厂价降到规模为500万台企业的成本价以下。这种在成本降低的基础上所进行的降价，是一种合理的降价。降价的结果是将价格平衡点以下的企业一次又一次地大规模淘汰，使企业的集中度不断提高，使行业的规模经济水平不断提高。

目前，格兰仕已拥有全球最大的微波炉生产基地，拥有1 500万台微波炉的年生产能力，占全球市场近35%，中国市场近70%的份额，稳居全球第一。

从此案例中，我们又一次看到：成本是定价的基础，成本优势也能够转化为核心竞争能力。

（二）损益平衡法

采用此法即运用损益平衡原理进行产品价格的制定。损益平衡点销售量的计算公式如下：

$$x_0 = \frac{a}{p_0(1-T)-b}$$

式中，x_0 为损益平衡点的产品销售量；a 为固定费用；p_0 为产品价格；b 为产品单位变动成本；T 为销售税率。

上述公式变化后可得出损益平衡点价格的计算公式：

$$p_0 = \frac{a+bx_0}{x_0(1-T)}$$

损益平衡点价格又称保本价格,是产销量一定时产品价格的最低限度。保本价格确定后,企业可以以此为基础,适当调整价格水平,确定企业有盈利的合理价格,在目标利润 TP 确定的情况下,销售量的计算公式如下:

$$x = \frac{a + TP}{p(1-T) - b}$$

对上式进行变形,可得:

$$p = \frac{a + TP + bx}{x(1-T)}$$

上式即可预测产品销售价格。

【例 5-25】 华夏公司生产甲产品,固定成本 40 000 元,目标利润 60 000 元,单位变动成本 5 元,销售税率 10%,预计销售 50 000 件,则甲产品单位价格预计如下:

$$保本价格 = \frac{40\,000 + 50\,000 \times 5}{50\,000 \times (1-10\%)} = 6.44(元/件)$$

$$产品价格 = \frac{40\,000 + 60\,000 + 50\,000 \times 5}{50\,000 \times (1-10\%)} = 7.78(元/件)$$

从计算结果可知,甲产品的最低价格为每件 6.44 元,当每件价格为 7.78 元时,可以保证实现目标利润。

损益平衡法简便易行,能向企业提供可获必要利润的最低价格,但由于销售量往往受价格影响,因而计算结果的准确性也受到一定影响。

(三) 边际成本定价法

边际成本是指每增加一个单位产品销售所增加的总成本;边际收入则指每增加一个单位产品销售所增加的总收入。边际收入与边际成本的差额为边际利润,表示每增加一个单位产品销售所增加的利润。如果从数学角度看,边际成本是对总成本函数求一阶导数的结果,表示总成本线任何一点的斜率;边际收入则是对总收入函数求一阶导数的结果,表示总收入线任何一点的斜率。当总成本线与总收入线的斜率相等或接近时,意味着边际成本与边际收入相等或近似相等,边际利润等于零(连续函数)或接近于零(非连续函数)。此时,如果再增加产品销售量,由于边际收入小于边际成本,将不能再为企业提供新增利润,因此企业利润总额不会增加反而减少。由此可见,边际收入等于边际成本时的利润总额最大。这时的价格和销售量就是最优价格和最优销售量。利用边际成本等于边际收入时利润最大的原理制定产品价格的方法,称为边际成本定价法。

【例 5-26】 华夏公司销售甲产品,固定成本为 3 000 元,单位变动成本为 8 元,通过试销和市场预测分析,取得的有关资料如表 5-32 所示。

表 5-32　　　　　　　　　　甲产品在不同价格水平的销售资料

价格(元)	100	95	90	85	80	75	70	65	60	55
销售量(件)	150	175	200	225	250	275	300	325	350	375
收入(元)	15 000	16 625	18 000	19 125	20 000	20 625	21 000	21 125	21 000	20 625

根据上述资料进行整理计算,得到如下数据,如表5-33所示。

表5-33　　　　　　　　　　　　　　　数据分析表　　　　　　　　　　　　金额单位:元

销售量(件)	价格	销售收入	边际收入	总成本	边际成本	边际利润	利润
150	100	15 000	—	4 200	—	—	10 800
175	95	16 625	1 625	4 400	200	1 425	12 225
200	90	18 000	1 375	4 600	200	1 175	13 400
225	85	19 125	1 125	4 800	200	925	14 325
250	80	20 000	875	5 000	200	675	15 000
275	75	20 625	625	5 200	200	425	15 425
300	70	21 000	375	5 400	200	175	15 600
325	65	21 125	125	5 600	200	−75	15 525
350	60	21 000	−125	5 800	200	−325	15 200
375	55	20 625	−375	6 000	200	−575	14 625

计算结果表明,随着销售量的不断增加,边际收入将逐步下降,甚至出现负数,以致边际利润不断减少。当边际利润为负数时,企业的利润总额就不会是最高的利润额。因此本例的最优价格在65~70元之间。如果把325~300件的销售量区域进一步细分,即可确定最优价格。具体计算如表5-34所示。

表5-34　　　　　　　　　　　　　　　最优价格分析表　　　　　　　　　　　金额单位:元

销售量(件)	价格	销售收入	边际收入	总成本	边际成本	边际利润	利润
300	70	21 000	—	5 400	—	—	15 600
305	69	21 045	45	5 440	40	5	15 605
310	68	21 080	35	5 480	40	−5	15 600
315	67	21 105	25	5 520	40	−15	15 585
320	66	21 120	15	5 560	40	−25	15 560
325	65	21 125	5	5 600	40	−35	15 525

由表5-34可知,当产品销售量是305件,价格为69元时,边际收入最接近边际成本,此时的利润总额最大,为15 605元。因此,甲产品每件定价69元为最优价格。

 延伸阅读5-4

友好通道飞行

在Safeway购买物品的人都可以得到联合航空常客飞行待遇。航空公司给每位市场参与者Safeway每英里2美分。因为航空公司每份国内往返机票通常需要25 000常客飞行公里,联合航空对于发给每个Safeway顾客的常客飞行待遇大约赚取500美元。这比联合航空的许多特价机票带来的收入更多。更重要的是,联合航空很小心地管理它的常客飞行待遇,从而很少有常客飞行者挤占通常付费飞行的乘客。增加常客飞行待遇唯一的增量成本就是食物、很少的燃油和一些管理成本。所有其他的飞行成本都是照常发生的。因此,联合航空给Safeway的常客飞行待遇是稳赚的。

四、产品寿命周期与价格策略

选择适当的方法进行产品价格的预测固然十分重要,但预测结果还应结合产品所处的不同寿命阶段,采取不同的价格策略予以调整和修正,才能作为最终价格确定,从而保证企业销售目标的实现。

产品寿命周期是指某种产品从投入市场开始直到退出市场为止的整个过程。产品寿命周期一般可以分为投入期、成长期、成熟期和衰退期四个阶段。如图5-5所示。

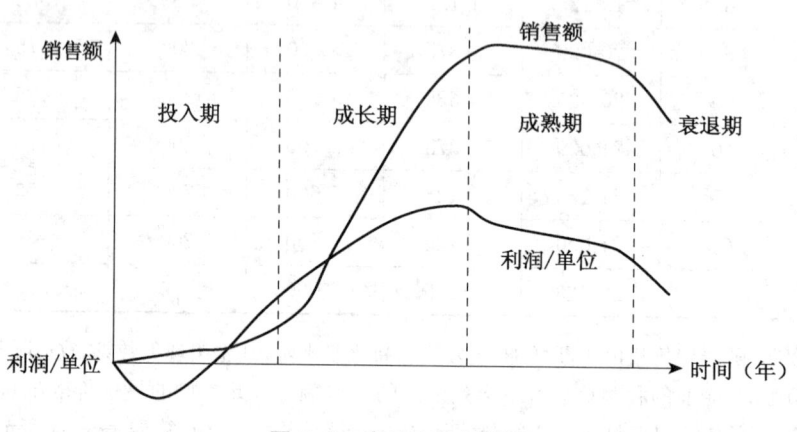

图5-5 产品寿命周期图

(一)产品寿命周期的阶段价格策略

不同阶段的价格策略必须根据各阶段的特征灵活确定。下面简单地介绍不同阶段的基本特征和所采用的一般价格策略。

1. 投入期的价格策略

作为刚刚投入市场的新产品,虽然具有一定的技术、经济优势,甚至还可能是独家生产经营,但由于产品结构和工艺尚未定型,质量不太稳定,大批生产的能力也未形成,加上消费者(或用户)对新产品缺乏了解和信任,因而销路有待打开,产品开发是否成功还没有把握。

针对上述特征,企业为尽快打开局面,可采取以下价格策略:

(1)撇脂策略。即在投入期,以高价投放新产品,并辅以高促销手段,从而保证获得初期高额利润,以后随产品销路的扩大逐渐降价。采取此策略,高价高利,可以迅速回收投资,并为以后产品降价促销提供条件。但这种策略也会引来竞争,影响及时打开销路。因此,它只适用于市场上没有类似替代物,在短期内居垄断地位并容易开辟市场的新产品。

(2)渗透策略。即在投入期,以低价投放新产品,并辅以高促销手段,其目的在于尽快打开销路,夺取更大的市场份额。在有效占领市场后,再逐渐提高价格水平。这种策略能有效地排斥竞争者,使企业长期占有市场,从而持久地给企业带来日益增多的利润。但渗透策略定价水平低,使企业投资回收速度放慢,企业在投入期经济效益较差。在产品市场规模大、竞争激烈、价格弹性大的情况下,采用渗透策略可以达到以廉取胜、薄利多销的目的。

2. 成长期的价格策略

产品经过投入期的试销和改进,技术日趋成熟,质量也基本稳定,逐渐形成销售高峰,产品进入成长期,在成长期内,由于广告宣传等促销作用,产品已为消费者(或用户)所熟悉,并在竞争中占有较大优势,市场需求量扩大,利润也开始迅速增长。

成长期是产品开发的关键时期,企业一方面应该努力稳定和适当提高产品的质量,扩大生产能力;另一方面应在保证市场供应,维持、扩大市场占有率的情况下,通过采取目标价格策略,修正预测值,确定最优价格。具体做法是使该阶段的目标利润率高于整个寿命期里的平均利润率,这样不仅可以使产品的成长期成为企业获利最多的时期,而且企业也有了降价促销的后续手段,从而在销售困难时期可以以多补少,使整个寿命内的产品利润最大化。

3. 成熟期的价格策略

产品进入成熟期,市场需求量接近饱和,销售增长率逐渐下降。本阶段的最大特点就是随着大量竞争者进入市场,竞争日益激烈。

为了延长产品的成熟期,提高产品开发的经济效益,企业一方面应该继续加强广告宣传和用户服务工作,在保持老用户的同时,努力扩大新用户;另一方面则应努力加强内部管理,大幅降低产品成本,为今后采用竞争价格策略创造条件,维持原有的市场占有率。

竞争价格策略因竞争者的情况而异。对于竞争条件(如成本、质量、性能等)差的对手,可以采用低价倾销的方法,在价格政策允许的范围内挤走竞争者或乘机扩大己方市场占有率;对于竞争条件强的对手,可以采用"你提我也提""你降我也降"的办法,努力维持原有市场占有率;对于竞争条件相当的对手,为了避免竞争可能形成的两败俱伤的局面,可以采用非价格竞争的办法,即在维修、供应备品备件、代培人员等方面提供更优越的条件,以维持原有的市场占有率。

采用竞争价格策略,确定降价幅度时,必须注意以下三点:①降价幅度必须考虑产品的价格弹性,凡价格弹性大的产品,降价幅度应该小些,价格弹性小的产品,降价幅度应该大些;②降价幅度应能引起消费者(或用户)的注意,如果同时辅以各种宣传措施,效果将更好;③降价幅度不能太大,必须保证产品盈利,并消除降价幅度过大形成的不良影响。

4. 衰退期的价格策略

新技术的出现预示着品质更优越、性能更卓著的新产品将替代市场上原有的老产品,于是原有产品进入衰退期。衰退期产品的特点是,由于消费者(或用户)的购买转向新产品,原有产品销售增长率和利润急剧下降,甚至出现负增长的情况,市场需求逐渐缩小。

对处于衰退期的产品,企业应积极转移产品市场,努力在新地区开拓对该产品的需求,并努力开发新产品,创造新的需求。此外,企业还应配合不同的价格策略,充分发挥原有产品的创利潜力:

(1)维持价格策略。即对该种产品不做较大幅度的降价,而基本维持原有价格水平,以保持该产品在消费者心中的地位。当然,也应辅之以其他手段,如数量折扣、金额折扣、馈赠礼品等,以尽量延长产品寿命期。

(2)变动成本策略。即以单位变动成本作为最低价格,防止产品销售量减少,从而以该产品提供的贡献毛益(销售收入超过变动成本的部分)来弥补一部分固定成本,为整个企业盈利增加作出贡献。

（二）其他价格策略

1. 心理价格策略

心理价格策略主要是零售企业正对顾客消费心理而采取的定价策略，常用的方法主要有以下几种：

（1）尾数定价。消费者购物时，对价格数字往往有这样一种心理倾向，即偏重于价格的整数，而忽略价格的零数。例如，当一件商品标价为 0.95 元时，消费者会在心理上认为其价格只是以角和分来计量，因而比较便宜；当标价在 1 元时，消费者则会认为计量单位以元计算，因而比较昂贵。其实两种标价之差仅为 0.05 元，而消费者却会认为两种标价之间的差别很大。这种在购物时对价格数字的心理倾向，会引导消费者的购物行为，从而导致商品需求的变动。尾数定价法正是利用了消费者的这种心理，采取非整数的定价形式，以达到引起消费者的购买欲望、增加销售量的目的。以这种方法制定的价格，其尾数以 8、9 为多，这样既能给消费者一个价格较低的印象，又能使消费者认为企业定价认真准确，从而产生一种信任感。这种方法虽然具有较强的吸引力，但也存在一定的局限性，一般只适用于价值较小、销售量大、销售面广、购买次数多的中低档日用消费品。对于高档商品则不宜采取，否则会影响商品的声誉。

（2）整数定价。与尾数定价法相反，整数定价法是以整数为商品定价的一种方法。消费者购物时，特别是在选购耐用消费品或高档商品时，看重的往往是其质量。在他们看来，价格越高，说明质量越好，安全保险系数大，"一分钱一分货"的观念根深蒂固。因此，为高档商品或耐用消费品定价时，宜采用整数定价，给消费者一种质量好，可靠性强的印象，从而刺激其购买欲望。

（3）声望定价。一般来说，有名望的商店出售的商品，其价格要比一般商店高；同类商品中，名牌商品价格要比非名牌商品价格高。这是因为这类商店或商品在消费者心目中已经有了良好的形象，能使消费者产生信任感，这种以商店或商品的声望来为商品定价的方法就是声望定价法。由于声望定价商品的购买者，多是以商品显示其身份和地位，以商品的品牌以及价格炫耀其"豪华"为目的的，因而企业往往采用整数高位定价，以满足消费者的心理需要。

（4）心理折扣定价。心理折扣是利用消费者求廉务实的心理特点而采取的降价促销措施。当一种商品的牌号、性能不为广大消费者所熟悉与了解，其市场的接受程度较低时，采用心理折扣价格，即标明原价后再打折扣，向消费者宣传"原价×××× 元的商品，现以×× 元出售"时，会在消费者心理上造成物美价廉的感觉，从而吸引消费者登门，扩大商品的销量。这种方法对不太知名、市场接受程度低或销路不太好的商品比较有效。

（5）习惯性定价。习惯性定价是商品进入寿命成熟期时的一种心理定价法。市场上，一种商品由于销售已久，消费者经过使用后，凭经验和感觉会对该种商品的质量、使用性能等情况与其他类似代用品作比较，作出主观评定，形成一种心理上乐于接受的习惯价格。对于这类商品，任何生产者要想进入市场，如果不具备特殊优势的话，都必须依照消费者的习惯价格定价。因为，只要偏离习惯价格，消费者的心理倾向便会促使其减少购买量。

2. 折扣定价策略

折扣定价策略是指在一定条件下，以降低商品的销售价格来刺激购买者，从而达到扩大商品销售量目的的定价策略。具体方式有以下几种：

(1) 数量折扣。这是一种按购买者购买数量的多少所给予的价格折扣。购买者购买数量越多，则折扣越大；反之，则越小。它鼓励购买者大量或集中向本企业购买。数量折扣又可分为累计与非累计数量折扣两种。非累计数量折扣是规定一次购买某种商品达到一定数量时，给予折扣优惠。其目的是在鼓励购买者大量购买的同时，便于企业安排大批量生产和销售，节约生产和销售费用。累计数量折扣是规定购买者在一定时期内，购买商品如果达到一定数量或金额，可按总量大小给予不同的折扣。这样做的目的：一是固定购买者经常向本企业采购，成为稳定的长期客户；二是便于企业进行销售预测，制定生产经营计划。

(2) 现金折扣。这是一种按购买者付款期限长短所给予的价格折扣，其目的在于鼓励购买者尽早偿付货款，以加速资金周转。

(3) 交易折扣。这是一种按各类中间商在商品流通过程中负担职能的大小所给予的价格折扣。其实质是卖方对买方提供商品服务所给予的报酬。交易折扣的多少随行业与产品的不同而不同。对同一行业或同一品种的产品，则又要看中间商所承担责任的多少而定。一般，给予批发商的折扣较多，给予零售商的折扣较少。

(4) 季节性折扣。季节性折扣是对购买者在商品淡季购买所给予的价格折扣，这样做既鼓励购买者提早购买，减轻企业的仓储压力，又加速了企业资金周转，充分发挥企业的生产能力。

3. 综合定价策略

很多企业经常生产或经营两种以上彼此关联的商品，企业在对其中某一种商品定价时，就必须考虑到与它关联的相关商品，只有将它们作为一个整体加以综合考虑，才能保证企业取得最大的利益。

综合定价策略就是针对相关商品所采取的一种定价策略。它是根据相关商品在市场竞争中的不同情况，使各种商品价格有高有低，既能适应市场竞争的需要，又能促进商品的销售。相关商品的定价主要有以下三种情况：

(1) 为具有互补关系的相关商品定价。互补关系的相关商品，是指其使用价值的实现互为前提条件的两种或两种以上的商品。例如，钢笔与墨水，录音笔与录音带，照相机与胶卷等。这些商品的使用价值只有配套使用时才能实现，失去一方，另一方的使用价值就难以实现。为这类相关商品定价，可有意识的降低其中部分相关商品的价格，从而达到提高整体利润的目的。例如，美国派克公司生产的派克钢笔便宜而且耐用，当你购买了这样一支钢笔时，无形中你就成了价格高昂的派克墨水的长期顾客了，派克公司便可以从你长期不断的消费中获利。另外，便宜的照相机与高价的胶卷、廉价的整车与昂贵的配件等，都是比较典型的定价实例。

(2) 为具有配套关系的相关商品定价。具有配套关系的相关商品，是指其使用价值既可单独发生作用，又可与另一种商品配合发挥作用的商品。例如，西服套装中的上衣和裤子，既可单独穿用，又可搭配穿用。为这类相关商品定价，可实行单件高价，配套优惠的策略。例如，购买一件西服上衣，按原价出售，如果购买西服套装，则可按原价八折出售，或者免费赠送一件配套的衬衣。这样做既可节约流通费用，又可扩大销量，总体上有利于提高经济利益。

（3）销售商品与服务维修的定价。如果企业为了方便客户使用,解除客户购物的后顾之忧,可以把产品价格定得高些,而把维修服务费定的低些;如果企业是为了鼓励客户积极购买产品,加速产品更新换代,则应把新产品价格定得低些,而把修理服务费定得高些。

本 章 小 结

本章主要介绍了短期经营决策的概念、作用及程序;产品功能成本决策,包括评分法和强制确定法;品种决策,包括新产品决策、亏损产品决策、零部件自制外购决策以及半成品深加工决策;产品组合优化决策;定价决策,主要包括以成本为基础的定价决策以及产品寿命周期定价决策。

本章重要概念

产品功能成本决策 品种决策 亏损产品 半成品深加工 产品组合优化 特殊订货定价 产品寿命周期

推荐阅读资料

［1］吴大军,牛彦秀.管理会计［M］.大连:东北财经大学出版社,2010.

［2］孙茂竹,文广伟,杨万贵.管理会计学［M］.北京:中国人民大学出版社,2013.

［3］张所地.管理决策理论、理论与方法［M］.北京:清华大学出版社,2013.

［4］罗伯特·F·迈格斯.会计学:企业决策的基础——管理会计分册管理决策理论、理论与方法［M］.北京:清华大学出版社,2004.

第六章　存货决策

内容简介

　　本章主要讲解了存货决策中的成本,采购成本、订货成本、储存成本、缺货成本等,并对其进行了详细的介绍。在此基础上,详细介绍了存货的经济订货批量及其模型的推导;详细介绍了不同情况下,经济订货批量基本模型的扩展应用。

学习目的和要求

　　通过本章的学习,学生应了解存货决策需要考虑的成本因素并掌握不同成本在不同情况下与决策的相关性;了解经济订货批量基本模型的推导原理,掌握经济订货批量模型的基本应用;在了解有关影响因素的基础上,掌握经济订货批量基本模型的扩展,以解决不同状况下经济订货批量的决策问题。

引　例

　　华远公司是一家小型生产企业,生产不同型号的电子元件。一般情况下,公司为保证生产的正常进行,会提前购买原材料并将材料储存于租来的仓库中。但近期,原材料价格一直上涨,公司领导想要大量购买一批材料,这样可以降低原料价格上涨带来的成本压力,同时大量购买也可以拿到一定的价格折扣。但是,大量囤积材料会造成仓储成本的增加,大量资金也会占用在材料上。公司领导不知道如何进行决策,购买多少原材料才会对企业最有利。

第一节　存货的成本

　　存货是指企业为销售或耗用而储存的各种资产。在制造企业中,存货通常包括原材料、委托加工物资、包装物、低值易耗品、在产品、产成品等。

　　存货对制造企业等绝大部分企业来说是必需的。首先,为了保证企业不间断地生产对原材料等的需要,应有一定的储存量。其次,为满足产品销售批量化、经常化的需要,应有足够的半成品、产成品储存量;再次,为了保证企业均衡生产并降低生产成本,应有一定的储存量。最后,为避免或减少经营中可能出现的失误,防止事故对企业造成的损失,应有一定的储存量。因此,作为企业经营管理必需的存货管理,其任务就在于如何恰当地控制存货水平,在保证销售和耗用正常的情况下,尽可能节约资金、降低存货成本。

在存货决策中,通常需要考虑以下几项成本。

一、采购成本

采购成本是指由购买存货而发生的买价(购买价格或发票价格)和运杂费(运输费用和装卸费用)构成的成本,其总额取决于采购数量和单位采购成本。单位采购成本一般不随采购数量的变动而变动,因此,在采购批量决策中,存货的采购成本通常属于无关成本;但当供应商为扩大销售而采用"数量折扣"等优惠方法时,采购成本就成为与决策相关的成本了。

二、订货成本

订货成本是指为订购货物而发生的各种成本,包括采购人员的工资,采购部门的一般性费用,(如办公费,水电费,折旧费,取暖费等)和采购业务费(如差旅费,邮电费,检验费等)。订货成本可以分为两大部分,一部分是为维持一定的采购能力而发生的各期金额比较稳定的成本,如折旧费、水电费、办公费等,称为固定订货成本;另一部分是随订货次数的变动而呈比例变动的成本,如差旅费、检验费等,称为变动订货成本。

三、储存成本

存货的储存成本是指企业为持有存货而发生的费用,主要包括存货资金占用费(以贷款购买存货的利息成本)或机会成本(以现金购买存货而丧失的证券投资收益等)、仓储费用、保险费用、存货残损霉变损失等。储存成本可以按照与储存数额的关系分为变动性储存成本与固定性储存成本,固定性储存成本与存货储存数量的多少没有直接联系,属于决策无关成本;变动性储存成本与存货储存数量呈正比例变动的关系,属于决策相关成本。

四、缺货成本

缺货成本是因为存货不足而给企业造成的停产损失、延误发货的信誉损失及丧失销售机会的损失等。如果生产企业能够以替代材料解决库存材料供应中断之急的话,缺货成本便表现为替代材料紧急采购的额外开支。缺货成本能否作为决策的相关成本,应视企业是否允许出现存货短缺而定。如果允许缺货,则缺货成本与存货数量呈反向关系,即属于决策相关成本;如企业不允许发生缺货,缺货成本为零,也就无需加以考虑。

 延伸阅读6-1 ....

长虹囤积彩管伤筋动骨

彩色显像管是彩电的核心部件,但在20世纪90年代,中国几乎没有一家彩电企业自己生产彩管。如果一家企业控制了彩管的供应渠道,则其他企业的生产必然会受到影响,同时也可有效阻止新企业的进入。1998年彩管进口配额已经确定完毕,而每逢彩电销售旺季,彩管就会出现季节性紧缺,当时有将近30%的彩管是通过走私渠道进入国内市场的。长虹老总倪润峰于是决定大规模采购、囤积彩管,从而"清理门户",一举改变彩电市场上玩家多而杂的混乱局面。1998年7月,长虹与国内八大彩管厂签订了近乎垄断的供货协议,下半年国产76%的21英寸、63%的25英寸和绝大部分的29英寸及29英寸以上大屏幕的彩管总计300万只已被长虹持有。1998 年 11 月 8 日,长虹公司宣布自己已垄断了下半年国内彩管市场,其中 21 英寸占 76%、25 英寸占 63%、29 英寸近 100%。采购这些彩管动用了上百亿元资金。这次采购行为发生在国家大力打击走私活动的时期(过去每年非法走私的彩管数量很大),因此整个彩管市场在这双重挤压下全面吃紧。长虹的大规模采购行为使其他企业的生产受到干扰,康佳、TCL、海信等企业叫苦不迭。由于长虹对彩管的垄断,其他企业不得不以更高的价格去购买彩管,在生产技术相同的情况下,这些企业的生产成本必然提高。同时原有企业对核心资源的垄断必然限制了新企业的进入,因为它们无法获得彩管的有效供应。然而其后态势的发展令长虹完全始料不及:国内另外几家彩电巨头一纸投诉直接递到了国家有关部委。政府部门先是表示"不干涉企业行为",而后又开闸放水增加了进口彩管的配额。长虹的彩管垄断计划正式宣告破产。

囤积彩管的失败使长虹伤筋动骨。长虹本来充实的流动资金变成了仓库里堆积如山的库存,到 1998 年年末,长虹库存达到 77 亿元,比上年增加 116.78%。随着彩电行业的整体走低,以及规模扩张、存货增加等恶性循环,到了 2001 年年底,长虹勉强维持了不亏损的局面。但 2004 年长虹开始大量计提存货减值准备,这也是 2004 年度巨额亏损的主要原因。

第二节 经济订货批量

所谓订货批量,是指每次订购货物(材料、商品等)的数量。在某种存货全年需求量一定的情况下,降低订货批量,必然增加订货批次。一方面,使存货储存成本(变动储存成本)随平均储存量的下降而下降;另一方面,使订货成本(变动订货成本)随订货批次的增加而增加;反之,减少订货批次必然要增加订货批量,在减少订货成本的同时,储存成本将会增加。可见,存货决策的目的就是确定使这两种成本合计数最低时的订货批量,即经济订货批量。

与存货总成本有关的变量(即影响总成本的因素)很多,为了解决比较复杂的问题,有必要简化或舍弃一些变量,先研究解决简单的问题,然后再扩展到复杂的问题。这需要设立一些假设,在此基础上建立经济订货批量的基本模型。

为了推导计算经济订货批量的数学模型,各字母代表含义如下:A——某种存货全年需要量;Q——订货批量;Q^*——经济订货批量;A/Q——订货批次;A/Q^*——经济订货批次;P——每批订货成本;C——单位存货年储存成本;T——年成本合计(年订购成本和年储存成本的合计);T^*——最低年成本合计。

由于年成本合计等于年订货成本与年储存成本之和,因此有:

$$T = \frac{Q}{2} \cdot C + \frac{A}{Q} \cdot P \qquad (6-1)$$

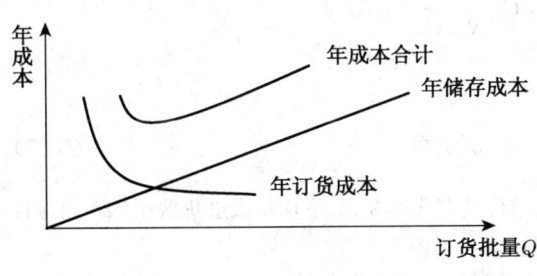

图 6-1　经济订货批量模型图

年订货成本、年储存成本及年成本合计的图形如图 6-1 所示。

从图 6-1 中可以看出,年成本合计(T)是一条凹形曲线,当其一阶导数为零时,其值最低。

以 Q 为自变量,求函数 T 的一阶导数:

$$T' = \left(\frac{Q}{2} \cdot C + \frac{A}{Q} \cdot P \right)' = \frac{C}{2} - \frac{AP}{Q^2}$$

令 $T'=0$,则:

$$\frac{C}{2} - \frac{AP}{Q^2} = 0$$

$$\frac{C}{2} = \frac{AP}{Q^2}$$

$$Q^2 = \frac{2AP}{C} \tag{6-2}$$

$$经济订货批量\ Q^* = \sqrt{\frac{2AP}{C}} \tag{6-3}$$

由式(6-2)得:

$$\frac{A}{Q^2} = \frac{C}{2P}$$

$$\frac{A^2}{Q^2} = \frac{AC}{2P}$$

则:

$$经济订货批次 = \frac{A}{Q^*} = \sqrt{\frac{AC}{2P}} \tag{6-4}$$

将式(6-3)代入式(6-1):

$$T^* = \frac{Q^*}{2} \cdot C + \frac{A}{Q^*} \cdot P = \frac{\sqrt{\dfrac{2AP}{C}}}{2} \cdot C + \frac{AP}{\sqrt{\dfrac{2AP}{C}}}$$

$$= \frac{1}{2}C\sqrt{\frac{2AP}{C}} + \frac{AP\sqrt{\dfrac{2AP}{C}}}{\dfrac{2AP}{C}} = \frac{1}{2}C\sqrt{\frac{2AP}{C}} + \frac{1}{2}C\sqrt{\frac{2AP}{C}}$$

$$= C\sqrt{\frac{2AP}{C}}$$

则:

$$年最低成本合计\ T^* = \sqrt{2APC} \tag{6-5}$$

【例6-1】 华夏公司每年需耗用甲材料3 000千克,单位储存成本2元,平均每次进货费用120元,则:

$$Q^* = \sqrt{\frac{2AP}{C}} = \sqrt{\frac{2 \times 3\,000 \times 120}{2}} = 600(千克)$$

$$T^* = \sqrt{2APC} = \sqrt{2 \times 3\,000 \times 120 \times 2} = 1\,200(元)$$

$$经济订货批次 = \frac{A}{Q^*} = \frac{3\,000}{600} = 5(次)$$

上述计算表明,当进货批量为 600 千克时,订货成本用与储存成本总额最低。大于或小于这一数量时,将对企业产生不利的影响。

需要指出的是,经济进货批量的基本模型只是建立在上述各种假设基础上的一种理想化的进货控制方法。实际工作中,通常还存在着数量优惠(即商业折扣)以及允许一定程度的缺货情形发生等,这就使得上述假设条件很难完全具备。因此,企业不能机械套用这一基本模型来确定存货的经济订货批量,而必须同时结合价格折扣及缺货成本等不同的情况具体分析,灵活运用。

第三节 | 存货基本模型的扩展应用

在实际工作中,由于各种因素的影响,需要对前述存货经济订货批量的基本模型进行扩展,以确定不同状况下的经济订货批量,从而降低成本。

一、再订货点的确定

一般情况下,企业的存货不能做到随用随时补充,因此不能等存货用完再去订货,而需要在没有用完时提前订货。在提前订货的情况下,企业订购下一批货物时的存货库存量,称为再订货点。它等于交货时间和每日平均需要用量的乘积。

沿用[例 6-1],假设企业订货日至到货日的时间为 10 天,每日存货需求量为 20 千克,那么:

$$再订货点 = 交货时间 \times 存货平均每日用量 = 10 \times 20 = 200(千克)$$

即企业在尚存 200 千克存货时,就应当再次订货,等到下批存货到达时(再次发出订货单 10 天后),原有库存刚好用完。此时,有关存货的每次订货批量、订货次数、订货间隔时间等并无变化,与顺时补充时相同。订货提前期的情形如图 6-2 所示。这就是说,订货提前期对经济订货批量并无影响,可仍以原来瞬时补充情况下的 600 千克为订货批量,只不过在达到再订货点(库存 200 千克)时即发出订货单。

如果企业存在安全库存量,则再订货点按以下公式计算:

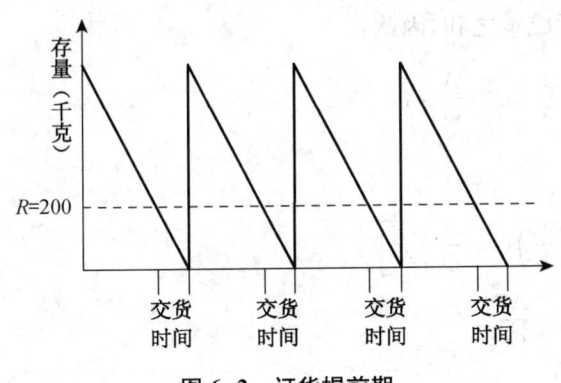

图 6-2　订货提前期

$$再订货点 = 交货时间 \times 存货平均每日用量 + 安全库存量$$

二、一次订货、边进边出情况下的决策

前面推导确定的存货经济订货批量的基本模型,其前提是假定一次订购的货物一次全部到达再陆续使用。但在实际工作中,也存在一次订货后陆续到达入库并陆续领用的情况。这时,由于存货边进边出,进库速度大于出库速度,因此,存货的储存量低于订货批量(基本

模型中的最高储存量)。其库存情况如图 6-3 所示。

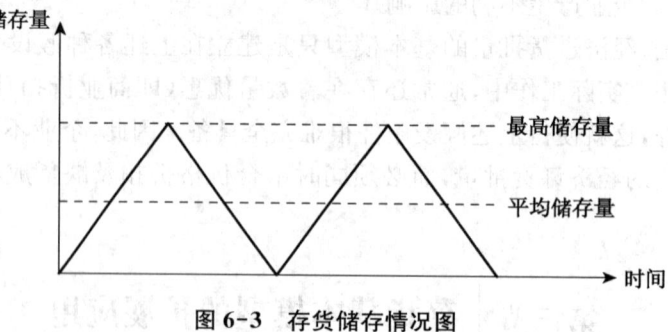

图 6-3 存货储存情况图

为了便于推导,需要补充设定几个符号,其他符号的含义仍同基本模型:X——每日送达存货的数量;Y——每日耗用存货的数量。

则:

$$一次订货全部到达所需日数 = \frac{Q}{X}$$

$$入库期间存货耗用数量 = \frac{Q}{X} \cdot Y$$

$$存货最高储存数量 = Q - \frac{Q}{X} \cdot Y = Q \times \left(1 - \frac{Y}{X}\right)$$

由于平均储存量为最高储存量的一半,所以:

$$存货平均存储数量 = \frac{1}{2}Q \times \left(1 - \frac{Y}{X}\right)$$

由于年成本合计等于年储存成本与年订货成本之和,因此:

$$T = \frac{1}{2}Q \times \left(1 - \frac{Y}{X}\right)C + \frac{A}{Q} \cdot P$$

以 Q 为自变量,求函数 T 的一阶导数:

$$T' = \left[\frac{1}{2}Q \times \left(1 - \frac{Y}{X}\right)C + \frac{A}{Q} \cdot P\right]'$$

$$= \frac{1}{2}\left(1 - \frac{Y}{X}\right)C - \frac{AP}{Q^2}$$

令 $T' = 0$,则:

$$\frac{C}{2}\left(1 - \frac{Y}{X}\right) - \frac{AP}{Q^2} = 0$$

$$\frac{C}{2}\left(1 - \frac{Y}{X}\right) = \frac{AP}{Q^2}$$

$$Q^2 = \frac{2AP}{C\left(1 - \frac{Y}{X}\right)}$$

$$经济订货批量 Q^* = \sqrt{\frac{2AP}{C\left(1-\dfrac{Y}{X}\right)}} \qquad (6-6)$$

按照存货经济订货批量基本模型的推导方法,可以推导出最低年成本合计 T^* 的计算公式如下(推导过程从略):

$$T^* = \sqrt{2APC\left(1-\frac{Y}{X}\right)} \qquad (6-7)$$

【例 6-2】 华夏公司生产季节性产品甲产品,全季需要 B 材料 12 000 千克,每日送达 300 千克,每日耗用 240 千克,每次订购费用 100 元,每千克 B 材料季储存成本为 3 元。

将以上数据代入式(6-6)和式(6-7),得:

$$Q^* = \sqrt{\frac{2 \times 12\,000 \times 100}{3 \times \left(1-\dfrac{240}{300}\right)}} = 2\,000(千克)$$

计算结果表明,在 B 材料陆续到达并陆续使用的条件下,其经济订货批量为 2 000 千克。此时,季成本合计为:

$$T^* = \sqrt{2 \times 12\,000 \times 100 \times 3 \times \left(1-\frac{240}{300}\right)} = 1\,200(元)$$

三、有数量折扣时的决策

为了鼓励购买者多购买商品,供应商对大量购买商品常常实行数量折扣价,即规定每次订购量达到某一数量界限时,给予价格优惠。于是,购买者就可以利用数量折扣价,取得较低商品价、较低运输费和较低年订购费用,并且从大批量购买中得到的节约部分可能超过储存成本。在有数量折扣的决策中,订货成本、储存成本以及采购成本都是订购批量决策中的相关成本,这时,上述三种成本的年成本合计最低的方案才是最优方案。

存在数量折扣时的存货总成本可按下列公式计算:

存货总成本 = 采购成本 + 订货成本 + 储存成本

上述存货总成本最低点时所对应的采购批量应该是最佳的。实行数量折扣的经济订货批量具体确定步骤如下:

(1)按照基本经济订货批量模式确定经济订货批量。

(2)计算按经济订货批量进货时的存货总成本。

(3)计算按给予数量折扣的进货批量进货时的存货总成本。

如果给予数量折扣的进货批量是一个范围,如进货数量在 100~199 千克可享受 3% 的价格优惠,以后每递增 100 千克可增加 1% 的优惠待遇时,一般应按给予数量折扣的最低进货批量,即按 100 千克计算存货总成本,以此类推,如按 200 千克计算存货总成本,按 300 千克计算存货总成本,按 400 千克计算存货总成本,按 500 千克计算存货总成本等。因为在给予数量折扣的进货批量范围内,无论进货量是多少,存货进价都是相同的,而存货总成本的变动规律是进货批量越小,存货总成本就越低。

(4) 比较不同进货批量的存货总成本,最低存货总成本对应的订货批量,就是实行数量折扣的最佳经济订货批量。

【例6-3】 华夏公司甲材料的年需求量为3 600千克,每千克标准价10元。销售企业规定:客户每批购买量不足1 000千克的,按照标准价格计算;每批购买量1 000千克以上、2 000千克以下的,价格优惠3%;每批购买量2 000千克以上的,价格优惠5%。已知每批订货费用25元,单位材料的年储存成本2元,要求计算实行数量折扣时的最佳经济订货批量。

(1) 按经济订货批量基本模型确定的经济订货批量为:

$$Q^* = \sqrt{\frac{2AP}{C}} = \sqrt{\frac{2 \times 3\,600 \times 25}{2}} = 300(千克)$$

(2) 每次进货300千克时的存货总成本为:

存货总成本 = 3 600 × 10 + 3 600 ÷ 300 × 25 + 300 ÷ 2 × 2
= 36 000 + 300 + 300 = 36 600(元)

(3) 每次进货1 000千克时的存货总成本为:

存货总成本 = 3 600 × 10 × (1 − 3%) + 3 600 ÷ 1 000 × 25 + 1 000 ÷ 2 × 2
= 34 920 + 90 + 1 000 = 36 010(元)

(4) 每次进货2 000千克时的存货总成本为:

存货总成本 = 3 600 × 10 × (1 − 5%) + 3 600 ÷ 2 000 × 25 + 2 000 ÷ 2 × 2
= 34 200 + 45 + 2 000 = 36 245(元)

通过比较发现,每次进货为1 000千克时的存货总成本最低,所以此时最佳经济订货批量为1 000千克。

四、订单批量受限时的决策

实际工作中,许多供应商只接受整数批量的订单,如按打、百件、吨等单位来计量。在这种情况下,采用经济订货批量基本模型计算出来的Q^*,如果不等于允许的订购量之一的话,就必须在Q^*的两边确定两种允许数量,通过计算各自的年度成本总额来比较优劣。

【例6-4】 某供应商销售甲材料时,由于包装运输等原因,只接受200件整数批量的订单(如200件、400件、600件)不接受有零数的订单(如500件)。华夏公司全年需用甲材料1 800件,每次订货成本120元,每件年储存成本2元。

(1) 计算不考虑订单限制时的经济订货批量:

$$Q^* = \sqrt{\frac{2AP}{C}} = \sqrt{\frac{2 \times 1800 \times 120}{2}} = 465(件)$$

由于经济订货批量465件,不是供应商所要求的整数批量,因而只能在465件的左右选择400件和600件,通过比较这两个批量的年度总成本来确定最佳订货批量。

（2）订购 400 件时的年度总成本：

$$储存成本 = \frac{Q}{2} \cdot C = \frac{400}{2} \times 2 = 400（元）$$

$$订货成本 = \frac{A}{Q} \cdot P = \frac{1\,800}{400} \times 120 = 540（元）$$

$$年成本合计 = 400 + 540 = 940（元）$$

（3）订购 600 件时的年度总成本：

$$储存成本 = \frac{Q}{2} \cdot C = \frac{600}{2} \times 2 = 600（元）$$

$$订货成本 = \frac{A}{Q} \cdot P = \frac{1\,800}{600} \times 120 = 360（元）$$

$$年成本合计 = 600 + 360 = 960（元）$$

可见,订购批量受限时的最佳决策是每次订购 400 件。

五、安全库存量与库存耗竭成本

在存货耗用率和采购间隔期稳定不变时,企业可以及时发出订单,按照经济订货批量订货,在原有存货耗尽之时新的存货恰好入库,如图 6-4 所示。

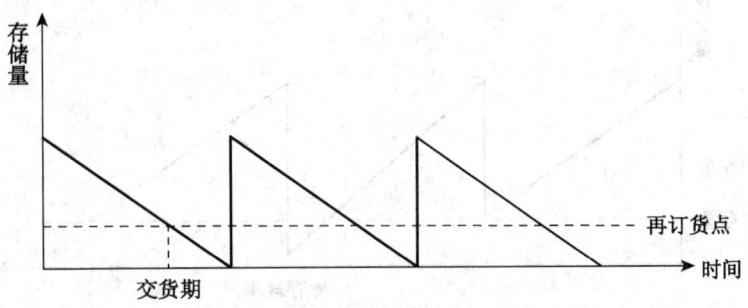

图 6-4　安全库存量

但如果某项存货的耗用比预计要快,或者采购间隔期比预期时间长,就有可能发生库存耗竭。两种库存耗竭的情况,可分别用图 6-5 和图 6-6 表示。

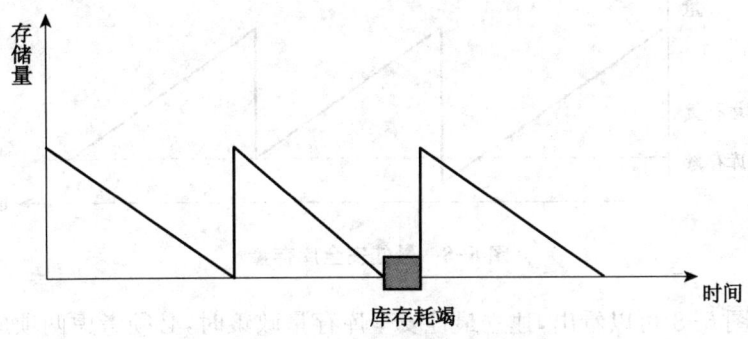

图 6-5　库存耗竭时库存量

125

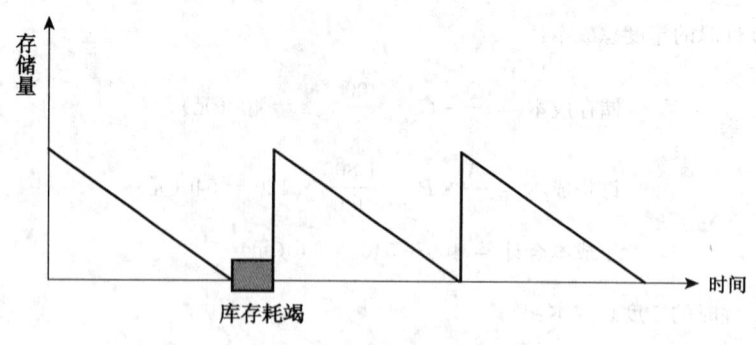

图 6-6　库存耗竭时库存量

在图 6-5 中,由于耗用量增加了,结果在新存货到达前,库存存货已经耗尽;在图 6-6 中,耗用量保持不变,但由于原订存货尚未运达,以致原库存存货耗尽。

库存耗竭的发生往往会给企业带来不利的影响:专程派人采购材料,停产等待新的材料运达,或者失去顾客。为避免上述不利影响,企业应建立保险储备并确定最佳安全库存量,从而将可能发生的额外成本降到最小。图 6-5、图 6-6 中所示的情况中如果有充足的安全库存量,就不会发生库存耗竭的现象,增加的耗用量和供货间隔期变动而耗用的存货可以从安全库存量中得到满足,并在新的订货到达时补充安全库存量,图 6-7、图 6-8 可以清楚地说明了这一点。

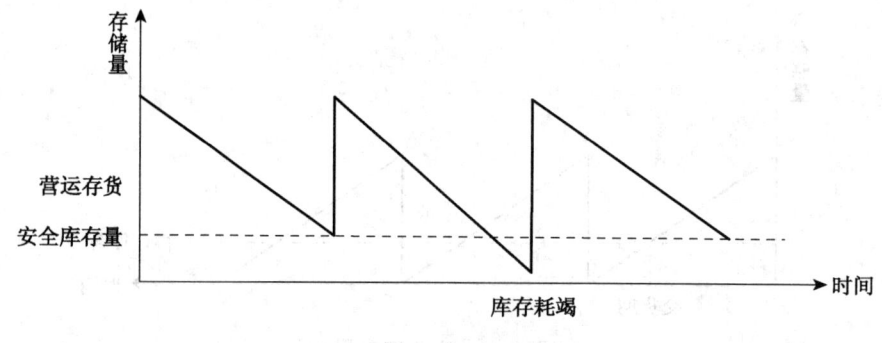

图 6-7　最佳安全库存量

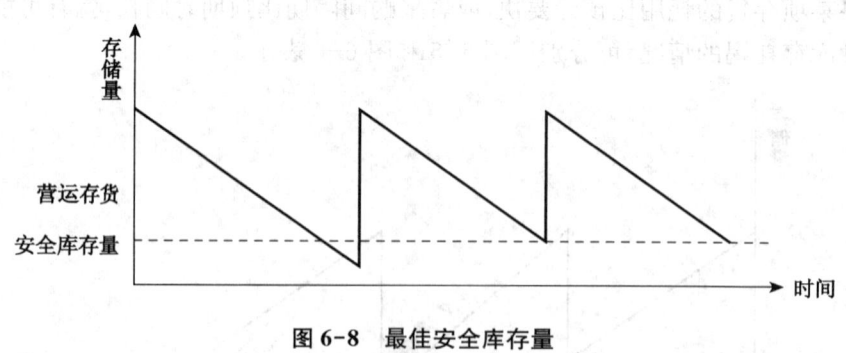

图 6-8　最佳安全库存量

从图 6-7、图 6-8 可以看出,建立最佳安全库存量政策时,必须考虑两项成本:

（1）安全库存量的储存成本。由于期初安全库存量余额等于期末安全库存量余额，安全库存量的单位储存成本与营运存货的储存成本相同，因此安全库存量的储存成本等于安全库存量乘以存货的单位储存成本。

（2）库存耗竭成本。通常指备选供应来源的成本、失去顾客或商业信誉的成本、库存耗竭期内停产的成本等。库存耗竭成本作为年度预期值，等于某项库存耗竭成本乘以每年安排的订货次数乘以一次订购的库存耗竭概率。

安全库存量决策的目的在于确定多大的保险储备才能使储存成本和库存耗竭成本之和达到最低。下面介绍确定安全库存量的几种方法。

1. 经验法

对于品种繁多、价值较小的存货，其安全库存量由经验丰富的经理人员在安全库存量上限范围内加以规定的方法，称为经验法。其一般计算公式如下：

$$安全库存量的上限 = 最长交货期 \times 最高每天用量 - 交货期正常天数 \times 平均每天用量$$

由上式可见，所谓安全库存量的上限，实际是按照交货期最长和每日耗用量最大这两种不正常现象同时发生为基础计算的。

2. 不连续的概率法

要准确估计可能发生的库存耗竭成本，必须根据历史资料统计库存耗竭的数量和概率。在不连续的概率法下，应按不同档次的相应概率计算不同安全库存量的库存耗竭成本，并进行比较。

比较时，可以计算不同安全库存量的预期库存耗竭成本与该安全库存量对应的储存成本之和，然后选择成本总额最低的安全库存量。

【例6-5】 华夏公司每年需用甲材料360 000千克，每千克甲材料的年平均储存成本为16元，每次订购费用648元，最优订货批量为5 400千克。由于每种安全库存量水平均会对应一种不同的库存耗竭概率，因此，根据历史资料估计：

如不保持安全库存量，则库存耗竭概率为0.6；

如有200千克的安全库存量，则库存耗竭概率降为0.3；

如有350千克的安全库存量，则库存耗竭概率为0.05；

如有600千克的安全库存量，则库存耗竭概率为0.015；

如有800千克的安全库存量，则库存耗竭概率为0.01。

据估计，如果不能及时到货而动用备选供货渠道，需增加成本约2 000元，停产待料损失约3 000元。

在确定安全库存量时，应比较不同安全库存量时的成本总额（储存成本与预期库存耗竭成本之和），并作出选择，如表6-1所示。

表6-1　　　　　　　　　　　安全库存量的成本分析

安全库存量（千克）	储存成本（元）	预期库存耗竭成本（元）	成本总额（元）
0	0×16＝0	$\frac{360\ 000}{5400} \times 0.6 \times (2\ 000+3\ 000)=200\ 000$	200 000

（续表）

安全库存量（千克）	储存成本（元）	预期库存耗竭成本（元）	成本总额（元）
200	200×16＝3 200	$\frac{360\,000}{5\,400}$×0.3×(2 000＋3 000)＝100 000	103 200
350	350×16＝5 600	$\frac{360\,000}{5\,400}$×0.05×(2 000＋3 000)＝16 666.67	22 266.67
600	600×16＝9 600	$\frac{360\,000}{5\,400}$×0.015×(2 000＋3 000)＝5 000	14 600
800	800×16＝12 800	$\frac{360\,000}{5\,400}$×0.01×(2 000＋3 000)＝3 333.33	16 133.33

从表 6-1 可以看出，在这五种安全库存量中，最佳选择应为 600 千克的安全库存量。但即使在最佳安全库存量水平上，仍然具有 0.015 的库存耗竭概率，在该公司每年大约订购 67 次（360 000÷5 400≈66.67）的情况下，预期甲材料每年库存耗竭 1 次（66.67×0.015＝1）。即使如此，由此发生的库存耗竭成本也比保持增加安全库存量更为经济。事实上，完全消除库存耗竭成本也是不可能的。存货决策旨在寻找有关安全库存量水平和库存耗竭两者的最低成本政策。

 延伸阅读6-2

苹果公司存货周转期仅 5 天

据市场调研机构发布的报告显示，某段时间苹果的存货周转率为 74，也就是每隔 5 天全部存货周转一次，对于一家消费电子产品的企业来说，这绝对是一个令人惊讶的数字。苹果的存货周转期仅 5 天，如果按照 1 年 365 天计算的话，存货周转率为 74.1，是全行业的龙头老大。麦当劳是唯一一家存货周转率高于苹果的公司——142.4，也就是说，存货周转期仅 2.5 天。

苹果的周转期短并不令人感到吃惊，因为苹果现任 CEO 库克被认为是一个运营天才。自 1998 年接管公司的供应链以来，他通过削减成本等措施简化运营流程。例如，库克将公司仓库从原来的 19 个减至 9 个，用于限制存货过多的现象，此举让苹果存货周转期从原来的 1 个月骤降至 6 天。

第四节　ABC 分类管理与控制

在企业成千上万种存货中，有的价格昂贵，有的价格低廉；有的数量庞大，有的数量甚少。如果管理中不分主次，对每一种存货都进行周密的规划、严格的控制，就抓不住重点，也不能有效地控制存货资金。实践证明，比较经济可行的办法是：对数量小价值高的存货严加控制，对数量多价值小的存货适当放宽控制，也就是按价值分类别，既突出重点，又顾及一般存货的管理办法。ABC 控制法就是这种分类控制的具体运用。

一、ABC 分类法及其管理要求

ABC 分类控制法是指按照一定的标准，将企业存货分为 ABC 三类，然后视不同的类别进行不同的管理。其 ABC 三类的具体含义如下。

1. A 类存货

A 类存货应该品种少价值高,一般来说其品种数占全部存货品种数的 5%～10%,但其资金占用额却占库存资金总额的 70%～80%。

A 类存货应是日常存货控制的重点,对这类存货要精确计算每次订货量和再订货点,严格按预定的量和时间订货,适当减少每次订货数量和安全存量,相应增加订货次数,尽量减少存储量以减少其存储费。平时要随时掌握库存量、未来需求量、提前期等,并认真掌握市场供求动态,做好市场预测和经济分析,尽可能使每次订货符合实际需要,力求避免超储或缺货,保证生产的正常进行。

2. B 类存货

B 类存货的品种数量约占全部存货品种数量的 20%～30%,其所占用资金占全部存货资金总额的 15%～20%。这类存货介于 A 类和 C 类存货之间,因此对其控制既不像对 A 类存货那样严格,也不像对 C 类存货那样宽松。一般来说对 B 类存货是按大类确定订购数量和储备定额,并根据不同情况灵活选择其控制办法,对多用途的存货则可采用定量订货控制,对占用资金较多的可采用定期订货控制,建立库存卡片,按时盘存,掌握其动态。

3. C 类存货

C 类存货是品种数量较多而占用资金较少的存货,一般来说,其品种数量占全部存货品种数量的 50%～70%,其资金占用额却只占全部资金总额的 5%～15%。对这类存货的控制可宽松些,通常是采用定量订货控制,集中订购,适当增加储备和安全定额,相对减少订购次数。

二、ABC 分类控制的步骤

ABC 分类控制的基本步骤可以归纳为以下几步:

(1) 计算每种存货在 1 年内的需求量及占用资金额,并按金额大小顺序排列。

(2) 计算各种存货的品种累计数及占全部存货品种数量的百分比。

(3) 计算各种存货的占用资金累计数及占所有存货资金总额的百分比。

(4) 按分类标准将全部物资分为 ABC 三类。对 A 类存货进行重点规划和控制,对 B 类存货进行次重点管理,对 C 类存货只进行一般管理。

现举例说明如下:

【例 6-6】华夏公司共有 10 种材料,其全年耗用总数量和资金总额如表 6-2 所示。计算每一项原材料存货数量百分比和金额百分比,编制 ABC 分类表。

表 6-2　　　　　　　　　　　　　　　材料资金的分类情况

原材料项目	年需求量(千克)	单位成本(元)	总金额(元)
A	500	20	10 000
B	20 000	100	2 000 000
C	600	200	120 000

（续表）

原材料项目	年需求量（千克）	单位成本（元）	总金额（元）
D	2 000	50	100 000
E	1 500	4	6 000
F	90 000	2	180 000
G	10 000	90	900 000
H	5 000	70	350 000
I	60	300	18 000
J	90	150	13 500
合计	129 750	—	3 697 500

编制 ABC 分类表如表 6-3 所示。

表 6-3   ABC 分 类 表

原材料项目	数量百分比（%）	金额百分比（%）	类别确定
A	0.385	0.27	C
B	15.414	54.091	A
C	0.462	3.245	C
D	1.541	2.705	C
E	1.156	0.162	C
F	69.364	4.868	C
G	7.707	24.341	B
H	3.854	9.466	B
I	0.046	0.487	C
J	0.069	0.365	C

编制 ABC 分析表如表 6-4 所示。

表 6-4   ABC 分 析 表

类别	品种数	品种百分比（%）	原材料金额（元）	金额百分比（%）
A	1	10	2 000 000	54.091
B	2	20	1 250 000	33.807
C	7	70	447 500	12.102
合计	10	100	3 697 500	100

采取措施对 A、B、C 三类物资进行控制。

A 类物资品种少，应分品种重点控制，即在保证生产经营需要的前提下，分品种控制采购批量、最高储备量、最低储备量和订购点的储备量。B 类物资品种和金额均较少，一般采用总量控制，分大类控制最高储备量、最低储备量等。C类物资品种多,金额少,不作为控制重点,实施总额控制,一般以不积压为原则,可根据需要扩大进货量、减少订货次数,节约采购费用。

 延伸阅读6-3 ....

家乐福存货管理

在库存商品的管理模式上,家乐福实行品类管理(Category Management),优化商品结构。一个商品进入之后,会有POS机实时收集库存、销售等数据进行统一的汇总和分析,根据汇总分析的结果对库存的商品进行分类。然后,根据不同的商品分类拟订相应适合的库存计划模式,对于各类型的不同商品,根据分类制订不同的订货公式的参数。根据安全库存量的方法,当可得到的仓库存储水平下降到确定的安全库存量或以下的时候,该系统就会启动自动订货程序。

家乐福运用ABC分类法对所有物料进行分类。家乐福根据流量大、移动快速,流量适中以及流量低、转移速度慢三种情况把物料分为A、B和C三类。这就有助于管理部门为每一个分类的品种确立集中的存货战略。A类的特性为流量大、移动快速,在企业物料中最为重要,管理方式就会采取严密的管理方式和预测准确的库存计划,即使预测的成本较高,也要尽可能使无效库存数为零。B类的特征为流量适中,是仅次于A类的重要物料品种,管理方式为采用中度管理的管理方式;原则上,同时容许少量风险的无效库存的存在,管理模式可以是采取安全存量的管理方式。C类的特征为流量低或转移缓慢,相对重要性也较低,管理方式为采用宽松的管制即可,简化仓储出库、入库手续。

第五节　零存货管理

一、零存货管理与传统存货管理

随着人们对生产过程控制能力的加强,要求存货管理的每一步骤都应是满足生产经营所必需的,即产品按顾客要求的时间交货,材料或部件按生产需要送达,进而产生了适时生产的要求(此时的生产系统成为适时制生产系统,即just-in-time)。

适时制要求零存货管理,并与传统存货管理产生差异。传统存货管理承认存货存在的合理性,要求按照各种模型制定的计划引入存货。而零存货管理要求企业按需要引入存货,并通过不懈努力去减少存货,降低存货成本。

可见,零存货管理与传统存货管理的理念是冲突的,传统存货管理提倡一定水平的存货,以达到相关成本最低;而零库存管理的最终目的是消除存货,以达到总成本最低。在适时制下,存货被认为对企业的经营存在负面影响。

(1)企业持有存货,占压流动资金。当企业持有大量存货时,相应数额的资金就暂时沉淀下来,直到产成品销售出去才能重新参加周转。如果企业存货严重积压,为了获得流动资金支付工资等必要的开支,企业可能被迫增加举债,支付额外的利息;反之,如果企业能够大量减少存货,甚至是零存货,将这部分资金运用到其他方面,如投资于证券等,则可以取得投资收益。可见,企业持有存货是存在机会成本的。

(2)企业持有存货,会发生仓储成本。大量持有存货必然要占用仓储空间,要耗费企业人工进行管理,存货本身在仓储过程中也可能发生损耗。这种仓储成本和管理成本都将提高企业的成本水平。

（3）企业持有存货，可能掩盖生产质量问题，掩盖生产的低效率，增加企业信息系统的复杂性。例如，当企业后一道工序进行加工过程中，如果发现从在产品库中取出的在产品有次品，则可以再去在产品库中取用合格品，这时，次品的出现不会导致严重的后果，不会立即引起管理人员的重视，不利于企业寻找次品出现的原因以不断提高产品质量。又如，假设企业生产效率低，当市场需要大量成品时，有库存成品起缓冲的作用，不利于督促企业提高生产效率。

二、零存货管理

要想顺利实施零存货管理，达到理想效果，必须先解决两个问题：

第一，如何能够实现很低的存货水平，甚至是零存货？如果企业不能有效地降低存货水平，实施零存货管理就失去了意义。

第二，在存货水平很低，甚至是零存货的情况下，如何能保持生产的持续性？这是实施零存货管理的前提条件。如果在生产需要时不能保证供应足够的原材料，或不能按销售合同规定的时间交付合格的产成品，将置企业于很不利的境地，企业实施零存货管理就会得不偿失。

所以，既能降低存货水平，又不影响企业生产的均衡进行，是零存货管理实施的关键。

1. 根据市场环境，采用拉动式生产系统或推动式生产系统，减少各类库存

（1）推动式生产系统。由计划部门根据生产量计算出零件需要量和各生产阶段的生产提前量，确定每个零件的投入产出计划，并按计划发出生产和订货的指令。每一生产车间和每一工作都按计划制造零件，并将加工完的零件送到后续车间和后道工序，而不管后续车间和工序当时是否需要。

在推动式系统下，生产控制就是要保证按生产作业计划的要求按时、按质、按量完成任务，每一工序的员工注重的是自己所在工序的生产效率。在推动式系统中，各个工序之间相互独立，在制品存货量较大。

供小于求，为卖方市场，这时企业面临的结构性问题在于生产不出来，因而应采用推动式的生产系统，以生产促销售。

（2）拉动式生产系统。即首先从产品装配出发，每道工序和每个车间按照当时的需要向前一道工序和车间提出要求，发出工作指令，前面的工序和车间完全按这些指令进行生产。这种方式称为拉动式。

为使拉动式系统运作起来，管理者必须接受这样一个观念：即宁可让员工闲着，也不要让他们生产出超出限额的存货。

拉动式系统还需要管理者周密的计划、员工积极地参与决策以及由注重每个工序的绩效到注重整个过程的绩效的转变。

市场环境（即供求关系）供大于求，为买方市场，这时企业面临的结构性问题在于产能过剩，产品卖不出去，因而应采用拉动式的生产系统，以销定产。

2. 改变材料采购策略，建立一种全新的"利益伙伴"关系，减少材料库存

适时制要求企业持有尽可能低水平的存货，只在需要的时间购进需要的材料；但又不允许企业因原材料供应中断的原因影响到生产正常进行。为了解决这一问题，适时制建议企业和供货商之间建立一种全新的"利益伙伴"关系。

建立这种关系的原则为：

(1) 在原材料采购上，只与有限数量的比较了解的供应商发展长期合作关系。

(2) 在选择供货商时既要考虑其供货的价格，同时也应考虑其服务质量和材料质量。

(3) 建立生产员工直接向经批准的供货商订购生产所需原材料的流程。

(4) 将供货商的供货直接送至生产场所。

(5) 为达到缩减原材料存货的理想效果，企业和供货商都需要付出很多努力。

3. 建立无库存的生产制造单元，提高工作效率和生产效率，减少在产品库存

为了减少库存，提高工作效率，需要对车间进行重新布置与整理。对车间进行重新布置的一个重要内容是建立制造单元，制造单元是按产品对象布置的。一个制造单位配备有各种不同的机床，可以完成一组相似零件的加工。

制造单元有两个明显的特征：一是在制造单元内工人随着零件走，从零件进入单元到加工完毕离开该单元，由一个工人操作。工人不是固定在某一台机器上，而是逐次操作多台不同的机器。二是无库存的生产制造单元具有很大的柔性，可以通过制造单元内工人数量的变化使单元的生产率与整个系统保持一致。

4. 减少和消除不附加价值成本，缩短生产周期，减少在产品和产成品库存

企业经营活动虽然多种多样，但按对价值的贡献可分为两种：一是在生产过程中使物料实体发生改变而增加产品价值，如制造加工和包装，与这种经营活动相对应的成本即为增加价值成本；二是不改变物料的实体，只是使物料的地理位置等发生改变，不增加产品的价值，如仓储，与这种经营活动相对应的成本是不增加价值成本。适时制肯定增加价值成本，并认为与之对应的经营活动的进行是合理的；而后者由于不增加产品价值，因而是一种浪费，企业应致力于不断减少和消除这种成本所对应的经营活动的发生。

5. 快速满足客户需求，减少产成品库存

在适时制下，客户订单是整个企业开始生产的最原始动力和指令。收到客户订单，按照拉动式生产方式，生产的最后一道工序开始生产，通过看板制使生产按工序向前道工序展开，直至原材料和零部件的采购环节。另外，提高适时制的生产效率以保证在合同规定时间内交付客户订购的高质量的产成品。

6. 保证生产顺利进行，实施全面质量管理

零存货状态下当某道工序出现大量废品，存货不够补充，则后续工序将立即停工等候前一道工序补充生产，这样就完全打乱了生产节奏，因此，质量是实行适时制的基本保证。全面质量管理强调事前预防不合格品的产生，其原则是：开始就把必要的工作做正确，强调从根源上保证质量。适时制需要全面质量管理的支持，质量是适时制生产顺利进行的保证；反之，无库存生产方式可以促进质量的提高，相互得益。

三、零存货管理可能存在的问题及其管理对策

对零存货管理也存在多方责难，根本原因在于如何保证生产经营的连续性。那么有何对策呢？

1. 没有产成品库存，怎么满足客户按时交货和意外订货的需求

在过去，企业一般都是通过建立产成品存货来保证按时交货以及客户的意外订货。适

时制解决这一问题的方法不是建立产成品存货,而是大幅度缩减从接到订单到交货之间的时间,增强企业在交货日交货以及对市场需求作出快速反应的能力,提高企业在市场上的竞争能力。具体措施有发展柔性生产、缩减生产准备时间、建立制造单元、提高产品质量、直接由工厂而非产成品仓库提货、缩短搬运距离等。大多数公司的经验表明,使用适时制至少可以使从接到订单到交货的时间缩减 90%。

2. 没有材料库存,怎么才能避免停工待料

大多数停工是由于三个方面的原因:机器故障、材料次品的出现、材料未运达。适时制认为材料存货并没有真正解决上述问题,而只是掩盖了这些问题。通过将存货缩减至零,问题暴露出来,才能引起管理人员的重视。

适时制法通过全面的预防性维护和全面质量控制,和供货商建立良好的关系,保证供货质量,实行看板制等措施解决问题。

3. 没有材料库存,怎么才能取得折扣和抵减价格上涨的影响

按传统观点,应持有存货以取得折扣,并预防未来的价格上涨,目的是降低存货成本。

在适时制下即使不持有存货也能达到同样的目的,解决方法是和少数几个选定的与生产地点尽可能接近的供货商签订长期合同。

其优点在于规定了价格和可接受的质量水平,有助于减小订货成本。在适时制下,可使外购部件的成本下降 5%～20%。

四、运用零存货管理应注意的问题

1. 应该提请注意的是,适时制在其本质上可以说是一种思想,而非数量模型

我们应学习的是适时制下努力降低存货、提高质量、不断改进的精髓,将这种先进的管理思想与企业的实际情况结合起来,达到提高经济效益的目的。不顾企业管理水平和企业外部环境,生搬硬套"零存货"是很危险的。在实务中究竟应将企业的存货保持在多少最优,需要视企业经营外部环境和企业的内部管理水平而定。

从理论上讲,存货的存在是一种资源的浪费;从现实来看,存货的存在又是不可避免的,甚至是有利于生产经营活动正常进行的。因此,一方面人们应该不断改善经营管理,为最终实现零存货而奋斗,另一方面又应该面对现实,使库存维持在某一特定水平,做到让浪费最少而又能保证生产经营正常进行,应是企业存货管理的较高境界。

2. 反对意见:反对的原因归结到零库存管理下低存货所带来的风险上

美国苹果电脑公司就反零库存管理之道而行,特意增加各种电脑成品存货。苹果公司介绍其这样做的原因是:我们的仓库比任何日本电器生产商的仓库都要有效率。通过集中放置存货,我们增强了满足不同国家、不同需求的能力。因为苹果的多种多样的产品组合,仅仅 PC 机就有 27 种机型,及其产品市场的不断变化,很容易存储错误的产品。因此,通过存储接近完工的产品,使其能够对市场作出最快速的反应。

3. 对零库存管理的修正

对于零库存管理的缔造企业——日本丰田公司来讲,20 世纪 70 年代由于零库存管理的极大成功,一度把库存压得很低,但 80 年代初的一次地震后当市场需求突然增大时,丰田公司由于不能及时供货而蒙受了损失。以后丰田公司适度增加了库存。和大野耐一一起创造

了零库存管理的铃村喜久男在退出丰田公司后组织了"新生产体系研究会",指导不同行业的一些中小企业成功地运用并发展了零库存管理方式,号称实行零存货和"一个一个地生产"。但实践证明,对于大公司这是不现实的。显然,对于库存量和在制品有一个最佳值,这是一个运筹问题,而非经验问题。

五、零存货管理的优势

(1)可减少存货资金的占用量,减少机会成本,提高企业资金的使用效率。传统的存货管理方法容易导致大部分流动资金被存货所占用。而在"零存货管理"方法下,每天的生产经营结束后存货的库存量为零,存货占用的资金也降低到了最低限度,这样就大大减少了企业流动资金的投入,节约了企业的资金。

(2)可降低存货的储存成本与管理费用。传统的存货管理方法必须要保存一定数量的存货以备不时之需,就必然会发生储存成本以及存货的保管费。而"零存货管理"的方法,由于存货数量为零,从而避免了储存成本的发生,减少了流动资产的占用,降低了储存成本。

(3)可防止企业存货变现损失和跌价损失,保证了企业资金的正常流动及回收。传统的存货管理方法,由于存货流动性较差不容易变现,容易发生存货变现损失和跌价损失。而在"零存货管理"方式下,企业中的原材料、零部件,在产品以及产成品的库存均为零,大大加强了流动资产的流动性。

(4)可对生产实现全面的质量控制。"零存货管理"必须要注重企业的质量管理,才会为企业带来更多的收益。只有加强了企业质量管理,废品才能大大地减少,才能相应地降低产品的生产成本,才能更好地保证"零存货管理"的正常实行,而"零存货管理"为企业加强质量管理提供了动力,它们之间是相辅相成的。

 延伸阅读6-4

供应商管理库存

供应商管理库存(Vendor Managed Inventory,简称VMI):即客户把库存管理交给供应商,自己并不保留的库存。典型的VMI一般指卖方把货物存放在买方附近的仓库,消耗后结账,但库存水平控制和货物的管理都由卖方负责。

长期以来,美的集团(简称美的)在减少库存成本方面一直成绩不错,但依然有最少5~7天的零部件库存和几十万台的成品库存。这一存货水准相对其他产业的优秀标杆仍稍逊一筹。在此压力下,美的在2002年开始尝试VMI。美的中流传着一句话:宁可少卖,不多做库存。这句话体现了美的控制库存的决心。由于没有资金和仓库占用,零库存是库存管理的理想状态,美的一直在追求最大限度的零库存。2002年开始,美的开始导入供应商管理库存(VMI),其自身良好的条件也为零库存的实践提供了可能。

1. 供应商地理分布

由于美的是家强势企业,吸引了众多的产业上游企业,60%的供货商在美的总部顺德周围,其他的也基本上没有跨出省界,只有15%距离较远,同时,广州地区的交通物流也比较发达。在这个现有的供应链之上,更容易实施生产与库存的控制,美的实施VMI具有明显的优势。

2. 供应链核心企业强大

美的作为供应链里面的"链主",集团所占的市场份额大,在经营中更有话语权,其角色足够强势,有凝聚力,能够带动上下游相关产业的发展,处理好自身与供应商之间的库存管理。

3. 信息系统和共享平台的建立

利用信息系统,美的集团在全国范围内实现了产销信息的共享。有了信息平台作保障,美的需要用到零配件时,能够及时通知供应商,进行资金划拨、取货等工作。同时,美的在 ERP 基础上与供应商建立了直接的交货平台,供应商在自己的办公地点,通过互联网页的方式就可登录到美的公司的页面上,看到美的的订单内容、品种、型号、数量和交货时间等,然后由供应商确认信息,这样一张采购订单就已经合法化了。

本 章 小 结

本章主要讲述了存货决策需要考虑的成本、经济订货批量基本模型及其推导原理以及经济订货批量的基本应用。在此基础上,详细介绍了不同情况下,经济订货批量基本模型的扩展应用。讲述了 ABC 分类管理和零存货管理。

本章重要概念

采购成本　订货成本　储存成本　缺货成本　经济订货批量　ABC 分类法　零存货管理

推荐阅读资料

［1］吴大军,牛彦秀.管理会计[M].大连:东北财经大学出版社,2010.

［2］孙茂竹,文广伟,杨万贵.管理会计学[M].北京:中国人民大学出版社,2013.

［3］刘萍,于树彬,刘西涛.管理会计[M].大连:东北财经大学出版社,2013.

第七章　长期投资决策

内容简介

　　本章主要讲解了长期投资的概念、特征，并对长期投资决策的基础——货币时间价值、现金流量以及资金成本进行了详细的阐述；在此基础上对长期投资决策的各个指标进行介绍，并具体说明了各评价指标的运用。

学习目的和要求

　　通过本章的学习，学生应掌握投资决策分析所必需的基本知识及进行投资决策时所采用的各种评价标准。理解正确估计现金流量是影响投资决策准确性的关键。了解并灵活运用几种典型的长期投资决策方法。

引　例

　　当年，拍立得公司的创始人兰德发明了立即显像照相机，由于这项产品的需求潜能非常庞大，故兰德根本不必应用任何投资决策方法就可以决定：应该马上投入资本兴建厂房，并开始生产。然而，并非每一个投资决策都是可以如此轻易地制定。例如，很多公司通常为增加新生产线或维持现有生产线，使用新设备或继续使用旧设备，以及购买价格昂贵但耐用的设备或购买廉价但不耐用的设备等投资方案作出抉择的时候会犹豫不决，而这些为了维持公司经营所需制定的决策对公司的生存和发展往往能够产生相当大的影响。

第一节 ｜ 长期投资决策概述

一、长期投资的概念

　　长期投资是指涉及投入大量资金，投资所获得报酬要在长时期内逐渐收回，能在较长时间内影响企业经营获利能力的投资。与长期投资项目有关的决策，叫做长期投资决策。广义的长期投资包括固定资产投资、无形资产投资和长期证券投资等内容。而固定资产投资在长期投资中所占比例较大，所以狭义的长期投资特指固定资产投资，本章主要论述狭义的长期投资决策。

二、长期投资的特征

长期投资有如下特征。

1. 投资金额大

长期投资,特别是战略性扩大生产能力的投资需要的金额一般都较大,往往是企业多年的资金积累。在企业总资产中占到很大比重。因此,长期投资对企业未来的财务状况和现金流量起到相当大的影响。

2. 影响时间长

长期投资的投资期和发挥作用的时间都较长,项目建成后对企业的经济效益会产生长久的效应,并有可能对企业的前途有决定性的影响。

3. 变现能力差

长期投资的使用期长,一般不会在短期内变现,即使由于种种原因想在短期内变现,其变现能力也较差。长期投资项目一旦建成,想要改变是很困难的,不是无法实现,就是代价太大。

4. 投资风险大

长期投资项目的使用期长,面临的不确定因素很多,如原材料供应情况、市场供求关系、技术进步速度、行业竞争程度、通货膨胀水平等都会影响投资的效果。所以固定资产投资面临较高的投资风险。

长期投资不仅需要投入较多的资金,而且影响的时间长,投入资金的回收和投资所得收益都要经历较长的时间才能完成。在进行长期投资决策时,一方面要对各方案的现金流入量和现金流出量进行预测,正确估算出每年的现金净流量;另一方面要考虑资金的时间价值,还要计算出为取得长期投资所需资金所付出的代价,即资金成本。因此现金净流量、资金时间价值和资金成本是影响长期投资决策的重要因素。

第二节 长期投资决策基础

一、资金时间价值

(一)资金时间价值的概念

资金时间价值是指一定量资金在不同时点上价值量的差额。一定数量的货币资金在不同的时点上具有不同价值,其实质就是资金周转利用后会产生增值。一定量资金周转利用的时间越长,其产生的增值额也越大。今天的 1 元钱和将来的 1 元钱不同。例如,银行存款的年利率为 6%,如果今天存入银行 100 元,1 年以后就得到本利和 106 元。经过 1 年的时间,100 元产生了增值额 6 元。这说明今天的 100 元和 1 年后的 106 元等值。换句话说,这项增值是因为放弃现在使用货币的机会,按一定利率和放弃时间长短计算的报酬,这种报酬就是资金时间价值。由于长期投资的投资额大,投资收益回收时间长,因此为了正确评价长期投资各备选方案,必须考虑资金的时间价值。

在利润平均化规律的作用影响下,货币时间价值的一般表现形式就是在没有风险与通货膨胀条件下社会平均的资金利润率。由于资金时间价值的计算方法与利息的计算方法相同,很容易将资金时间价值与利息率相混淆。实际上,投资活动或多或少总存在风险,市场经济条件下通货膨胀也是客观存在的。利率既包含时间价值,也包含风险价值和通货膨胀的因素。只有在通货膨胀率很低的情况下,方可将几乎没有风险的政府债券的利息率视同资金时间价值。

(二)资金时间价值的计算

在资金时间价值的计算中,为了表示方便,采用以下符号:P——本金,又称现值;F——本金和利息之和(简称本利和),又称终值;I——利息;i——利率,又称折现率或贴现率;n——计算利息的期数。

1. 单利计息和复利计息

单利计息是指只按本金计算利息,而利息部分不再计算利息的一种计息方式。单利计息情况下利息的计算公式如下:

$$I = P \times i \times n$$

单利计息情况下本利和(终值)的计算公式如下:

$$F = P + P \times i \times n = P \times (1 + i \times n)$$

【**例 7-1**】 某人在银行存入 1 000 元,年利率为 6%,采用单利计息,要求分别计算第 1 年年末、第 2 年年末和第 3 年年末的应计利息和本利和。

解:

$$I_1 = 1\ 000 \times 6\% \times 1 = 60(元) \qquad F_1 = 1\ 000 \times (1 + 6\% \times 1) = 1\ 060(元)$$
$$I_2 = 1\ 000 \times 6\% \times 2 = 120(元) \qquad F_2 = 1\ 000 \times (1 + 6\% \times 2) = 1\ 120(元)$$
$$I_3 = 1\ 000 \times 6\% \times 3 = 180(元) \qquad F_3 = 1\ 000 \times (1 + 6\% \times 3) = 1\ 180(元)$$

复利计息是指本金加上已产生的利息再计算下一期利息的计息方法,即所谓"利上滚利",即:

第 1 年年末本利和(终值)　　$F_1 = P + P \times i = P(1 + i)$

第 2 年年末本利和(终值)　　$F_2 = P(1 + i)(1 + i) = P(1 + i)^2$

第 3 年年末本利和(终值)　　$F_3 = P(1 + i)^2(1 + i) = P(1 + i)^3$

……

第 $n-1$ 年年末本利和(终值)　　$F_{n-1} = P(1 + i)^{n-1}$

第 n 年年末本利和(终值)　　　　$F_n = P \times (1 + i)^n$

所以,在复利计息情况下本利和(终值)的计算公式如下:

$$F = P \times (1 + i)^n$$

在复利计息情况下,利息的计算公式如下:

$$I = F - P = P[(1 + i)^n - 1]$$

【**例 7-2**】 某人在银行存入 1 000 元,年利率为 6%,采用复利计息,要求分别计算第 1、第 2 年和第 3 年年末的应计利息和本利和。

解：

$$F_1 = 1\ 000 \times (1+6\%) = 1\ 060(元) \qquad I_1 = 1\ 060 - 1\ 000 = 60(元)$$
$$F_2 = 1\ 000 \times (1+6\%)^2 = 1\ 123.6(元) \qquad I_2 = 1\ 123.6 - 1\ 000 = 123.6(元)$$
$$F_3 = 1\ 000 \times (1+6\%)^3 = 1\ 191.02(元) \qquad I_3 = 1\ 191.02 - 1\ 000 = 191.02(元)$$

在第一个计息期，单利和复利计算的利息相同，但在第二个及以后各个计息期，两者利息就不同了，复利计算的利息一定大于单利计算的利息，而且计息期越长，差异越大。

在上面的计算公式中利率 i 和期数 n 一定要相互对应，例如 i 为年利率时，n 应为年份数；i 为月利率时，n 则应为月份数，以此类推。

在长期投资决策中，考虑资金时间价值一般是指复利，各个指标的计算也都是以复利为基础的。

2. 复利的终值与现值

(1) 复利终值的计算。终值又称将来值，是指现在一定量的资金在未来某一时点上的价值，也称本利和。已知现值 P，利率为 i，n 期后的复利终值的计算公式如下：

$$F = P \times (1+i)^n$$

式中，$(1+i)^n$ 通常称为利率为 i，期数为 n 的"复利终值系数"，用符号 $(F/P, i, n)$ 表示，其数值可以直接查阅书后附表一。例如，查表得到 $(F/P, 8\%, 5) = 1.469\ 3$，说明在复利计息的条件下，年利率为 8%，现在的 1 元相当于 5 年后的 1.469 3 元。

于是复利终值的计算公式又可表示如下：

$$F = P \times (1+i)^n = P \times (F/P, i, n)$$

【例 7-3】 华夏公司将 10 000 元存入银行，银行年利率为 8%，每年复利一次，该公司 5 年后可取出多少钱？

解：

$$F = 10\ 000 \times (F/P, 8\%, 5) = 10\ 000 \times 1.469\ 3 = 14\ 693(元)$$

从以上计算可知，该公司 5 年后从银行可取出本利和 14 693 元。

(2) 复利现值的计算。复利现值是指未来某一时点上的一笔资金按复利计算的现在价值。复利现值是复利终值的逆运算，其计算公式如下：

$$P = F \times (1+i)^{-n}$$

式中，$(1+i)^{-n}$ 通常称为利率为 i、期数为 n 的"复利现值系数"，用符号 $(P/F, i, n)$ 表示，其数值可以直接查阅书后附表二。例如，查表得到 $(P/F, 8\%, 5) = 0.680\ 6$，说明在复利计息的条件下，年利率为 8%，5 年后的 1 元仅相当于现在的 0.680 6 元。

于是复利现值的计算公式又可表示如下：

$$P = F \times (1+i)^{-n} = F \times (P/F, i, n)$$

【例 7-4】 华夏公司准备在 5 年以后用 10 000 元购买一台设备，银行年利率为 8%，每年复利一次，该公司现在需一次存入银行多少钱?

解:

$$P = 10\ 000 \times (P/F, 8\%, 5) = 10\ 000 \times 0.680\ 6 = 6\ 806(元)$$

公司只要现在存入 6 806 元,5 年后可取出本利和 10 000 元。

3. 年金的终值与现值

年金是指一定时期内,以相同的时间间隔连续发生的等额收付款项,以 A 表示。年金在现实生活中有广泛的应用,如定期支付的租金、折旧费、保险费、利息、分期付款、零存整取或整存零取的储蓄等等。

年金有许多不同的种类,如普通年金、预付年金、递延年金和永续年金等等。普通年金是指每笔等额收付款项都发生在期末,又称后付年金。普通年金是实际工作中最为常用的年金,所以以后凡涉及年金问题若不作特殊说明均指普通年金。

1) 普通年金

(1) 普通年金终值的计算。普通年金终值是指一定时期内每期期末等额收付款项的复利终值之和。例如,企业每年年末存入资金 A,年利率为 i,每年复利一次,则 n 年后的普通年金终值如图 7-1 所示。

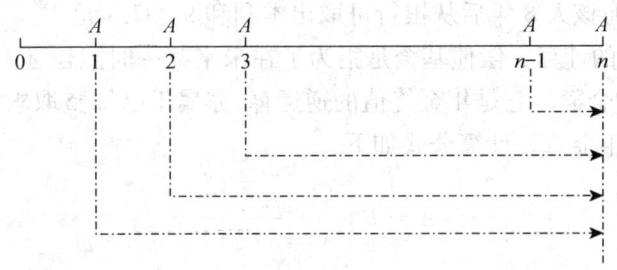

图 7-1　普通年金的终值计算示意图

第 1 年年末的 A 折算到第 n 年年末的终值为 $A \times (1+i)^{n-1}$

第 2 年年末的 A 折算到第 n 年年末的终值为 $A \times (1+i)^{n-2}$

第 3 年年末的 A 折算到第 n 年年末的终值为 $A \times (1+i)^{n-3}$

……

第 n-1 年年末 A 折算到第 n 年年末的终值为 $A \times (1+i)^{1}$

第 n 年年末 A 折算到第 n 年年末的终值为 $A \times (1+i)^{0}$

可见年金终值的计算公式如下:

$$F = A \times (1+i)^{n-1} + A \times (1+i)^{n-2} + \cdots + A \times (1+i)^{2} + A \times (1+i) + A \qquad (7-1)$$

将(7-1)式两边同乘上(1+i)得:

$$(1+i) \times F = A \times (1+i)^{n} + A \times (1+i)^{n-1} + \cdots + A \times (1+i)^{3} \\ + A \times (1+i)^{2} + A \times (1+i) \qquad (7-2)$$

将(7-2)减(7-1)式得:

$$(1+i) \times F - F = A \times [(1+i)^n - 1]$$

经整理：

$$F = A \times \frac{(1+i)^n - 1}{i}$$

式中，$\frac{(1+i)^n - 1}{i}$ 通常称为利率为 i、期数为 n 的"1元年金终值系数"，用符号 $(F/A, i, n)$ 表示，其数值可以直接查阅书后附表三。

于是年金终值的计算公式又可表示如下：

$$F = A \times \frac{(1+i)^n - 1}{i} = A \times (F/A, i, n)$$

【例7-5】 某人在银行每年年末存入1 000元，年利率为6％，8年后可获本利和为多少？

解：

$$F = 1\,000 \times (F/A, 6\%, 8) = 1\,000 \times 9.897\,5 = 9\,897.5(\text{元})$$

从以上计算可知，该人8年后从银行可取出本利和9 897.5元。

（2）年偿债基金的计算。偿债基金是指为了在未来某一时点偿还一定的金额而提前在每年年末存入相等的金额。它是年金终值的逆运算，亦属于已知整取求零存的问题，即由已知的年金终值 F，求年金 A。计算公式如下：

$$A = F \times \frac{i}{(1+i)^n - 1}$$

式中，$\frac{i}{(1+i)^n - 1}$ 称为利率为 i、期限为 n 的"偿债基金系数"，记为 $(A/F, i, n)$，其数值可通过查偿债基金系数表得到，一般可根据年金终值系数的倒数推算出来。所以上式也可表示如下：

$$A = F \times (A/F, i, n) = F \times [1/(F/A, i, n)]$$

【例7-6】 华夏公司有一笔500万元的长期债务，在第5年年末到期。企业准备在5年内每年年末存入银行一笔资金，以便在第5年年末偿还这笔长期债务，假定银行利率为5％，则在每年年末应存入银行多少钱？

解：

$$A = 500 \times (A/F, 5\%, 5) = 500 \times [1/(F/A, 5\%, 5)]$$
$$= 500 \times (1/5.525\,6) = 90.487\,9(\text{万元})$$

企业每年末应存入银行90.487 9万元。

（3）普通年金现值的计算。普通年金现值是指一定时期内每期期末等额收付款项的复利现值之和。例如企业每年年末存入资金 A，年利率为 i，则该企业 n 年内的年金现值如图7-2所示。

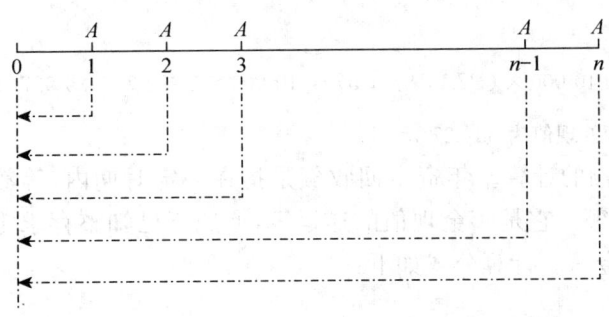

图 7-2 普通年金的现值计算示意图

第 1 年年末的 A 折算到第 1 年年初的现值为 $A \times (1+i)^{-1}$

第 2 年年末的 A 折算到第 1 年年初的现值为 $A \times (1+i)^{-2}$

第 3 年年末的 A 折算到第 1 年年初的现值为 $A \times (1+i)^{-3}$

……

第 $(n-1)$ 年年末的 A 折算到第 1 年年初的现值为 $A \times (1+i)^{-(n-1)}$

第 n 年年末的 A 折算到第 1 年年初的现值为 $A \times (1+i)^{-n}$

可见年金现值的计算公式如下：

$$P = A \times (1+i)^{-1} + A \times (1+i)^{-2} + A \times (1+i)^{-3} + \cdots + A \times (1+i)^{-(n-1)} + A \times (1+i)^{-n}$$

$$(7-3)$$

将 (7-3) 式两边同乘上 $(1+i)$ 得：

$$(1+i) \times P = A + A \times (1+i)^{-1} + A \times (1+i)^{-2} + \cdots + A \times (1+i)^{-(n-2)} + A \times (1+i)^{-(n-1)}$$

$$(7-4)$$

将 (7-4) 式减 (7-3) 式得：

$$(1+i) \times P - P = A \times [1 - (1+i)^{-n}]$$

经整理：

$$P = A \frac{1-(1+i)^{-n}}{i}$$

式中，$\dfrac{1-(1+i)^{-n}}{i}$ 称为利率为 i、期数为 n 的"1 元年金现值系数"，记作 $(P/A, i, n)$，其数值可以直接查阅书后附表四。

于是年金现值的计算公式又可表示如下：

$$P = A \frac{1-(1+i)^{-n}}{i} = A \times (P/A, i, n)$$

【例 7-7】 华夏公司准备租用一台设备，每年年末需要支付租金 10 000 元，假定年利率为 8%，问 5 年内支付租金总额的现值是多少？

解：

$$P = 10\ 000 \times (P/A, 8\%, 5) = 10\ 000 \times 3.992\ 7 = 39\ 927(元)$$

5 年内支付租金总额的现值为 39 927 元。

（4）年资本回收额的计算。年资本回收额是指在一定时期内，等额回收初始投入资本或清偿所欠债务的金额。它是年金现值的逆运算，亦属于已知整存求零取的问题。即由已知年金现值 P，求年金 A。计算公式如下：

$$A = P \times \frac{i}{1-(1+i)^{-n}}$$

式中，$\dfrac{i}{1-(1+i)^{-n}}$ 称为利率为 i、期数为 n 的"资本回收系数"，记作 $(A/P, i, n)$，其数值可通过查资本回收系数表得到，一般可根据年金现值系数的倒数推算出来。所以上式也可表示为：

$$A = P \times (A/P, i, n) = P \times [1/(P/A, i, n)]$$

【例 7-8】 华夏公司准备投资 50 万元建造一条生产流水线，预计使用寿命为 10 年，若企业期望的资金收益率为 10%，则该企业每年年末至少要从这条流水线获得多少收益，方案才是可行的？

解：

$$A = 50 \times (A/P, 10\%, 10) = 50 \times [1/(P/A, 10\%, 10)]$$
$$= 50 \times (1/6.144\ 6) = 8.137\ 2(万元)$$

该企业每年年末至少要从这条流水线获得收益 8.137 2 万元，方案才是可行的。

2）预付年金

预付年金又称先付年金或即付年金，是指从第一期起，每期期初等额发生的系列收付款项，它与普通年金的区别仅在于收付款的时点不同。如图 7-3 所示。

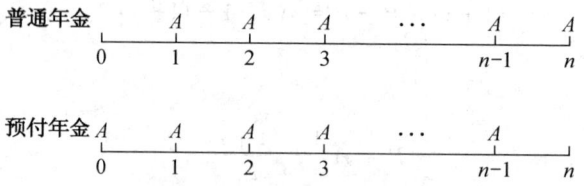

图 7-3 普通年金和预付年金对比示意图

从图 7-3 可见，n 期的预付年金与 n 期的普通年金，其收付款次数是一样的，只是收付款时点不一样。如果计算年金终值，预付年金要比普通年金多计一期的利息；如果计算年金现值，则预付年金要比普通年金少折现一期，因此，只要在普通年金的现值、终值的基础上，乘上 $(1+i)$ 便可计算出预付年金的终值与现值。

（1）预付年金的终值。预付年金终值的计算公式如下：

$$F = A \times (F/A, i, n) \times (1+i)$$

即：

$$F = A \times \frac{(1+i)^n - 1}{i} \times (1+i) = A \times \frac{(1+i)^{n+1} - 1}{i} - 1$$

式中，$\frac{(1+i)^{n+1} - 1}{i} - 1$，称为"预付年金终值系数"，记作$[(F/A, i, n+1) - 1]$，它是在普通年金终值系数的基础上，期数加1，系数减1所得的结果。上式预付年金终值的计算公式也可表示如下：

$$F = A \times [(F/A, i, n+1) - 1]$$

【例7-9】 某人连续6年每年年初在银行存入1 000元，年利率为6%，问在第6年年末可获本利和为多少？

解：

$$F = 1\,000 \times (F/A, 6\%, 6) \times (1 + 6\%) = 1\,000 \times 6.975\,3 \times 1.06 = 7\,393.82(元)$$

或 $\quad = 1\,000 \times [(F/A, 6\%, 6+1) - 1] = 1\,000 \times (8.393\,8 - 1) = 7\,393.80(元)$

（2）预付年金的现值。预付年金的现值的计算公式如下：

$$P = A \times (P/A, i, n) \times (1+i)$$

即：

$$P = A \times \frac{1 - (1+i)^{-n}}{i} \times (1+i) = A \times \left[\frac{1 - (1+i)^{-(n-1)}}{i} + 1 \right]$$

式中，$\left[\dfrac{1 - (1+i)^{-(n-1)}}{i} + 1 \right]$，称为"预付年金现值系数"，记作$[(P/A, i, n-1) + 1]$，它是在普通年金现值系数的基础上，期数减1，系数加1所得的结果。上式预付年金现值的计算公式也可表示如下：

$$P = A \times [(P/A, i, n-1) + 1]$$

【例7-10】 某人连续6年在每年年初存入1 000元，年利率为6%，则相当于在第1年年初存入多少钱？

解：

$$P = 1\,000 \times (P/A, 6\%, 6) \times (1 + 6\%) = 1\,000 \times 4.917\,3 \times 1.06\% = 5\,212.34(元)$$

或 $\quad = 1\,000 \times [(P/A, 6\%, 6-1) + 1] = 1\,000 \times (4.212\,4 + 1) = 5\,212.40(元)$

3）递延年金

递延年金是指第一次收付款发生时间不在第一期期末，而是在第二期或第二期以后才开始发生的等额系列收付款项。它是普通年金的特殊形式。递延年金与普通年金的区别如图7-4所示。

从图7-4中可知，递延年金与普通年金相比，尽管期限一样，都是$m+n$期，但普通年金在$m+n$期内，每个期末都要发生等额收付款。而递延年金在$m+n$期内，前m期无等额收付款项发生，称为递延期。只在后n期才发生等额收付款。

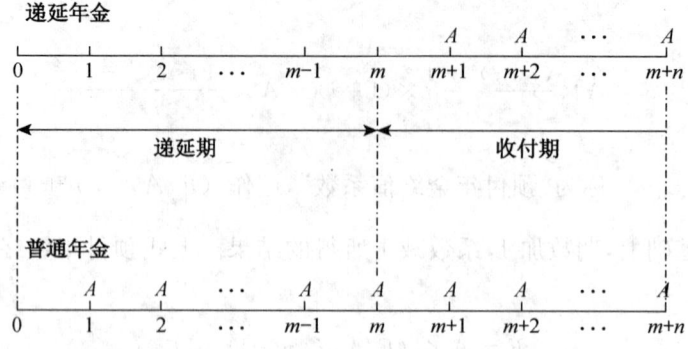

图 7-4 递延年金与普通年金对比示意图

（1）递延年金的终值。递延年金终值的大小，与递延期无关，只与收付期有关，它的计算方法与普通年金终值相同。

$$F = A \times (F/A, i, n)$$

【例 7-11】 华夏公司于年初投资一项目，预计从第 4 年开始至第 8 年，每年年末可获得投资收益 30 万元，按年利率 8%，计算该投资项目年收益的终值。

解：

$$F = 30 \times (F/A, 8\%, 5) = 30 \times 5.866\ 6 = 175.988（万元）$$

（2）递延年金的现值。递延年金现值的计算方法有三种：

计算方法一：把递延年金视为 n 期的普通年金，先求出在递延期期末的现值，再将此现值折现到第一期期初。

$$P = A \times (P/A, i, n) \times (P/F, i, m)$$

计算方法二：先计算 $m+n$ 期的普通年金的现值，再扣除实际并未发生递延期（m 期）的普通年金现值，即可求得递延年金现值。

$$P = A \times [(P/A, i, m+n) - (P/A, i, m)]$$

计算方法三：先计算递延年金的终值，再将其折算到第 1 年年初，即可求得递延年金的现值。

$$P = A \times (F/A, i, n) \times (P/F, i, m+n)$$

【例 7-12】 华夏公司于年初投资一项目，预计从第 4 年开始至第 8 年，每年年末可获得投资收益 30 万元，按年利率 8%，计算该投资项目年收益的现值。

解：方法一

$$P = 30 \times (P/A, 8\%, 5) \times (P/F, 8\%, 3) = 30 \times 3.992\ 7 \times 0.793\ 8$$
$$= 95.082（万元）$$

方法二

$$P = 30 \times [(P/A, 8\%, 8) - (P/A, 8\%, 3)] = 30 \times (5.746\ 6 - 2.577\ 1)$$
$$= 95.085（万元）$$

方法三

$$P = 30 \times (F/A, 8\%, 5) \times (P/F, 8\%, 8) = 30 \times 5.866\,6 \times 0.540\,3$$
$$= 95.092(万元)$$

该投资项目年收益的现值为 95 余万元。上例中不同方法产生的微小差异是系数表保留位数有限所引起的。

4）永续年金

永续年金是指无限期等额收付的年金。在经济生活中，并不存在无限期的年金，但可将持续期较长的年金视同为永续年金。由于假设永续年金没有终止的时间，因此不存在终值，只存在现值。

永续年金的现值计算公式可由普通年金现值公式推导得出：

$$P = A \times \frac{1 - (1+i)^{-n}}{i}$$

当 $n \to +\infty$，$(1+i)^{-n} \to 0$，因此，永续年金的现值的计算如下：

$$P = \frac{A}{i}$$

【例 7-13】 华夏公司考虑建立一个永久性帮困基金，每年计划提出 100 000 元用于帮助企业内部和社会上的困难家庭，若银行年利率为 5%，现在应一次性存入多少钱才能保证以后的支付。

解：

$$P = A/i = 100\,000 \div 5\% = 2\,000\,000(元)$$

（三）名义利率和实际利率

在实际工作中，复利的计息期不一定是 1 年，可能是半年、季度、或月份。当利息在 1 年内复利次数超过一次时，给出的年利率称为名义利率，实际得到的利息要比名义利率计算的利息高。

实际利率与名义利率的关系可用下面公式表示：

$$i = \left(1 + \frac{r}{m}\right)^m - 1$$

式中，i 为实际利率；r 为名义利率；m 为每年复利次数。

根据实际利率与名义利率之间的关系可知：按实际利率每年复利一次计算得到的利息与按名义利率每年复利若干次计算得到的利息是相等的。对于 1 年内复利多次的情况，可采取两种方法计算资金时间价值。

【例 7-14】 某人于年初存入银行 10 000 元，在年利率为 6%，半年复利一次的情况下，则到第 5 年年末，能得到多少本利和？

解：方法一，根据题意，$P = 10\,000$，$r = 6\%$，$m = 2$，$n = 5$

因此实际利率：$$i = \left(1 + \frac{r}{m}\right)^m - 1 = \left(1 + \frac{6\%}{2}\right)^2 - 1 = 6.09\%$$

$$F = P \times (1+i)^n = 10\,000 \times (1 + 6.09\%)^5 = 13\,439.16$$

方法二,不计算实际利率,而是相应调整复利终值计算公式中的相关指标,即利率调整为 r/m,期数调整为 $m \times n$。本例中利率为 $6\% \div 2 = 3\%$(半年利率),期数为 $2 \times 5 = 10$(期)。

$$
\begin{aligned}
F = P \times \left(1 + \frac{r}{m}\right)^{m \times n} &= 10\,000 \times \left(1 + \frac{6\%}{2}\right)^{2 \times 5} \\
&= 10\,000 \times (F/P, 3\%, 10) \\
&= 10\,000 \times 1.343\,9 = 13\,439(元)
\end{aligned}
$$

二、现金流量

(一)现金流量的概念

在进行长期投资决策时,现金流量是指投资项目所引起的各项现金流入和现金流出的数量,是由于投资项目实施而引起的企业现金收支的增减变动量,它是计算长期投资决策评价指标的主要依据。

(二)现金流量的具体内容

现金流量具体可分为现金流入量,现金流出量和现金净流量三个概念。

1. 现金流入量

现金流入量是指由于投资项目实施而引起的现金收入的增加额,简称现金流入。主要包括:

(1)营业收入。营业收入是指投资项目投产后每年实现的全部营业收入。它是构成经营期内现金流入量的主要内容。为简化核算,假定正常经营年度内,每年发生的赊销额与回收的应收账款大致相等。

(2)固定资产的残值收入。固定资产的残值收入是指投资项目的固定资产在终结报废清理时的残值收入,或中途变价转让时得到的变价收入。

(3)垫支流动资金回收。垫支流动资金回收是指投资项目使用期限终止时,收回与该项目相联系的投放在各种流动资产上的投资。

固定资产的残值收入和垫支流动资金收回统称为回收额。一般假定回收额在投资项目终结时即经营期最后 1 年发生。

2. 现金流出量

现金流出量是指由于投资项目实施而引起的现金支出的增加额,简称现金流出。主要包括:

(1)建设投资。建设投资是指在项目建设期间按一定生产经营规模和建设需要进行的投资,具体包括:①固定资产投资,包括房屋、建筑物的造价;设备的买价或建造成本,关税、运输费和安装成本等;②无形资产投资,是指用于取得专利权、专有技术、商标权等无形资产而产生的投资;③开办费投资,是指项目筹建期间所发生的,但不能划归固定资产和无形资产的那部分投资。

建设投资是建设期间发生的主要现金流出量。

(2)垫支的流动资金。垫支的流动资金是指投资项目建成投产后为开展正常经营活动而投放在流动资产项目上的投资,建设投资与垫支的流动资金之和称为项目的原始总投资。原始总投资不论是一次投入还是分次投入,均假设它们是在建设期内投入的,经营期间不再有新的投资发生。

(3) 付现成本。付现成本是指项目投产后生产经营过程中发生的各项用现金支付的成本费用。又称经营成本,它是生产经营期间最主要的现金流出量项目。一般来说,变动成本均为付现成本,固定成本除折旧、摊销以外也均为付现成本。

(4) 所得税额。所得税额是指投资项目建成投产后,因应纳税所得额增加而增加的所得税。

要注意的是,只有将企业作为投资主体时才应把所得税列入现金流出量项目,如果将国家作为投资主体就不应把企业所得税列入现金流出量项目。

3. 现金净流量

现金净流量是指投资项目在整个计算期(包括建设期和经营期)内现金流入量和现金流出量的差额,记为 NCF。

为了便于理解和简化现金净流量的计算,通常假设现金净流量是以年为时间单位发生,并发生于某时点,主要是每年的年初或年末,例如建设投资在建设期内有关年度的年初发生,垫支的流动资金在建设期的最后 1 年年末即经营期的第 1 年年初发生;经营期内各年的营业收入、付现成本、折旧摊销、利润、所得税等项目的确认均在年末发生;固定资产残值回收和流动资金回收均发生在经营期最后 1 年年末。

现金净流量的计算公式如下:

$$年现金净流量(NCF) = 年现金流入量 - 年现金流出量$$

在建设期内只发生现金流出,因此现金净流量一般小于等于零,但在经营期现金净流量一般大于零。

(三) 现金净流量的计算

长期投资决策中的现金净流量,从时间特征上看包括三个组成部分:初始现金净流量、营业现金净流量和终结现金净流量。

1. 不考虑所得税情况下的现金净流量计算

(1) 初始现金净流量的计算。初始现金净流量是指在建设期投资时产生的现金净流量。

$$某年现金净流量 = -该年原始投资额$$

如建设期不为零时,现金净流量的发生取决于投资额的投入方式是一次投入还是分次投入。

(2) 营业现金净流量的计算。营业现金净流量是指投资项目投产后,在经营期内由于生产经营活动而产生的现金净流量。

$$某年营业现金净流量 = 税前利润 + (折旧 + 摊销)$$
$$= (营业收入 - 总成本) + (折旧 + 摊销)$$
$$= 营业收入 - 付现成本$$

(3) 终结现金净流量的计算。终结现金净流量是指投资项目终结时即经营期最后 1 年年末所产生的现金净流量。

$$该年现金净流量 = 该年营业现金净流量 + 回收额$$

延伸阅读7-1 ....

知道现金流对做生意有多重要吗

国美电器、苏宁电器卖家电根本不赚钱,或只赚点辛苦钱。有人可能会问:"那他们为什么还要开那么多店? 还要低价大甩卖啊?"这时,分析师往往会告诉你:他们要扩大规模,挤垮竞争对手,靠规模优势获得利润。现在不挣钱,少挣钱没有关系,打败了对手,以后不就可以赚大钱了吗?

实际上,他们的目的,其实就是获得现金流。

现金流这么重要? 对,因为国美、苏宁是靠现金流进行资本运作赚钱的。

举个例子:假如我每天给你1万元(注意是每天都给),要求你3个月之后还我1万元(注意也是每天都还),你1年的现金流就是365万元。你挣钱了吗? 没有。但聪明点的已经看出来了,你的手上始终有3个月的钱,也就是90万元。理论上,这90万元永远在你手上,对不对? 那么你是不是可以存银行挣利息啊? 90万元存长期,每年的利息也有好几万元。所以,只要运作得当,现金流本身,可以产生利润。

所以,家电连锁,只是国美、苏宁获取现金流的手段! 卖家电只能挣点小钱,就算赔点也没什么,而在别的地方可以挣到多得多的利润! 但前提是:现金流一定要充足!

这才是他们疯狂开分店的根本原因。

【例7-15】 华夏公司拟购建一项固定资产,需投资1 000 000元,按直线法计提折旧,使用寿命10年,该设备净残值率为5%。该项目建设期为1年,第1年年初投入600 000元,第2年年初投入400 000元。预计投产后每年可增加产销量10 000件,产品销售单价为80元,变动成本率为60%,全年固定成本总额(包括折旧)为200 000元。

要求:确定该投资项目各年的现金净流量。

解:① 初始现金净流量计算如下:

$$NCF_0 = -600\ 000(元)$$
$$NCF_1 = -400\ 000(元)$$

② 营业现金净流量计算如下:

$$年折旧额 = 1\ 000\ 000 \times (1-5\%) \div 10 = 95\ 000(元)$$
$$NCF_{2-10} = 80 \times 10\ 000 \times (1-60\%) - (200\ 000-95\ 000) = 215\ 000(元)$$

③ 终结现金净流量计算如下:

$$NCF_{11} = 215\ 000 + 1\ 000\ 000 \times 5\% = 265\ 000(元)$$

【例7-16】 某项目建设期为3年,原始投资总额为2 000万元,其中固定资产投资1 600万元,建设期第1、第2年年初各投入800万元;无形资产投资100万元,均于建设起点投入;流动资金投资200万元,于第4年年初开始投产时投入。该项目经营期10年,固定资产按直线法计提折旧,期满有80万元净残值;无形资产于投产后分5年平均摊销;流动资金在项目终结时一次全部收回。另外,预计项目投产后,前3年每年可获得税前利润200万元,后7年每年可获得税前利润250万元。

要求:计算该项目投资在项目计算期内各年的现金净流量。

解:① 初始现金净流量计算如下:

$$NCF_0 = -800 - 100 = -900(万元)$$
$$NCF_1 = -800(万元)$$
$$NCF_2 = 0$$
$$NCF_3 = -200(万元)$$

② 营业现金净流量计算如下：

$$固定资产年折旧额 = \frac{1\,600 - 80}{10} = 152(万元)$$

$$无形资产年摊销额 = \frac{100}{5} = 20(万元)$$

$$NCF_{4-6} = 200 + 152 + 20 = 372(万元)$$
$$NCF_{7-8} = 250 + 152 + 20 = 422(万元)$$
$$NCF_{9-12} = 250 + 152 = 402(万元)$$

③ 终结现金净流量计算如下：

$$NCF_{13} = 250 + 152 + 80 + 200 = 682(万元)$$

2. 考虑所得税情况下的现金净流量计算

对企业来说所得税是一种现金流出，在以企业为主体进行长期投资决策时应在考虑所得税情况下计算年现金净流量。

（1）初始现金净流量的计算：

如果是新建项目，所得税对初始现金净流量没有影响。

$$某年现金净流量 = -该年原始投资额$$

如果是更新改造项目，固定资产的清理损益就应考虑所得税问题。继续使用旧固定资产的建设期期初现金净流量如下：

$$NCF_0 = -(旧固定资产变价净收入 + 旧固定资产提前报废发生净损失抵税额)$$

（2）营业现金净流量的计算。在考虑所得税因素之后，经营期的营业现金净流量可按下列方法计算：

$$
\begin{aligned}
某年营业现金净流量 &= 税前利润 + (折旧 + 摊销) - 所得税\\
&= 税后利润 + (折旧 + 摊销)\\
&= (营业收入 - 总成本) \times (1 - 所得税税率) + (折旧 + 摊销)\\
&= (营业收入 - 付现成本) \times (1 - 所得税税率) + (折旧 + 摊销) \times 所得税税率
\end{aligned}
$$

（3）终结现金净流量的计算：

$$该年现金净流量 = 该年营业现金净流量 + 回收额$$

【**例 7-17**】 在[例 7-15]中增加条件：该公司所得税税率为 25%，其他条件均不变，计算该投资项目各年的现金净流量。

解：① 初始现金净流量计算如下：

$$NCF_0 = -600\ 000(元)$$
$$NCF_1 = -400\ 000(元)$$

② 营业现金净流量计算如下:

$$NCF_{2-10} = [80 \times 10\ 000 \times (1-60\%) - 200\ 000] \times (1-25\%) + 95\ 000 = 185\ 000(元)$$

或

$$= [80 \times 10\ 000 \times (1-60\%) - (200\ 000 - 95\ 000)] \times (1-25\%)$$
$$+ 95\ 000 \times 25\% = 185\ 000(元)$$

③ 终结现金净流量计算如下:

$$NCF_{11} = 185\ 000 + 1\ 000\ 000 \times 5\% = 235\ 000(元)$$

【例 7-18】 在[例 7-16]中增加条件:该公司所得税税率为 25%,其他条件均不变,计算该投资项目各年的现金净流量。

解:① 初始现金净流量计算如下:

$$NCF_0 = -800 - 100 = -900(万元)$$
$$NCF_1 = -800(万元)$$
$$NCF_2 = 0$$
$$NCF_3 = -200(万元)$$

② 营业现金净流量计算如下:

$$NCF_{4-6} = 200 \times (1-25\%) + 152 + 20 = 322(万元)$$
$$NCF_{7-8} = 250 \times (1-25\%) + 152 + 20 = 359.5(万元)$$
$$NCF_{9-12} = 250 \times (1-25\%) + 152 = 339.5(万元)$$

③ 终结现金净流量计算如下:

$$NCF_{13} = 250 \times (1-25\%) + 152 + 80 + 200 = 619.5(万元)$$

三、资金成本

企业长期投资所使用的资金无论采用什么方式去筹集都要付出一定的代价,这种代价就是资金成本,不同的筹资方式的资金成本有较大差异。在长期投资决策中将各种筹资方式的加权平均资金成本作为贴现率,将资金成本作为能否为股东创造价值的标准,所以在评价投资项目的可行性,选择投资方案时起到很大的作用。

(一) 债券资金成本

企业按固定利率发行债券筹资,利息可在税前列支。但发行债券要发生一定的筹资费用,即发行费、印刷费、推销费等,其计算公式如下:

$$债券资金成本 = \frac{年利息 \times (1 - 所得税税率)}{债券发行价格 \times (1 - 筹资费率)}$$

【例 7-19】 华夏公司按面值发行 5 年期债券 200 万元,债券利率为 6%,每年付息一次,筹资费率为 2%,所得税税率为 25%,则该债券的资金成本如下:

$$债券资金成本 = \frac{200 \times 6\% \times (1-25\%)}{200 \times (1-2\%)} = 4.6\%$$

（二）借款资金成本

借款资金成本的计算与债券基本一致，其计算公式如下：

$$借款资金成本 = \frac{年利息 \times (1-所得税税率)}{借款总额 \times (1-筹资费率)}$$

由于借款的手续费或者没有，或者很低，公式中的筹资费率通常可以忽略不计。公式可简化如下：

$$借款资金成本 = 借款年利率 \times (1-所得税税率)$$

【例7-20】 华夏公司向银行借到一笔3年期借款500万元，年利率5%，每年支付一次利息，到期归还本金，所得税税率为25%，则该笔借款的资金成本如下：

$$借款资金成本 = 5\% \times (1-25\%) = 3.75\%$$

（三）优先股资金成本

企业发行优先股票，既要支付筹资费，又要定期支付股利。优先股属于权益性资金，股利要在税后才能支付。其计算公式如下：

$$优先股资金成本 = \frac{优先股年股利}{优先股发行总额 \times (1-筹资费率)}$$

【例7-21】 华夏公司按面值发行500万元的优先股，筹资费率为3%，年股利率为7%，则优先股资金成本如下：

$$优先股资金成本 = \frac{500 \times 7\%}{500 \times (1-3\%)} = 7.22\%$$

（四）普通股资金成本

普通股也属于权益性资金，股利要在税后支付。与优先股不同的是，普通股的股利是不固定的，通常假定具有固定的年增长率。其计算公式如下：

$$普通股资金成本 = \frac{普通股第1年预计股利}{普通股发行总额 \times (1-筹资费率)} + 股利增长率$$

【例7-22】 华夏公司发行普通股800万元，筹资费率为3%，第1年的股利率为9%，以后每年各增长2%，则普通股资金成本如下：

$$普通股资金成本 = \frac{800 \times 9\%}{800 \times (1-3\%)} + 2\% = 11.28\%$$

（五）留存收益资金成本

企业留存收益相当于投资者追加投资给企业，同原先的投资一样，要求有一定的回报，所以也要考虑资金成本。留存收益资金成本可用不考虑筹资费用的普通股资金成本公式来计算。其计算公式如下：

$$留存收益资金成本 = \frac{普通股第1年预计股利}{普通股发行总额} + 股利增长率$$

（六）综合资金成本

综合资金成本是指以各种资金成本为基础，以各种资金占总资金的比重为权数计算出来的加权平均资金成本。反映企业所筹全部资金资金成本的一般水平，其计算公式如下：

$$综合资金成本 = \sum 某种资金的资金成本 \times 该种资金占总资金的比重$$

【例7-23】 华夏公司拟筹集资金1 000万元，进行一项长期投资，其中向银行长期贷款200万元，发行长期债券300万元，发行普通股400万元，利用留存收益100万元。各种资金成本分别是5%、7%、12%和12.5%。试计算该投资所用资金的综合资金成本。

解：

$$综合资金成本 = 5\% \times \frac{200}{1\ 000} + 7\% \times \frac{300}{1\ 000} + 12\% \times \frac{400}{1\ 000} + 12.5\% \times \frac{100}{1\ 000} = 9.15\%$$

第三节　长期投资决策指标

长期投资决策的评价指标可以分成两大类：一类是静态评价指标也称非贴现指标，这类指标不考虑资金时间价值，主要包括投资利润率、投资回收期等；另一类是动态评价指标也称贴现指标，这类指标考虑资金时间价值，主要包括净现值、净现值率、获利指数、内含报酬率等。

一、静态评价指标

（一）投资利润率

投资利润率又称投资报酬率，是指投资方案的年平均利润额与投资总额的比率，记为ROI。投资利润率从会计收益角度反映投资项目的获利能力，即投资1年能给企业带来的平均利润是多少。利用投资利润率进行投资决策时将方案的投资利润率与预先确定的基准投资利润率（或企业要求的最低投资利润率）进行比较：若方案的投资利润率大于或等于基准投资利润率时，方案可行；若方案的投资利润率小于基准投资利润率时，方案不可行。一般来说，投资利润率越高，表明投资效益越好；投资利润率越低，表明投资效益越差。

投资利润率的计算公式如下：

$$投资利润率 = \frac{年平均利润额}{投资总额} \times 100\%$$

【例7-24】 华夏公司有A、B两个投资方案，投资总额均为280万元，全部用于购置固定资产，采用直线法计提折旧，使用期均为4年，期末无残值，该企业要求的最低投资利润率为10%，其他有关资料如表7-1所示。

表7-1　　　　　　　　　　　　　　A、B投资方案相关资料表　　　　　　　　　　　　单位：万元

年序	A方案		B方案	
	利润	现金净流量（NCF）	利润	现金净流量（NCF）
0		−280		−280
1	35	105	25	95

（续表）

年序	A方案		B方案	
	利润	现金净流量（NCF）	利润	现金净流量（NCF）
2	35	105	28	98
3	35	105	35	105
4	35	105	38	108
合计	140	140	126	126

要求：计算 A、B 两方案的投资利润率。

解：

$$A 方案的投资利润率 = \frac{35}{280} \times 100\% = 12.5\%$$

$$B 方案的投资利润率 = \frac{126 \div 4}{280} \times 100\% = 11.25\%$$

从计算结果可以看出，A、B 方案的投资利润率均大于基准投资利润率 10%，A、B 方案均为可行方案，但 A 方案的投资利润率比 B 方案的投资利润率高出 1.25%，故 A 方案优于 B 方案。

投资利润率的优点主要是计算简单，易于理解。其缺点主要是：①没有考虑资金时间价值；②没有直接利用现金净流量信息；③计算公式的分子是时期指标，分母是时点指标，缺乏可比性。基于这些缺点，投资利润率不宜作为投资决策的主要依据，一般只适用于方案的初选，或者投资后各项目间经济效益的比较。

（二）静态投资回收期

静态投资回收期是指以投资项目营业现金净流量抵偿原始总投资所需要的全部时间，通常以年来表，记为 PP。投资决策时将方案的投资回收期与预先确定的基准投资回收期（或决策者期望投资回收期）进行比较，若方案的投资回收期小于基准投资回收期，方案可行；若方案的投资回收期大于基准投资回收期，方案不可行。一般来说，投资回收期越短，表明该投资方案的投资效果越好，则该项投资在未来时期所冒的风险越小。它的计算可分为两种情况。

（1）经营期各年现金净流量相等的投资回收期的计算，其计算公式如下：

$$静态投资回收期 = \frac{原始总投资}{年现金流量}$$

【例 7-25】 根据［例 7-24］资料。

要求：计算 A 方案的静态投资回收期。

解：

$$A 方案静态投资回收期 = \frac{280}{105} = 2.67（年）$$

（2）经营期各年现金净流量不相等的投资回收期的计算。在这种情况下，需计算逐年累计的现金净流量,然后用插入法计算出投资回收期。

【例 7-26】 根据[例 7-24]资料。

要求:计算 B 方案的投资回收期。

解:列表计算现金净流量和累计现金净流量如表 7-2 所示。

表 7-2　　　　　　　　　　现金净流量和累计现金净流量计算表　　　　　　　　单位:万元

项目计算期	B方案	
	现金净流量(NCF)	累计现金净流量
0	−280	−280
1	95	−185
2	98	−87
3	105	18
4	108	126

从表 7-2 可得出,B 方案第 2 年年末累计现金净流量为−87 万元,表明第 2 年年末未回收额已经小于第 3 年的可回收额 105 万元,静态投资回收期在第 2 年与第 3 年之间,用插入法可计算出:

$$B 方案静态投资回收期 = 2 + \frac{-87}{105} = 2.83(年)$$

A 方案的静态投资回收期小于 B 方案静态投资回收期,所以 A 方案优于 B 方案。

静态投资回收期的优点主要是简单易算,并且投资回收期的长短也是衡量项目风险的一种标志,所以在实务中被广泛使用。其缺点主要是:①没有考虑资金时间价值;②仅考虑了回收期以前的现金流量,没有考虑回收期以后的现金流量,而有些长期投资项目在中后期才能得到较为丰厚的收益,投资回收期不能反映其整体的盈利性。

二、动态评价指标

动态评价指标是指考虑货币时间价值因素对投资过程的影响,并采用复利计算方式对有关投资项目的现金流量进行折现计算的一类指标。动态评价指标主要包括净现值、净现值率、现值指数和内含报酬率等指标。

(一)净现值

净现值是指在项目计算期内,按行业基准收益率或投资者设定的贴现率计算的各年现金净流量现值的代数和,记为 NPV。净现值的基本计算公式如下:

$$NPV = \sum_{t=0}^{n} \frac{NCF_t}{(1+i)^t} = \sum_{t=0}^{n} NCF_t \times (P/F, i, t)$$

式中,n 为项目计算期(包括建设期与经营期);NCF_t 为第 t 年的现金净流量;i 为行业基准收益率或投资者设定的贴现率;$(P/F, i, t)$ 为第 t 年、贴现率为 i 的复利现值系数。

显然,净现值也可表示为投资方案的现金流入量总现值减去现金流出量总现值的差额,也就是一项投资的未来收益总现值与原始总投资现值的差额。若前者大于或等于后者,即净现值大于等于零,投资方案可行;若后者大于前者,即净现值小于零,投资方案不可行。

对净现值的计算分为以下两种情况。

1. 经营期内各年现金净流量相等,建设期为零时

净现值的计算公式如下:

净现值 = 经营期每年相等的现金净流量 × 年金现值系数 − 原始总投资现值

【例 7-27】 根据[例 7-24]资料,假定行业基准收益率为 10%。

要求:计算该投资方案 A 的净现值。

解:

$$NPV = 105 \times (P/A, 10\%, 4) - 280 = 105 \times 3.169\ 9 - 280 = 52.839\ 5(万元)$$

2. 经营期内各年现金净流量不相等

净现值的计算按基本公式计算:

净现值 = $\sum$(经营期各年的现金净流量 × 各年复利现值系数) − 原始总投资现值

【例 7-28】 根据[例 7-24]资料,仍假定行业基准收益率为 10%。

要求:计算该投资 B 方案的净现值。

解:

$$NPV = 95 \times (P/F, 10\%, 1) + 98 \times (P/F, 10\%, 2) + 105 \times (P/F, 10\%, 3)$$
$$+ 108 \times (P/F, 10\%, 4) - 280$$
$$= 95 \times 0.909\ 1 + 98 \times 0.826\ 4 + 105 \times 0.751\ 3 + 108 \times 0.683\ 0 - 280$$
$$= 40.002\ 2(万元)$$

A 方案的净现值比 B 方案大,所以 A 方案优于 B 方案。

【例 7-29】 华夏公司准备引进先进设备与技术,有关资料如下:

(1) 设备总价 700 万元,第 1 年年初支付 400 万元,第 2 年年初支付 300 万元,第 2 年年初投入生产,使用期限为 6 年,预计净残值 40 万元,直线法折旧。

(2) 预计技术转让费共 360 元,第 1、第 2 年年初各支付 150 万元,其余的在第 3 年年初付清。

(3) 预计经营期第 1 年税后利润为 100 万元,第 2 年的税后利润为 150 万元,第 3 年的税后利润为 180 万元,第 4、第 5、第 6 年的税后利润均为 200 万元。

(4) 经营期初投入流动资金 200 万元。

要求:按 12% 的贴现率计算该项目的净现值,并作出评价。

解:现金流量计算表如表 7-3 所示。

表 7-3 　　　　　　　　　　　　　现金流量计算表 　　　　　　　　　　　　单位:万元

年序	0	1	2	3	4	5	6	7
购买设备	−400	−300						
无形资产投资	−150	−150	−60					
流动资产投资		−200						
税后利润			100	150	180	200	200	200
折旧			110	110	110	110	110	110

（续表）

年序	0	1	2	3	4	5	6	7
无形资产摊销			60	60	60	60	60	60
残值回收								40
流动资产回收								200
现金净流量（NCF）	−550	−650	210	320	350	370	370	610
折现系数（12%）	1	0.892 9	0.797 2	0.711 8	0.635 5	0.567 4	0.506 6	0.452 3

$$NPV = -550 + (-650) \times 0.892\ 9 + 210 \times 0.797\ 2 + 320 \times 0.711\ 8 + 350 \times 0.635\ 5$$
$$+ 370 \times 0.567\ 4 + 370 \times 0.506\ 6 + 610 \times 0.452\ 3 = 160.511\ 0 (元)$$

该项目的净现值大于零，方案可行。

使用净现值指标进行投资方案评价时，贴现率的选择相当重要，会直接影响到评价的正确性。通常情况下，可以以企业筹资的资金成本率或企业要求的最低投资利润率来确定。

净现值是长期投资决策评价指标中最重要的指标之一。其优点在于：①充分考虑了货币时间价值，能较合理地反映投资项目的真正经济价值；②考虑了项目计算期的全部现金净流量，体现了流动性与收益性的统一；③考虑了投资风险性，贴现率选择应与风险大小有关，风险越大，贴现率就可选得越高。但是，该指标的缺点也是明显的：①净现值是一个绝对值指标，无法直接反映投资项目的实际投资收益率水平；当各项目投资额不同时，难以确定投资方案的好坏；②贴现率的选择比较困难，很难有一个统一标准。

 **延伸阅读7-2**

好莱坞电影制作公司的项目投资决策

项目投资决策中各种定量技术分析方法的使用情况因行业而异，有些公司采用投资回收期法，有些公司使用会计收益率法。多数研究表明，大公司最经常使用的是净现值法、内部收益率法或者将两者结合起来使用。那些有可能精确预计现金流量的公司往往倾向于使用净现值法。例如，在石油类企业中，预计的现金流量就具有很高的可信度。因此，能源类的公司使用净现值法的往往居多。相反，要预计影片制作公司的现金流量就十分困难。很多畅销的影片，如《星球大战》《ET》《致命的诱惑》等，他们的票房收入都远远超过了预期。而像《天堂之门》等影片所遭受的冷遇和重挫也是制作人始料未及的。正因为如此，电影制作公司很少考虑使用净现值法。好莱坞电影制作公司又是如何进行项目投资决策呢？电影公司常常通过面谈来决定是否投资一个新的影片创意。独立制片人约出电影公司进行极为短暂的会面，推销自己的影片创意。最受欢迎的是那些观众闻所未闻但与以往的高票房影片又有几分相似的题材。

（二）净现值率

净现值率是指投资项目的净现值与原始总投资现值之和的比率。记为 $NPVR$，净现值率的基本计算公式如下：

$$净现值率 = \frac{净现值}{原始总投资现值之和} = \frac{NPV}{\left| \sum_{t=0}^{s} \left[NCF_t \cdot (1+i)^{-t} \right] \right|}$$

净现值率反映每1元原始投资的现值未来可以获得的净现值有多少。净现值率大于或等于零,投资方案可行;净现值率小于零,投资方案不可行。净现值率可用于投资额不同的多个方案之间的比较,净现值率最高的投资方案应优先考虑。

【例 7-30】 根据[例 7-27]、[例 7-28]计算净现值的数据,计算 A、B 两方案的净现值率并加以比较。

解:

$$NPVR_A = \frac{52.839\,5}{280} = 18.87\%$$

$$NPVR_B = \frac{40.002\,2}{280} = 14.29\%$$

A 方案的净现值率比 B 方案高,所以 A 方案优于 B 方案。

【例 7-31】 根据[例 7-29]的资料,计算投资方案的净现值率。

$$NPVR = \frac{160.511}{-550 + (-650) \times 0.892\,9 + (-60) \times 0.797\,2} = 13.62\%$$

净现值率这个贴现的相对数评价指标的优点在于,可以从动态的角度反映投资方案的资金投入与净产出之间的关系,反映了投资的效率,使投资额不同的项目具有可比性。

(三)现值指数

现值指数又称获利指数是指项目投产后按一定贴现率计算的经营期内各年现金净流量的现值之和与原始总投资现值之和的比率,记为 PI。其计算公式如下:

$$现值指数 = \frac{经营期各年现金净流量现值之和}{原始总投资现值之和}$$

$$= 1 + 净现值率$$

现值指数反映每元原始投资的现值未来可以获得报酬的现值有多少。现值指数大于或等于 1,投资方案可行;现值指数小于 1,投资方案不可行。现值指数可用于投资额不同的多个相互独立方案之间的比较,现值指数最高的投资方案应优先考虑。

【例 7-32】 根据[例 7-27]、[例 7-28]的数据,计算 A、B 两方案的现值指数并加以比较。

解:

$$PI_A = \frac{280 + 52.839\,5}{280} = 1.188\,7$$

$$PI_B = \frac{280 + 40.002\,2}{280} = 1.142\,9$$

A 方案的现值指数比 B 方案高,所以 A 方案优于 B 方案。

现值指数同样是贴现的相对数评价指标,可以从动态的角度反映投资方案的资金投入与总产出之间的关系,同样反映了投资的效率,能使投资额不同的项目具有可比性。

(四)内含报酬率

内含报酬率又称内部收益率,是指投资方案在项目计算期内各年现金净流量现值之和等于零时的贴现率,或者说能使投资方案净现值为零时的贴现率,记为 IRR。显然,内含报酬率 IRR 应满足以下等式:

$$\sum_{t=0}^{n} NCF_t \times (P/F,\ IRR,\ t) = 0$$

从上式可以看出,根据方案整个计算期的现金净流量就可计算出内含报酬率,它是方案的实际收益率。利用内含报酬率对单一方案进行决策时,只要将计算出的内含报酬率与企业的预期报酬率或资金成本率加以比较,若前者大于后者,方案可行;前者小于后者,方案不可行。如果利用内含报酬率对多个方案进行选优时,在方案可行的条件下,内含报酬率最高的方案是最优方案。计算内含报酬率的过程,就是寻求使净现值等于零的贴现率的过程,根据投资方案各年现金净流量的情况不同,可以按以下两种方式进行计算。

1. 简单计算法

如投资方案建设期为零,全部投资均于建设起点一次投入,而且经营期内各年现金净流量为普通年金的形式,可用简单计算法计算内含报酬率。

假设建设起点一次投资额为 A_0,每年现金净流量为 A,则有:

$$A(P/A, IRR, n) - A_0 = 0$$

$$(P/A, IRR, n) = \frac{A_0}{A}$$

然后,通过查年金现值系数表,用线性插值方法计算出内含报酬率。

【例 7-33】 根据[例 7-24]的资料,计算 A 方案的内含报酬率。

解:A 方案的建设期为零,全部投资 280 万元在第 1 年年初一次投入,经营期 4 年内各年现金净流量均为 105 万元。

$$105 \times (P/A, IRR, 4) - 280 = 0$$

$$(P/A, IRR, 4) = \frac{280}{105} = 2.6667$$

查年金现值系数表,在 $n=4$ 这一行中,查到最接近 2.6667 的两个值,一个大于 2.6667 的是 2.6901,其对应的贴现率为 18%;另一个小于 2.6667 的是 2.5887,其对应的贴现率为 20%。IRR 应位于 18% 与 20% 之间,如图 7-5 所示。

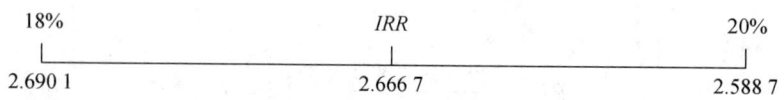

$$
\begin{array}{ccc}
18\% & IRR & 20\% \\
2.6901 & 2.6667 & 2.5887
\end{array}
$$

图 7-5 线性插值示意图

利用线性插值法得到:

$$\frac{IRR - 18\%}{20\% - 18\%} = \frac{2.6901 - 2.6667}{2.6901 - 2.5887}$$

$$IRR = 18\% + \frac{2.6901 - 2.6667}{2.6901 - 2.5887} \times (20\% - 18\%) = 18.46\%$$

2. 一般计算法

若建设期不为零,原始投资额是在建设期内分次投入或投资方案在经营期内各年现金净流量不相等的情况下,无法应用上述的简单方法,则应采用逐次测试法,并结合线性插值法计算内含报酬率,其计算步骤如下:

（1）估计一个贴现率,用它来计算净现值。如果净现值为正数,说明方案的实际内含报酬率大于预计的贴现率,应提高贴现率再进一步测试;如果净现值为负数,说明方案本身的报酬率小于估计的贴现率,应降低贴现率再进行测算。反复测试,直到找出两个贴现率 i_1 和 i_2,$i_1 < i_2$,以 i_1 为贴现率计算的净现值 $NPV_1 > 0$ 且最接近零;以 i_2 为贴现率计算的净现值 $NPV_2 < 0$ 且最接近零。

(2)用线性插值法求出该方案的内含报酬率 IRR。如图 7-6 所示。

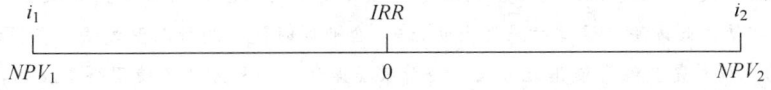

图 7-6 线性插值示意图

根据各指标之间的关系,即可得到计算内含报酬率的一般公式:

$$IRR = i_1 + \frac{NPV_1}{NPV_1 - NPV_2} \times (i_2 - i_1)$$

【例 7-34】 根据[例 7-24]的资料,计算 B 方案的内含报酬率。

解:第一次测试,取贴现率 10%:

$$NPV = 95 \times (P/F, 10\%, 1) + 98 \times (P/F, 10\%, 2) + 105$$
$$\times (P/F, 10\%, 3) + 108 \times (P/F, 10\%, 4) - 280$$
$$= 40.002\ 2(万元)$$

NPV 的值高出 0 较多,说明低估了贴现率。

第二次测试,取贴现率 16%:

$$NPV = 95 \times (P/F, 16\%, 1) + 98 \times (P/F, 16\%, 2)$$
$$+ 105 \times (P/F, 16\%, 3) + 108 \times (P/F, 16\%, 4) - 280$$
$$= 1.655(万元)$$

说明仍然低估了贴现率。

第三次测试,取贴现率 18%:

$$NPV = 95 \times (P/F, 18\%, 1) + 98 \times (P/F, 18\%, 2) + 105 \times (P/F, 18\%, 3)$$
$$+ 108 \times (P/F, 18\%, 4) - 280$$
$$= -9.494\ 5(万元)$$

根据以上计算,得到 $i_1 = 16\%$、$NPV_1 = 1.655$(万元)、$i_2 = 18\%$、$NPV_2 = -9.494\ 5$(万元),B 方案的内含报酬率如下:

$$IRR = 16\% + \frac{1.655}{1.655 - (-9.4945)} \times (18\% - 16\%) = 16.30\%$$

内含报酬率也是长期投资决策评价指标中最重要的指标之一。它的优点是,在考虑货币时间价值基础上,直接反映投资项目的实际收益率水平,而且不受决策者设定的贴现率高低的影响,比较客观。其缺点主要是,如果投资方案在经营期现金净流量不是持续地大于零,而是出现间隔若干年就会有 1 年现金净流量小于零,就可能计算出若干个内含报酬率。在这种情况下,只能结合其他指标或凭经验加以判断。

延伸阅读7-3 ....

投资决策指标的选择

近40年来,很多调查表明,大公司的财务经理倾向于内部收益率和投资回收期的方法而不是净现值法。然而,最近的一项对《财富》500强企业的统计调查结果显示,净现值法是目前使用最广泛的投资分析方法。在净现值法的使用中,有85.1%回应说始终或经常使用此方法。而对于内部收益率的使用,76.7%的人说始终或经常使用此方法。这些结果还表明,许多企业同时使用两种贴现方法。在投资回收期法的使用者中,52.6%的人说总是会经常使用此方法。会计收益率法是四种方法中使用得最少的,只有14.7%。

第四节 | 长期投资决策评价指标的运用

正确地计算主要评价指标的目的,是为了在进行长期投资方案的对比与选优中发挥作用。为正确地进行方案的对比与选优,要从不同的投资方案之间的关系出发,将投资方案区分为独立方案和互斥方案两大类。独立方案是指一组相互分离、互不排斥的方案,选择其中一方案并不排斥选择另一方案。例如,新建办公楼、购置生产设备是相互独立的方案。互斥方案是指一组相互关联、相互排斥的方案,选择其中一方案,就会排斥其他方案。例如,假设进口设备和国产设备的使用价值相同,都可用来生产同样的产品,购置进口设备就不能购置国产设备,购置国产设备就不能购置进口设备,所以这两个方案是互斥方案。

一、独立方案的可行性评价

若某一独立方案的动态评价指标满足以下条件:

$$NPV \geqslant 0, \ NPVR \geqslant 0, \ PI \geqslant 1, \ IRR \geqslant i_m$$

则项目具有财务可行性;反之,则不具备财务可行性。其中 i_m 为基准贴现率(即预期报酬率或资金成本率)。

要注意的是:利用以上四个动态评价指标对同一个投资方案的财务可行性进行评价时,得出的结论完全相同,不会产生矛盾。如果静态评价指标的评价结果与动态评价指标产生矛盾时,应以动态评价指标的结论为准。

【例7-35】 假定华夏公司计划年度拟购置设备一台,购置成本为120 000元,该设备预计可使用6年,使用期满有净残值6 000元,按直线法计提折旧。使用后每年可增加营业收入85 000元,同时增加总成本52 500元,所得税税率为25%,若该公司的基准贴现率为10%,决策者期望投资利润率为9.5%,期望静态投资回收期为3年。

计算下列评价指标:

(1)投资利润率。

(2)静态投资回收期。

(3)净现值。

(4)净现值率。

(5)现值指数。

(6)内含报酬率。

并对上述设备购置方案是否可行作出评价。

解：

$$年折旧额 = \frac{120\,000 - 6\,000}{6} = 19\,000(元)$$

$$NCF_0 = -120\,000(元)$$

$$NCF_{1-5} = (85\,000 - 52\,500) \times (1 - 25\%) + 19\,000 = 43\,375(元)$$

$$NCF_6 = (85\,000 - 52\,500) \times (1 - 25\%) + 19\,000 + 6\,000 = 49\,375(元)$$

(1) 投资利润率$(ROI) = \dfrac{(85\,000 - 52\,500) \times (1 - 25\%)}{120\,000} = 20.31\% > 9.5\%(期望投资利润率)$

(2) 累计现金净流量计算表如表 7-4 所示。

表 7-4 <div align="center">累计现金净流量计算表</div> 单位:元

年序	0	1	2	3	4	5	6
现金净流量	−120 000	43 375	43 375	43 375	43 375	43 375	49 375
累计现金净流量	−120 000	−76 625	−33 250				

$$静态投资回收期(PP) = 2 + \frac{|-33\,250|}{43\,375} = 2.77(年) < 3(年)(期望静态投资回收期)$$

(3) $NPV = 43\,375 \times (P/A, 10\%, 6) + 6\,000 \times (P/F, 10\%, 6) - 120\,000 = 72\,298.14(元)$
> 0

(4) $NPVR = \dfrac{72\,298.14}{120\,000} = 60.25\% > 0$

(5) $PI = 1 + NPVR = 1 + 60.25\% = 1.602\,5 > 1$

(6) 根据(3)，贴现率 $i = 10\%$ 时，$NPV = 51\,066.05(元)$，应较大幅度地增加贴现率。

选取贴现率 $i = 28\%$：

$$NPV = 43\,375 \times (P/A, 28\%, 6) + 6\,000 \times (P/F, 28\%, 6) - 120\,000 = 1\,434.975(元)$$

选取贴现率 $i = 32\%$：

$$NPV = 43\,375 \times (P/A, 32\%, 6) + 6\,000 \times (P/F, 32\%, 6) - 120\,000 = -8\,943.875(元)$$

$$IRR = 28\% + \frac{1\,434.975}{1\,434.975 - (-8\,943.875)} \times (32\% - 28\%) = 28.553\% > 10\%(基准贴现率)$$

根据以上的计算结果，该方案的各项动态评价指标和投资利润率指标均达到方案可行的标准。所以总体上来讲，该方案值得投资。

二、多个互斥方案的对比和选优

多个互斥方案对比和选优的过程，就是在每一个入选的投资方案已具备财务可行性的前提下，利用评价指标从各个备选方案中最终选出一个最优方案的过程。在各种不同的情况下，将选择某一特定评价指标作为决策标准或依据，从而形成净现值法、净现值率法、差额净现值法、差额内含报酬率法、年等额净现值法等具体方法。

（一）多个互斥方案原始投资额相等的情况

在对原始投资额相等并且计算期也相等的多个互斥方案进行评价时，可采用净现值法；

计算期不相等时可采用净现值率法,即通过比较所有投资方案的净现值或净现值率指标的大小来选择较优方案,净现值或净现值率最大的方案为较优方案。

【例 7-36】 华夏公司计划投资使用 5 年的固定资产投资项目需要原始投资额 200 000 元。现有 A、B 两个互斥方案可供选择。采用 A 方案,每年现金净流量分别为 60 000 元、70 000 元、80 000 元、90 000 元和 100 000 元。采用 B 方案,每年现金净流量均为 85 000 元。如果贴现率为 10%,该企业应选择哪一个方案?

解:

$$NPV_A = 60\ 000 \times (P/F,\ 10\%,\ 1) + 70\ 000 \times (P/F,\ 10\%,\ 2)$$
$$+\ 80\ 000 \times (P/F,\ 10\%,\ 3) + 90\ 000 \times (P/F,\ 10\%,\ 4) + 100\ 000$$
$$\times (P/F,\ 10\%,\ 5) - 200\ 000 = 96\ 058(元)$$
$$NPV_B = 85\ 000 \times (P/A,\ 10\%,\ 5) - 200\ 000 = 122\ 218(元)$$

B 方案的净现值大于 A 方案的净现值,应选择 B 方案。

(二)多个互斥方案原始投资额不相等,但项目计算期相等的情况

在对原始投资额不相等但计算期相等的多个互斥方案进行评价时,可采用差额净现值法(记作 ΔNPV)或差额内含报酬率法(记作 ΔIRR),是指在两个原始投资总额不同方案的差量现金净流量(记作 ΔNCF)的基础上,计算出差额净现值或差额内含报酬率,并以此作出判断的方法。

在一般情况下,差量现金净流量等于原始投资额大的方案的现金净流量减原始投资额小的方案的现金净流量,当 $\Delta NPV \geqslant 0$ 或 $\Delta IRR \geqslant i_m$(基准贴现率)时,原始投资额大的方案较优;反之,则原始投资额小的方案较优。差额净现值 ΔNPV 和差额内含报酬率 ΔIRR 的计算过程与依据 NCF 计算净现值 NPV 和内含报酬率 IRR 的过程完全一样,只是所依据的是 ΔNCF。

【例 7-37】 华夏公司拟投资一项目,现有甲、乙两个方案可供选择,甲方案原始投资为 200 万元,期初一次投入,第 1~9 年的现金净流量为 38.6 万元,第 10 年的现金净流量为 52.4 万元。乙方案原始投资为 152 万元,期初一次投入,第 1~9 年的现金净流量为 29.8 万元,第 10 年的现金净流量为 40.8 万元。基准贴现率为 10%。

要求:

(1)计算两个方案的差额现金净流量。

(2)计算两个方案的差额净现值。

(3)计算两个方案的差额内含报酬率。

(4)作出决策应采用哪个方案。

解:(1)
$$\Delta NCF_0 = -200 - (-152) = -48(万元)$$
$$\Delta NCF_{1-9} = 38.6 - 29.8 = 8.8(万元)$$
$$\Delta NCF_{10} = 52.4 - 40.8 = 11.6(万元)$$

(2)
$$\Delta NPV = 8.8 \times (P/A,\ 10\%,\ 9) + 11.6 \times (P/F,\ 10\%,\ 10) - 48$$
$$= 8.8 \times 5.759 + 11.6 \times 0.385\ 5 - 48 = 7.151\ 0(万元)$$

(3)取 $i = 12\%$ 测算 ΔNPV

$$\Delta NPV = 8.8 \times (P/A,\ 12\%,\ 9) + 11.6 \times (P/F,\ 12\%,\ 10) - 48$$
$$= 8.8 \times 5.328\ 2 + 11.6 \times 0.322\ 0 - 48 = 2.623\ 4(万元)$$

再取 $i=14\%$ 测算 ΔNPV

$$\Delta NPV = 8.8 \times (P/A, 14\%, 9) + 11.6 \times (P/F, 14\%, 10) - 48$$
$$= 8.8 \times 4.946\ 4 + 11.6 \times 0.269\ 7 - 48 = -1.343\ 2(万元)$$

用插入法计算 ΔIRR：

$$\Delta IRR = 12\% + \frac{2.623\ 4}{2.623\ 4 - (-1.343\ 2)} \times (14\% - 12\%)$$
$$= 13.32\% > 基准贴现率 10\%$$

(4) 计算结果表明，差额净现值为 7.151 0 万元大于零；差额内含报酬率为13.32%大于基准贴现率10%，应选择甲方案。

(三) 多个互斥方案的原始投资额不相等，项目计算期也不相同的情况

1. 年等额净现值法

在对原始投资额不相等，特别是计算期也不相同的多个互斥方案进行评价时，可采用年等额净现值法，即分别将所有投资方案的净现值平均分摊到每 1 年，得到每一方案的年等额净现值指标，通过比较年等额净现值指标的大小来选择最优方案。在此法下，年等额净现值最大的方案为最优方案。

年等额净现值法的计算步骤如下：

(1) 计算各方案的净现值 NPV（应排除 $NPV<0$ 的不可行方案）。

(2) 计算各方案的年等额净现值，假设贴现率为 i，项目计算期为 n，则：

$$年等额净现值 A = \frac{净现值}{年金现值系数} = \frac{NPV}{(P/A, i, n)}$$

【例 7-38】 华夏公司有三项互斥的投资方案，其现金净流量如表 7-5 所示。

表 7-5　　　　　　　　　　投资方案现金净流量资料　　　　　　　　　　单位：万元

年序	0	1	2	3	4	5	6	7	8
A 方案	−100	40	45	50					
B 方案	−120	35	35	35	35	45			
C 方案	−150				65	65	65	65	65

公司的贴现率为10%，要求：

(1) 分别判断以上方案的财务可行性。

(2) 用年等额净现值法作出投资决策。

解：(1)

$$NPV_A = 40 \times (P/F, 10\%, 1) + 45 \times (P/F, 10\%, 2) + 50 \times (P/F, 10\%, 3) - 100$$
$$= 40 \times 0.909\ 1 + 45 \times 0.826\ 4 + 50 \times 0.751\ 3 - 100 = 11.117(万元) > 0$$
$$NPV_B = 35 \times (P/A, 10\%, 4) + 45 \times (P/F, 10\%, 5) - 120$$
$$= 35 \times 3.169\ 9 + 45 \times 0.620\ 9 - 120 = 18.887(万元) > 0$$
$$NPV_C = 65 \times (P/A, 10\%, 5) \times (P/F, 10\%, 3) - 150 = 35.121\ 8(万元) > 0$$

A、B、C 三方案均可行。

(2)

$$A 方案的年等额净现值 = \frac{11.117}{(P/A, 10\%, 3)} = \frac{11.117}{2.486\ 9} = 4.470\ 2(万元)$$

$$B 方案的年等额净现值 = \frac{18.887}{(P/A, 10\%, 5)} = \frac{18.887}{3.790\ 8} = 4.982\ 3(万元)$$

$$C 方案的年等额净现值 = \frac{35.121\ 8}{(P/A, 10\%, 8)} = \frac{35.121\ 8}{5.334\ 9} = 6.583\ 4(万元)$$

计算结果表明 C 方案为最优方案。

2. 年等额成本法

在实际工作中,有些投资方案的营业收入相同,也有些投资方案不能单独计算盈亏但能达到同样的使用效果,如甲、乙设备生产数量相等的同类配件,这时可采用"年等额成本法"作出比较和评价。在此法下,年等额成本最小的方案为最优方案。

【例 7-39】 华夏公司有甲、乙两个设备投资方案可供选择,两设备的生产能力相同,甲、乙设备的使用寿命分别为 4 年和 5 年,均无建设期,甲方案的原始投资额为 300 万元,每年的经营成本分别为 200 万元、220 万元、240 万元和 260 万元,使用期满有 15 万元的净残值;乙方案投资额为 500 万元,每年的经营成本均为 160 万元,使用期满有 25 万元净残值。

要求:假定企业的贴现率为 10%,用年等额成本法作出投资决策。

解:

$$甲方案的成本现值 = 300 + 200 \times (P/F, 10\%, 1) + 220 \times (P/F, 10\%, 2)$$
$$+ 240 \times (P/F, 10\%, 3) + 260 \times (P/F, 10\%, 4) - 15 \times (P/F, 10\%, 4)$$
$$= 300 + 200 \times 0.909\ 1 + 220 \times 0.826\ 4 + 240 \times 0.751\ 3 + 260 \times 0.683\ 0$$
$$- 15 \times 0.683\ 0 = 1\ 011.275(万元)$$

$$乙方案的成本现值 = 500 + 160 \times (P/A, 10\%, 5) - 25 \times (P/F, 10\%, 5)$$
$$= 500 + 160 \times 3.790\ 8 - 25 \times 0.620\ 9 = 1\ 091.005\ 5(万元)$$

$$甲方案的年等额成本 = \frac{1\ 011.275}{(P/A, 10\%, 4)} = \frac{1\ 011.275}{3.169\ 9} = 319.024\ 3(万元)$$

$$乙方案的年等额成本 = \frac{1\ 091.005\ 5}{(P/A, 10\%, 5)} = \frac{1\ 091.005\ 5}{3.790\ 8} = 287.803\ 5(万元)$$

计算结果表明乙方案为最优方案。

3. 计算期最小公倍数法

计算期最小公倍数法是将各方案计算期的最小公倍数作为比较方案的共有计算期,并将原计算期内的净现值调整为共有计算期的净现值,然后进行比较决策的一种方法。假设参与比较决策的方案都具有可复制性,是使用计算期最小公倍数法的前提条件。调整为共有计算期的净现值最大的方案为最优方案。

【例 7-40】 华夏公司有甲、乙两项互斥的投资方案,其现金净流量如表 7-6 所示。

表 7-6　　　　　　　　　　甲、乙方案现金净流量表　　　　　　　　　单位:万元

年序	0	1	2	3
甲方案	−100	−100	200	200
乙方案	−120	130	130	

公司的贴现率为 10%，要求：

（1）分别判断以上方案的财务可行性。

（2）用计算期最小公倍数法作出投资决策。

解：（1）

$$NPV_甲 = -100 + (-100) \times (P/F, 10\%, 1) + 200 \times (P/F, 10\%, 2)$$
$$+ 200 \times (P/F, 10\%, 3) = 124.63（万元）> 0$$
$$NPV_乙 = -120 + 130 \times (P/A, 10\%, 2) = 105.615（万元）> 0$$

甲、乙两方案均可行。

（2）甲、乙两方案计算期的最小公倍数为 6 年，甲方案需要重复 2 次，乙方案需要重复 3 次，甲、乙方案重复现金净流量如表 7-7 所示。

表 7-7 　　　　　　　　　　甲、乙方案重复现金净流量表　　　　　　　　单位：万元

年序	0	1	2	3	4	5	6
甲原方案	-100	-100	200	200			
第一次重复				-100	-100	200	200
乙原方案	-120	130	130				
第一次重复			-120	130	130		
第二次重复					-120	130	130

甲方案共有计算期的净现值 $= 124.63 + 124.63 \times (P/F, 10\%, 3)$
$$= 124.63 + 124.63 \times 0.7513 = 218.2645（万元）$$

乙方案共有计算期的净现值 $= 105.615 + 105.615 \times (P/F, 10\%, 2) + 105.615 \times (P/F, 10\%, 4)$
$$= 105.615 + 105.615 \times 0.8264 + 105.615 \times 0.6830$$
$$= 265.0303（万元）$$

计算结果表明应选择乙方案。

4. 最短计算期法

最短计算期法是将所有参与比较决策的方案的净现值均还原为年等额净现值的基础上，再按照投资方案最短的计算期作为共有计算期计算出相应的净现值，然后进行比较决策的一种方法。调整为共有计算期的净现值最大的方案为最优方案。

【例 7-41】 沿用［例 7-40］的资料。

要求：用最短计算期法作出投资决策。

解：甲、乙两方案的最短计算期为 2 年。

$$甲方案年等额净现值 = \frac{124.63}{(P/A, 10\%, 3)} = \frac{124.63}{2.4869} = 50.1146（万元）$$

$$甲方案共有计算期的净现值 = 50.1146 \times (P/A, 10\%, 2)$$
$$= 50.1146 \times 1.7355 = 86.9739（万元）$$

乙方案原计算期与最短的计算期相等均为 2 年,不需调整。所以:

乙方案共有计算期的净现值 = 105.615(万元)

计算结果表明应选择乙方案。

 延伸阅读 7-4

钢企的非钢化投资

2013 年 9 月 25 日,方大特钢宣布出资 2 000 万元在上海成立一家餐饮公司,成为钢企非钢化生存的最新案例。在钢铁业寒气依然逼人的背景下,"非钢产业"正渐渐成为钢企依仗的支柱之一。

当钢企每生产一吨螺纹钢只能赚一瓶"可口可乐"的时候,正如中钢协副会长兼秘书长张长富在首届钢铁行业非钢产业大会上所言,发展非钢产业"已经不是局部问题、战术问题,而是事关企业可持续发展的全局问题、战略问题"。

"非钢产业"最早进入公众视野,可追溯至武钢"养猪",当时还引发了颇多的非议。现如今,无论生产水泥、采煤,还是酿造葡萄酒,当然还有"时髦"的电子商务、互联网,钢企早已干得驾轻就熟。

数据显示,至 2015 年,宝钢非钢产业经营规模将达到 2 000 亿元;鞍钢非钢业务收入将占到集团公司总收入的 15% 以上;武钢非钢产业营业收入要在 2010 年 510 亿元的基础上翻一番,达到 1 100 亿元以上,占集团公司营业收入的 30% 以上⋯⋯

有意思的是,拥有 200 年历史的德国蒂森克虏伯集团也选择了"非钢化生存"。不过,同样是"非钢化",中外钢铁巨头们的思路其实有着本质上的不同。孰是孰非,尚待市场的检验。

第五节 长期投资决策的敏感性分析

长期投资决策评价指标计算所使用的资料,绝大部分根据预测和估算所得到,有相当程度的不确定性。敏感性分析是指确定某一个或几个因素在一定范围内的变动将会对方案的评价结果影响的程度,使决策者能事先预料到这些因素在多大的范围内变动才不会影响决策的可行性和最优性。一旦超出了这个范围,原来可行的方案会发生变化,就要重新进行选择和决策。如果某一因素在较小的范围内的变动会对评价指标产生很大的影响,说明该因素对投资方案的敏感性很强,在决策分析时要密切关注和监控。如果某一因素在较大的范围内的变动也不会对投资方案的可行性产生影响,说明该因素对投资方案的敏感性很弱,在决策分析时不须过多关注和监控。

一、以净现值为基础的敏感性分析

以净现值为基础的敏感性分析主要有两个方面:

(1)现金净流量对净现值的敏感性分析。即计算出使投资方案可行的每年现金净流量的下限临界值,然后就可得到每年的现金净流量在多大的范围内变动才不至于影响投资方案的可行性。

(2)项目使用年限对净现值的敏感性分析。即计算出项目使用年限的下限临界值,然后就可得到该项目的使用年限在多大的范围内变动才不至于影响投资方案的可行性。

【例 7-42】 华夏公司有一投资方案,需用资金 280 万元,预计使用年限为 6 年,每年现金净流量预计为 80 万元,资金成本为 12%。要求对该投资方案以净现值为基础进行敏感性分析。

解:

$$净现值 = 80 \times (P/A, 12\%, 6) - 280 = 80 \times 4.111\ 4 - 280 = 48.912(万元)$$

投资方案的净现值大于零,方案可行。

① 现金净流量对净现值的敏感性分析。由于每年现金净流量的下限临界值就是使该投资方案的净现值为零时的现金净流量,即有:

$$现金净流量的下限临界值 = \frac{280}{(P/A, 12\%, 6)} = \frac{280}{4.111\ 4} = 68.103\ 3(万元)$$

由此可见,如果该投资方案的使用年限不变,每年现金净流量下降至 68.103 3 万元,投资方案依然可行,但如果每年现金净流量低于 68.103 3 万元,方案的净现值小于零,方案便不可行了。

② 项目使用年限对净现值的敏感性分析。由于投资方案使用年限的下限临界值就是使该投资方案的净现值为零时的使用年限,即有:$80 \times (P/A, 12\%, n) - 280 = 0$,移项后得到:

$$(P/A, 12\%, n) = 280/80 = 3.5$$

查附表四可得:$(P/A, 12\%, 4) = 3.037\ 3$,$(P/A, 12\%, 5) = 3.604\ 8$,表明投资方案使用年限的下限临界值应在 4～5 年之间。利用线性插值法可得:

$$使用年限的下限临界值 = 4 + \frac{3.5 - 3.037\ 3}{3.604\ 8 - 3.037\ 3} = 4.815\ 3(年)$$

由此可见,如果该投资方案的现金净流量不变,使用年限下降至 4.815 3 年,投资方案依然可行,但使用年限低于 4.815 3 年,方案的净现值小于零,方案便不可行了。

从上述计算可知,这两个因素都可影响方案的净现值,但它们的影响程度却无法通过上述计算得知。能够反映影响程度的指标是敏感系数。

下面将以敏感系数分析法来进行以内部报酬率为基础的敏感性分析。

二、以内含报酬率为基础的敏感性分析

以内含报酬率为基础的敏感性分析主要也有两个方面:

(1)现金净流量变动对内含报酬率的敏感性分析。即假定项目使用年限不变的条件下,测算现金净流量变动对内含报酬率的影响程度。

(2)项目使用年限变动对内含报酬率的敏感性分析。即假定每年现金净流量不变的条件下,测算项目使用年限变动对内含报酬率的影响程度。

影响程度可用敏感系数表示,敏感系数的计算公式如下:

$$敏感系数 = \frac{目标值变动百分比}{变量值变动百分比}$$

敏感系数越大,表明变量值对目标值的影响程度即敏感性越大;敏感系数越小,表明变量值对目标值的影响程度即敏感性越小。

【例 7-43】 仍以[例 7-42]的资料,要求计算该投资方案的内含报酬率,并以内含报酬率为基础进行敏感性分析。

解：

$$令 80 \times (P/A, i, 6) - 280 = 0$$

$$则有 (P/A, i, 6) = \frac{280}{80} = 3.5$$

查附表四可得：$(P/A, 18\%, 6) = 3.4976$，$(P/A, 16\%, 6) = 3.6847$，表明投资方案的内含报酬率在 $16\% \sim 18\%$ 之间，利用线性插值法可得：

$$内含报酬率(IRR) = 16\% + \frac{3.6847 - 3.5}{3.6847 - 3.4916} \times (18\% - 16\%) = 17.91\%$$

由于投资方案的内含报酬率 17.91% 大于资金成本 12%，方案可行。

现金净流量对内含报酬率敏感系数计算如下：

$$敏感系数 = \frac{(17.91\% - 12\%) \div 17.91\%}{(80 - 68.1033) \div 80} = 2.219$$

项目使用年限对内含报酬率敏感系数计算如下：

$$敏感系数 = \frac{(17.91\% - 12\%) \div 17.91\%}{(6 - 4.8153) \div 6} = 1.6712$$

由此得出，投资方案内含报酬率变动率是现金净流量变动率的 2.219 倍，是使用年限变动率的 1.6712 倍，说明现金净流量对内含报酬率的影响要比使用年限大。另外也可以看出，如果内含报酬率下降了 5.91%（$17.91\% - 12\%$），就会使投资方案平均每年现金净流量减少 11.8967 万元（$80 - 68.1033$），也会使使用年限减少 1.1847 年（$6 - 4.8153$）。

本 章 小 结

本章主要讲述了长期投资决策分析的基本因素，包括资金时间价值、资本成本和现金流三个方面。重点阐述了长期投资决策的静态和动态两大类评价方法，静态评价法不考虑资金的时间价值，使用的指标主要包括投资利润率、静态投资回收期等。动态评价指标考虑资金的时间价值，常用的分析指标主要包括净现值、净现值率、现值指数和内含报酬率。

本章重要概念

资金时间价值　资本成本　现金流　投资利润率　静态投资回收期　净现值　净现值率　现值指数　内含报酬率

推荐阅读资料

［1］吴大军，牛彦秀.管理会计［M］.大连：东北财经大学出版社，2010.

［2］孙茂竹，文广伟，杨万贵.管理会计学［M］.北京：中国人民大学出版社，2013.

［3］刘萍，于树彬，刘西涛.管理会计［M］.大连：东北财经大学出版社，2013.

第八章 标准成本法

内容简介

本章主要讲解了标准成本法的基本理论和作用;详细介绍了标准成本的制定,具体包括直接材料、直接人工、制造费用等标准成本的制定及其差异的计算与分析;并讲解了成本差异的核算账户、成本差异的核算程序以及账务处理。

学习目的和要求

通过本章的学习,学生应掌握标准成本的含义、分类;掌握产品各个成本项目的标准成本制定方法;能够结合实际资料,进行产品标准成本的制定;掌握标准成本差异的计算与分析;熟悉标准成本差异核算账户,并能进行账务处理。

引例 如何进行成本控制

红旗机械厂是一小型制造加工企业,虽然经营情况总体不错,但企业的经营利润还是不够理想,经行业专家诊断,发现主要原因是企业的生产成本控制存在问题,如材料的采购成本、生产效率不太稳定,且发现生产中经常会有一些材料、水电的浪费现象。

新来的财务部经理建议企业实施标准成本控制制度来控制生产成本。那么,标准成本制度是如何实施的呢? 由谁来制定、怎样制定成本的标准? 标准成本制度能帮助企业找出成本控制中的问题及其产生的原因吗?

第一节 标准成本法概述

一、标准成本法的含义和特点

标准成本法也称标准成本制度,或标准成本会计,是以预先运用技术测定等科学方法制定的标准成本为基础,将实际发生的成本与标准成本进行比较,核算和分析成本差异的一种成本计算方法,也是加强成本控制、评价经营业绩的一种成本控制制度。

标准成本法的核心是按标准成本记录和反映产品成本的形成过程和结果,并借以实现对成本的控制。标准成本法的基本原理是:首先,在成本发生时将实际成本划分为标准成本与成本差异两部分,汇集成本差异,分析成本差异产生的原因并报告给有关部门,以便控制成本;其次,期末以标准成本为基础分配和结转成本差异,计算产品成本。

标准成本法有以下几个特点:

(1)预先按照成本项目制定产品标准成本,这是标准成本法的关键。

(2)按标准成本进行产品成本核算,不计算各种产品的实际成本。"基本生产成本"、"产成品"和"自制半成品"科目的借贷方,均按标准成本入账。

(3)计算各成本项目实际成本与标准成本的差异,设立各种成本差异科目并进行归集和相应的账务处理,并借以对产品成本进行控制和考核。

由上述特点可以看出,标准成本法并不单纯是一种成本计算方法,而是一种将成本计算和成本控制相结合,由制定标准成本、计算和分析成本差异、处理成本差异三个环节所组成的完整系统。

二、标准成本的种类

标准成本的种类有多种,主要包括理想标准成本、正常标准成本和现实标准成本。

1. 理想标准成本

理想标准成本是以现有生产技术条件和经营管理所能达到最优的情况下确定的目标成本。它通常是根据理论上的生产要素耗用量、最理想的生产要素价格和可能实现的最高生产经营能力利用程度来制定的。由于这种标准成本未考虑客观存在的实际情况,往往难以实现,故在实际工作中较少采用。

2. 正常标准成本

它是以正常的工作效率、正常的耗用水平、正常的价格和正常的生产经营能力利用程度等条件为基础制定的标准成本。这里的"正常"是指企业过去较长时期内所能达到的平均水平。由于正常标准成本只是根据过去的平均水平估计的,往往不能反映目前的实际水平,用它来控制成本也不够积极,它一般只用来估计未来的成本变动趋势。

3. 现实标准成本

现实标准成本是在现有的生产条件下应该达到的成本水平。它依据现实合理的消耗量、价格和合理的生产能力利用程度等条件制定的切合实际情况的一种标准成本。这种标准成本是通过努力能够达到、切实可行、最接近实际的一种标准成本,因此标准成本法一般采用这种标准成本。

三、标准成本的作用

由于事先确定标准成本、事中计算成本差异、事后进行成本差异分析,因而标准成本制度的建立主要有以下作用。

(1)便于企业编制预算和进行预算控制。事实上,标准成本本身就是单位成本预算。例如,在编制直接人工成本预算时,首先要确定每生产一个产品所需耗费的工时数以及每小时的工资率,然后用它乘以预算的产品产量,就可以确定总人工成本预算数。

(2)可以有效地控制成本支出。在领料、用料、安排工时和人力时,均以标准成本作为事前和事中控制的依据。

（3）可以为企业的例外管理提供数据。以标准成本为基础与实际成本进行比较产生的差异，是企业进行例外管理的必要的信息。

（4）可以帮助企业进行产品的价格决策和预测。例如，在给新产品定价时，通常可以在标准成本的基础上加一定的利润来确定其价格。

（5）可以简化存货的计价以及成本核算的账务处理工作。在标准成本下，原材料、在产品、产成品均以标准成本计价，所产生的差异均由发生期负担，这样一来，在成本计算方面可以大大减少核算的工作量。

（6）有利于正确评价业绩。由于标准成本是正常生产条件下制造产品应有的成本额，因此用本期实际成本与标准成本比较，就能正确评价企业的工作质量；同时，标准成本也可以作为各成本中心之间半成品内部转移价格确定的依据。这样就可以避免成本中心的责任成本不受外界因素的影响，从而有利于正确评价它们的业绩。

 延伸阅读8-1

采用标准成本法控制成本

在高度竞争的公司，如联邦快递、西北航空、戴尔电脑及丰田企业，必须能够在低成本下提供高品质的产品及服务。如果不这样，他们会被淘汰出局。也就是说，经营者必须以最低的成本投入，如直接材料及电力，并以最有效的方法使用它，维持并增加产出的品质。如果投入采购成本过高或使用效率过低，那么就会导致成本偏高。

管理者如何控制投入成本的价格及使用量？他们可以观察每一笔交易，但显然这对管理者而言将很没效率。所以，很多公司至少依赖部分标准成本来解决此控管的难题。

第二节 标准成本的制定

采用标准成本法的前提和关键是标准成本的制定。如标准定得过低，轻而易举地完成，则达不到激励的目的；反之，标准定得过高，难以实现，则使生产人员失去信心。因此，企业要进行成本控制，必须制定合理的标准。

一、标准成本的构成

标准成本一般是由会计部门同采购部门、生产技术部门和其他有关经营管理部门，在对企业生产经营的具体条件进行分析、研究和技术测定的基础上采用科学的方法共同制定的。产品成本一般由直接材料、直接人工和制造费用三个成本项目组成，因此，企业也应根据这些成本项目的特点，分别制定标准成本。制定标准成本时，通常首先确定直接材料和直接人工的标准成本；其次确定制造费用的标准成本；最后确定单位产品的标准成本。

在制定时，无论计算哪个成本项目，都需要分别计算其用量标准和价格标准，两者的乘积得出单位产品的标准成本。标准成本构成如表8-1所示。

其中，采购部门是材料价格的责任部门，劳资部门和生产部门对小时工资率负有责任，各生产车间对小时制造费用率承担责任，在制定有关价格标准时需要与他们协商。

表 8-1   标准成本构成

成本项目	用量标准	价格标准
直接材料	单位产品材料消耗量	原材料价格
直接人工	单位产品直接人工工时	小时工资率
变动制造费用	单位产品直接人工工时	小时制造费用分配率

二、直接材料标准成本的制定

直接材料标准成本的制定,包括直接材料用量标准的制定和直接材料价格标准的制定两个方面。直接材料标准成本的计算公式如下:

$$直接材料标准成本 = 直接材料用量标准 \times 直接材料价格标准$$

直接材料用量标准是指单位产品应该消耗的材料数量,即产品的材料消耗定额。直接材料用量标准通常应根据产品的设计、生产工艺状况,并结合企业的经营管理水平,考虑降低材料消耗的可能性等条件制定,所以该标准的制定最好由产品设计部门及相关管理人员负责。

由于材料价格受诸多因素的影响,直接材料价格标准的确定相对较难。通常,在制定直接材料价格标准时,不仅要考虑目前市价及未来市场的变化,而且要考虑最有利的采购条件,如最佳采购批量、最佳运输方式等,因而应在征询采购部门的意见后制定。

三、直接人工标准成本的制定

直接人工标准成本的制定,包括工时标准的制定和标准工资率的制定两个方面。在工时标准和标准工资率确定以后,用下列公式可求得直接人工标准成本:

$$直接人工标准成本 = 标准工时 \times 标准工资率$$

标准工时,即直接人工用量标准,是指生产单位产品应该耗用的生产工时。这里的工时可以是直接人工工时,也可以是机器工时。工时标准通常应由相关工程、技术部门在技术测定的基础上,根据对产品直接加工所用的时间,并适当考虑正常的工作间隙加以制定。

标准工资率,即直接人工价格标准,通常可由劳资部门根据用工情况制定。不同的工资制度下,标准工资率的表示形式有所不同:采用计件工资制度时,标准工资率是指标准计件工资;采用计时工资制度下时,标准工资率是指单位工时标准工资率,其计算公式如下:

$$标准工资率 = \frac{标准工资总额}{标准总工时}$$

四、制造费用标准成本的制定

各部门的制造费用的标准成本可以分为变动制造费用标准成本和固定制造费用标准成本两部分。

1. 变动制造费用标准成本的制定

变动制造费用标准成本的制定包括工时标准的制定和变动制造费用标准分配率的制定两个方面。其中,工时标准的含义与直接人工工时标准相同;变动制造费用标准分配率可按下列公式求得:

$$变动制造费用标准分配率 = \frac{变动制造费用预算总额}{标准总工时}$$

在上述基础上,变动制造费用标准成本的计算公式如下:

$$变动制造费用标准成本 = 标准工时 \times 变动制造费用标准分配率$$

2. 固定制造费用标准成本的制定

在变动成本法下,固定制造费用作为期间费用全部计入当期损益,因而不包括在产品成本中。在完全成本法下,固定制造费用要在产品之间进行分配,因而需要制定单位产品的固定制造费用标准成本。

固定制造费用标准成本的制定,包括工时标准的制定和固定制造费用标准分配率的制定两个方面。其中,标准工时的含义与直接人工标准工时相同;固定制造费用标准分配率可以按下列公式求得:

$$固定制造费用标准分配率 = \frac{固定制造费用预算总额}{标准总工时}$$

在上述基础上,固定制造费用标准成本的计算公式如下:

$$固定制造费用标准成本 = 标准工时 \times 固定制造费用标准分配率$$

五、标准成本卡

标准成本确定以后,为了便于计算和列示产品的标准成本,通常应按成本项目、用量标准和价格标准,就不同种类、不同规格的产品,编制标准成本卡。

表 8-2 是华夏公司制定的甲产品的标准成本卡。

表 8-2　　　　　　　　　　　　　　　甲产品标准成本卡

成本项目		用量标准	价格标准	单位产品标准成本
直接材料	A	30 千克	10 元	300 元
	B	20 千克	20 元	400 元
	小计	—	—	700 元
直接人工		4 小时	6 元/小时	24 元
变动制造费用		4 小时	8 元/小时	32 元
固定制造费用		4 小时	10 元/小时	40 元
单位产品标准成本				796 元

延伸阅读8-2

标准成本法在国内外的发展情况

作为标准成本法的诞生地,美国是标准成本法发展最好的国家。而作为世界经济第一强国,标准成本法在美国企业的广泛采用,无疑说明了标准成本法的合理性和先进性。美国一些大公司,比如可口可乐、福特汽车等,都把标准成本作为成本控制的标准,把制定标准成本作为企业的一件头等大事。有很多美国企业由总经理亲自对标准成本负责制定并主管修订工作。

20世纪30年代开始,标准成本法从美国传入英国、德国、日本和瑞典等国家。标准成本法在这些国家的企业,特别是制造业企业受到了广泛的欢迎。这些国家的大部分企业相继推行了标准成本制度。美国查尔斯·T·亨格瑞的《成本会计》中"制造业标准成本应用普遍程度"的调研结果显示,至1997年,"被调查者在会计系统中使用标准成本的比例",美国为86%,英国为76%,瑞典为73%,日本为65%。

和标准成本法在欧美日本企业获得广泛采用的情况不同,标准成本法在我们遭遇"水土不服"。据统计,在我国企业的成本管理方法中,和计划成本、目标成本相比,采用标准成本法的企业比较少。这主要是因为标准成本法并不是一种单纯的成本计算方法,而是把成本计算和成本分析结合起来的一个完整的成本控制体系,它的基本要求就是产品结构要合理,单位消耗要科学,单价要合理,这就要求标准成本的制定需要掌握丰富的基础资料。这些资料的取得对企业的管理基础有较高的要求,并需要对行业、市场和历史数据进行全面分析,通常还需技术测定的帮助。而我国企业因为发展阶段、经济环境、观念认识等多方面因素的影响,管理基础大多比较薄弱,多数企业的财务会计系统不支持标准成本法,会计工作与技术测定相结合也比较困难,因此,标准成本法在我国企业的推广实践中困难重重,企业在应用标准成本法的问题上缺乏主动性,过分强调了成本核算的职能,而对成本的管理职能重视不够。

不过,近年来,由于市场经济体制的迫切需要,我国的一些现代化的大企业,主要是传统制造业企业,尝试将标准成本管理成功付诸实践,在企业降本增效方面发挥了很大的作用,涌现出如宝钢、鞍钢、国投、国家电网等一批具有示范意义的标准成本实践企业。

第三节 成本差异的计算和分析

成本差异是指实际成本与标准成本之间的差额。实际成本超过标准成本所形成的差异,叫做不利差异、逆差或超支;实际成本低于标准成本所形成的差异,叫做有利差异、顺差或节约。成本差异是反映实际成本脱离预定目标程度的信息。为了消除这种偏差,要对产生的成本差异进行分析,找出原因和对策,以便采取措施加以纠正。

成本差异包括直接材料成本差异、直接人工成本差异和制造费用差异三部分。其中,制造费用差异又分为变动制造费用差异和固定制造费用差异。

一、直接材料成本差异的计算与分析

直接材料成本差异是直接材料实际成本和标准成本之间的差异。直接材料成本差异的形成的基本原因有两个:一是价格脱离标准;二是用量脱离标准。

直接材料成本差异的计算公式如下:

$$直接材料成本差异 = 直接材料实际成本 - 直接材料标准成本$$
$$直接材料实际成本 = 实际价格 \times 实际用量$$
$$直接材料标准成本 = 标准价格 \times 标准用量$$
$$实际用量 = 直接材料单位实际耗用量 \times 实际产量$$
$$标准用量 = 直接材料耗用标准 \times 实际产量$$

1. 直接材料价格差异

直接材料成本是变动成本,其成本差异形成的原因包括价格差异和数量差异。其中,价格差异是实际价格脱离标准价格所产生的差异,其计算公式如下:

$$材料价格差异 = (实际价格 - 标准价格) \times 实际用量$$
$$= (实际价格 - 标准价格) \times 实际产量 \times 材料单位实际耗用量$$

材料价格差异的形成受各种主客观因素的影响,较为复杂。但由于它与采购部门的关系更为密切,所以其主要责任部门是采购部门。

2. 直接材料数量差异

数量差异是单位实际材料耗用量脱离单位标准材料耗用量所产生的差异,其计算公式如下:

$$材料数量差异 = (材料单位实际耗用量 - 材料单位标准耗用量) \times 标准价格$$

数量差异的形成原因是多方面的,有生产部门的原因,也有非生产部门的原因。数量差异的责任需要通过具体分析才能确定,但主要责任往往应由生产部门承担。

现将以上公式综合如下:

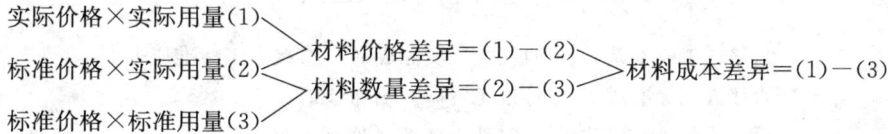

【例8-1】 华夏公司制造乙产品需用A,B两种直接材料,标准价格分别为10元/千克、20元/千克,单位产品的标准用量分别为30千克/件、20千克/件;本期共生产乙产品2 000件,实际耗用A材料50 000千克、B材料45 000千克,A,B两种材料的实际价格分别为9元/千克、22元/千克。

直接材料成本差异计算分析如下:

$$A材料价格差异 = (9-10) \times 50\,000 = -50\,000(元)(有利差异)$$
$$B材料价格差异 = (22-20) \times 45\,000 = 90\,000(元)(不利差异)$$
$$价格差异合计 = -50\,000 + 90\,000 = 40\,000(元)(不利差异)$$
$$A材料标准用量 = 2\,000 \times 30 = 60\,000(千克)$$
$$B材料标准用量 = 2\,000 \times 20 = 40\,000(千克)$$
$$A材料用量差异 = (50\,000-60\,000) \times 10 = -100\,000(元)(有利差异)$$
$$B材料用量差异 = (45\,000-40\,000) \times 20 = 100\,000(元)(不利差异)$$
$$用量差异合计 = -100\,000 + 100\,000 = 0$$
$$产品直接材料成本差异 = 40\,000(元)(不利差异)$$

从[例8-1]中可以知道,材料价格方面的原因使材料成本增加了40 000元,而材料用量没有任何差异,综合来看材料成本增加了 40 000 元。

在计算得出差异的基础上,可据此进一步分析原因,落实责任。

一般来说,材料价格差异是在采购过程中形成的,不应由耗用材料的生产部门负责,而应由采购部门负责,因为影响材料采购价格的各种因素(如采购批量、供应商的选择、交货方式、材料质量、运输工具等)一般都是由采购部门控制并受其决策的影响。采购部门未能按标准价格进货的原因有很多,有些引起材料价格变动因素会超出采购部门的控制范围。例如,因市场供求关系变化所引起的价格变动,就是采购部门所不能控制的。又如,因临时性需要进行紧急采购时,由于改变运输方式而引起的价格差异,也不应由采购部门负责,而应由造成这种情况的有关部门负责。

材料数量差异是材料耗用过程中形成的,反映生产部门的成本控制业绩。一般来说,用量超过标准大多是工人粗心大意、缺乏培训或技术素质较低等原因造成的,应由生产部门负责。除生产部门有关人员的原因会对材料用量差异的形成产生影响外,其他部门的原因也可能对材料用量差异的形成产生影响。例如,因材料质量低劣而增加了废品、因材料不符合要求而大材小用等原因引起的过量用料,就应该由采购部门负责。又如,由于设备管理不完善,生产设备不能完全发挥其生产能力,造成材料用量差异,则应有设备管理部门负责。找出和分析造成差异的原因是有效控制的基础。

二、直接人工成本差异的计算与分析

直接人工成本差异是指直接人工实际成本与标准成本之间的差额,它也被区分为"价差"和"量差"两部分,即直接人工工资率差异和直接人工效率差异。

$$直接人工成本差异 = 直接人工实际成本 - 直接人工标准成本$$
$$直接人工标准成本 = 标准工资率 \times 标准工时$$
$$标准工时 = 单位产品工时耗用标准 \times 实际工时$$

1. 直接人工工资率差异

直接人工工资率差异是指实际工资率脱离标准工资率所产生的差异,其计算公式如下:

$$直接人工工资率差异 = (实际工资率 - 标准工资率) \times 实际工时$$

直接人工工资率差异的形成原因亦较复杂,工资制度的变动、工人的升降级、加班或临时工的增减等,都将导致工资率差异。一般而言,这种差异的责任不在生产部门,劳动人事部门更应对其承担责任。

2. 直接人工效率差异

直接人工效率差异是指实际工时耗用量脱离标准工时耗用量所产生的差异,其计算公式如下:

$$直接人工效率差异 = (实际工时 - 标准工时) \times 标准工资率$$

直接人工效率差异的形成原因是多方面的,工人技术状况、工作环境和设备条件的好坏等,都会影响效率的高低,但其主要责任部门还是生产部门。

现将以上公式综合如下：

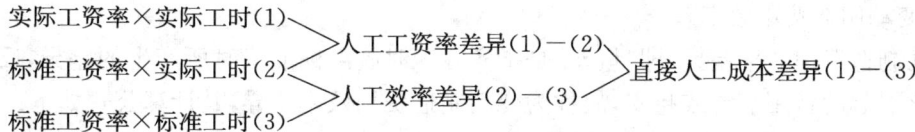

【例8-2】 华夏公司本期生产乙产品 2 000 件,只需一个工种加工,实际耗用 9 000 小时,实际工资总额 49 500 元,平均每工时 5.5 元;标准工资率为每小时 6 元,单位产品的工时耗用标准为 4 小时。直接人工成本差异计算分析如下：

$$标准工时 = 2\ 000 \times 4 = 8\ 000(小时)$$
$$直接人工工资率差异 = (5.5 - 6) \times 9\ 000 = -4\ 500(元)(有利差异)$$
$$直接人工效率差异 = (9\ 000 - 8\ 000) \times 6 = 6\ 000(元)(不利差异)$$
$$直接人工成本差异 = 5.5 \times 9\ 000 - 6 \times 8\ 000$$
$$= 1\ 500(元)(不利差异)$$

或

$$= -4500 + 6\ 000$$
$$= 1\ 500(元)(不利差异)$$

如果生产一种产品需经几个工种加工,则应先对每个工种进行上述的计算分析,然后加总。

直接人工工资率差异形成的原因比较多,主要有工资的调整,直接生产工人升级或降级,出勤率的变化等,原因复杂而且难以控制,一般归属于人事劳动部门管理,差异的具体原因会涉及生产部门及其他部门。

直接人工效率差异形成的原因主要有工人技术的熟练程度和责任感,加工设备的完好程度,作业计划安排是否周密,工作环境是否良好,动力供应情况等。它主要是生产部门负责,但也不是绝对的,也可能有一部分应由其他部门承担。例如,因材料质量不好而影响生产效率,从而产生的人工效率差异就应该由供应部门负责。

三、变动制造费用差异的计算与分析

变动制造费用差异是指一定产量产品的实际变动制造费用与标准变动制造费用之间的差额,其中：

$$变动制造费用成本差异 = 实际变动制造费用 - 标准变动制造费用$$
$$实际变动制造费用 = 实际分配率 \times 实际工时$$
$$标准变动制造费用 = 标准分配率 \times 标准工时$$
$$实际分配率 = 实际变动制造费用 \div 实际工时$$

变动制造费用是变动制造费用分配率与直接人工工时之积,因此变动制造费用的差异实际上包括变动制造费用耗费差异和变动制造费用效率差异,即"价差"和"量差"两部分。

1. 变动制造费用耗费差异

变动制造费用耗费差异,即"价差",是指变动制造费用的实际分配率脱离标准分配率的所产生的差异,反映耗费水平的高低,故称为耗费差异,其计算公式如下：

$$变动制造费用耗费差异 = (实际分配率 - 标准分配率) \times 实际工时$$

2. 变动制造费用效率差异

变动制造费用效率差异,即"量差"是指实际工时脱离标准工时所产生的差异,反映工作效率变化引起的费用节约或超支,故称为变动制造费用效率差异,其计算公式如下:

$$变动制造费用效率差异 = 标准分配率 \times (实际工时 - 标准工时)$$

现将以上公式综合如下:

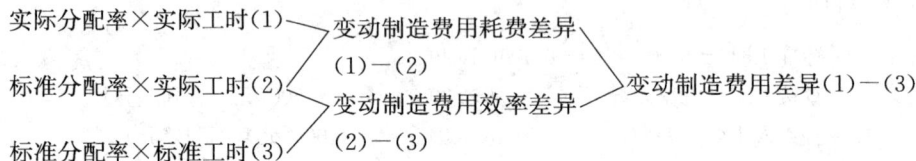

【例8-3】 华夏公司本期生产乙产品2 000件,实际耗用人工工时9 000小时,实际发生变动制造费用67 500元,单位产品的工时耗用标准为4小时,变动制造费用标准分配率为每一直接人工工时8元。对变动制造费用差异分析如下:

$$标准工时 = 2\,00 \times 4 = 8\,000(小时)$$

$$变动制造费用实际分配率 = \frac{67\,500}{9\,000} = 7.5(元/小时)$$

$$变动制造费用耗费差异 = (7.5 - 8) \times 9\,000 = -4\,500(元)(有利差异)$$

$$变动制造费用效率差异 = (9\,000 - 8\,000) \times 8 = 8\,000(元)(不利差异)$$

$$变动制造费用差异 = 7.5 \times 9\,000 - 8 \times 8\,000$$
$$= 3\,500(元)(不利差异)$$

或
$$= -4\,500 + 8\,000$$
$$= 3\,500(元)(不利差异)$$

变动制造费用是一个综合性费用项目,对其差异的分析应结合构成变动制造费用的具体明细项目作进一步的分析。在实际工作中,通常根据变动制造费用弹性预算的明细项目,结合同类项目的实际发生数进行对比分析,从而找出差异的原因及责任归属。

变动制造费用的效率差异,是由于实际工时脱离了标准,多用工时导致的费用的增加,其形成的原因与人工效率差异相同。

四、固定制造费用差异的计算与分析

固定制造费用差异是指一定期间的实际固定制造费用与标准固定制造费用之间的差额,其计算公式如下:

$$固定制造费用成本差异 = 实际固定制造费用 - 标准固定制造费用$$
$$= 实际固定制造费用 - 实际产量 \times 工时标准 \times 标准分配率$$
$$= 实际固定制造费用 - 实际产量标准工时 \times 标准分配率$$

由于固定制造费用总额一般不受产量变动的影响,因此,产量变动会对单位产品所负担的固定制造费用产生影响。这就是说,实际产量与设计生产能力规定的产量或预算规定的产量的差异会对产品应负担的固定制造费用产生影响。所以,固定制造费用差异的分析方法与其他费用成本差异的分析方法有所不同。固定制造费用的成本差异分析方法主要有两差异分析法和三差异分析法两种。

1. 两差异分析法

两差异分析法将固定制造费用成本差异区分为耗费差异和能量差异两种成本差异。

耗费差异是指固定制造费用的实际金额与固定制造费用的预算金额之间的差异。固定费用与变动费用不同,不随业务量而变,故差异分析有别于变动费用。在考核时不考虑业务量的变动,以原来的预算数作为标准,实际数超过预算数即视为耗费过多。该成本差异的计算公式如下:

$$固定制造费用耗费差异 = 实际固定制造费用 - 预算产量下标准固定制造费用$$
$$= 实际固定制造费用 - 预算产量下标准工时 \times 标准分配率$$

能量差异是指固定制造费用预算与固定制造费用标准成本的差额,或者说是实际业务量的标准工时与生产能量的差额用标准分配率计算的金额。它反映实际产量标准工时未能达到生产能量而造成的损失。其计算公式如下:

$$固定制造费用能量差异 = 预算产量下标准固定制造费用 - 实际产量下标准固定制造费用$$
$$= (预算产量下标准工时 - 实际产量下标准工时) \times 标准分配率$$

【例 8-4】 华夏公司本月乙产品计划产量为 2 100 件,实际产量为 2 000 件;计划固定制造费用 90 000 元,实际发生固定制造费用为 91 000 元;计划总工时为 10 000 小时,实际耗用工时为 9 000 小时;工时标准为 4 小时,固定制造费用标准分配率为每小时 10 元。

根据以上资料,固定制造费用成本差异计算如下:

$$固定制造费用耗费差异 = 91\ 000 - 2\ 100 \times 4 \times 10 = 7\ 000(元)(不利差异)$$
$$固定制造费用能量差异 = (2\ 100 \times 4 - 2\ 000 \times 4) \times 10$$
$$= (8\ 400 - 8\ 000) \times 10$$
$$= 4\ 000(元)(不利差异)$$

2. 三差异分析法

三差异分析法是将固定制造费用的成本差异区分为耗费差异、产量差异和效率差异三种成本差异。其中,耗费差异与两差异分析法中相同,其计算公式仍为:

$$固定制造费用耗费差异 = 实际固定制造费用 - 预算产量下标准固定制造费用$$
$$= 实际固定制造费用 - 预算产量下标准工时 \times 标准分配率$$

不同的是要将二因素分析法中的"能量差异"进一步分为两部分:一部分是实际工时未达到标准能量而形成的产量差异;另一部分是实际工时脱离标准工时而形成的效率差异。其计算公式如下:

$$固定制造费用产量差异 = 预算产量下标准固定制造费用 - 实际产量下实际工时 \times 标准分配率$$
$$= (预算产量下标准工时 - 实际产量下实际工时) \times 标准分配率$$
$$固定制造费用效率差异 = (实际产量下实际工时 - 实际产量下标准工时) \times 标准分配率$$

【例 8-5】 沿用[例 8-4]的资料,采用三差异分析法,计算固定制造费用成本差异。

固定制造费用成本差异计算如下：

固定制造费用耗费差异 ＝ 91 000 － 2 100 × 4 × 10 ＝ 7 000(元)(不利差异)

固定制造费用产量差异 ＝ (2 100 × 4 － 9 000) × 10 ＝ －6 000(元)(有利差异)

固定制造费用效率差异 ＝ (9 000 － 2 000 × 4) × 10 ＝ 10 000(元)(不利差异)

由以上可以看出，三差异分析法的产量差异与效率差异之和，等于两差异分析法的能量差异。因此，采用三差异分析法，能够较清楚地说明生产能力利用程度和生产效率高低所导致的成本差异情况，便于分清责任。

固定制造费用也是一个综合性的费用项目，因此，为了较准确地查明差异产生的原因，必须将固定制造费用各项目的预算数与其实际发生数进行对比，以便逐项分析原因和责任。

固定制造费用耗费差异的出现有外部原因，但大多数是内部原因，如临时购置固定资产，超计划雇佣管理人员及辅助生产人员，研究开发费、培训费的增加等。

固定制造费用产量差异的出现主要是由于产销数量引起的，如经济萧条，产品定价过高造成销路不好和开工不足，或原材料、能源供应不足造成生产能力利用不充分。

固定制造费用效率差异出现的原因与直接人工效率差异的形成原因相同，主要应由人事部门和管理部门负责。

 延伸阅读8-3

宝钢标准成本制度的应用

标准成本法作为一种与企业管理结合得比较紧密的成本核算方法，已经在很多行业得到了广泛的应用，其中宝山钢铁公司就应用该方法取得了显著成效。

1. 宝钢标准成本制度的实施概况

(1) 制度保证。宝钢成立了"标准成本管理委员会"，由主管副总经理任主任，各生产厂厂长和有关职能部门领导担任委员。委员会的工作职责是检查标准成本制度的推进情况，协调解决有关成本的重大问题。

(2) 科学制定成本标准。宝钢的成本标准是以成本中心及其所生产的产品为载体制定的，它分为基本标准和价格标准两个部分。用于控制原料、人工、燃动力、劳务等的数量与金额。

(3) 客观分析成本差异。实际成本与标准成本之间的差额，称为成本差异。成本差异是反映实际成本脱离预定标准程度的信息。"差异＝实际成本－标准成本"，负差为有利差异，正差为不利差异。为了消除这种偏差，要对产生的成本差异进行分析，找出原因和对策，以便采取措施加以纠正。

2. 宝钢成本分析和特征

(1) 成本分析呈现出明显的层次。即由班组成本分析、作业区成本分析、生产部门成本分析、公司成本分析构成多层次的成本分析组织体系。

(2) 成本分析的主要内容比较综合。不仅包括标准成本差异分析，还包括主要指标变动对成本升降的影响、成本中心成本升降对总成本的影响、产品成本分析、产品效益分析、成本趋势分析、与国内外同行业成本对比分析等。

(3) 以举行成本分析会为成本分析的重要形式。成本分析会是成本分析工作中实行领导与群众相结合、经济与技术相结合、充分发挥民主、协调各部门关系、相互取长补短的良好形式。成本分析会按空间划分为班组、作业区、分厂、区域、公司成本分析会；按时间划分为定期和不定期成本分析会。

实践证明，宝钢推行面向企业价值创造的标准成本管理制度取得了显著的成效，近6年来宝钢年平均成本降低率为 3.5%,通过推进标准成本制度,广大员工不仅学习和掌握了许多成本管理的知识,而且更加注重在生产操作过程中控制成本。更为重要的是,加强标准成本管理工作已经成为企业内部各个部门,每一个员工的自觉行动,上至公司领导,下至普通员工均积极参与,一个运作精干高效、响应灵敏快捷的成本管理体系已经形成。

第四节 | 标准成本法的账务处理

作为一个完整的标准成本会计制度,标准成本的制定和成本差异的计算、分析、控制应该与成本核算结合起来,成为一种成本核算和成本控制相结合的完整体系。采用标准成本法进行账务处理时,对产品的标准成本与成本差异应分别进行核算。

一、成本差异的核算程序

为了同时提供标准成本、成本差异和实际成本三项成本资料。标准成本系统的账务处理一般如下:

1. "原材料""生产成本"和"库存商品"等账户登记标准成本

在标准成本系统中,"原材料""生产成本""库存商品"账户无论是借方还是贷方均登记实际数量的标准成本,其余额亦反映这些资产的标准成本。

2. 设置成本差异账户分别登记各种成本差异

在标准成本系统中,要按成本差异的类别设置一系列成本差异账户。对于直接材料成本差异,应设置"材料价格差异"和"材料用量差异"两个科目;对于直接人工成本差异,应设置"直接人工工资率差异"和"直接人工效率差异"两个科目;对于变动制造费用差异,应设置"变动制造费用耗费差异"和"变动制造费用效率差异"两个科目;对于固定制造费用差异,应设置"固定制造费用耗费差异""固定制造费用产量差异"和"固定制造费用效率差异"三个科目(在两差异分析法下,只需设"固定制造费用耗费差异"和"固定制造费用能量差异"两个科目,在以下的账务处理中,我们采用三差异分析法)。

有关的差异分别记入各成本差异账户,各种不利差异,应分别记入有关差异科目的借方;各种有利差异,应分别记入有关差异科目的贷方。

3. 计算和分析各项成本差异

每月月末将本期发生的各种差异余额全部转入"主营业务成本",计入当期损益。如果当月差异较大或当月在产品或库存商品数量较多时,可将各项差异余额在"主营业务成本""生产成本"和"库存商品"之间按标准成本比例进行分配,分别计入当月已销售商品成本、月末在产品成本和库存商品成本。

二、账务处理举例

【例 8-6】 假设华夏公司"生产成本"和"库存商品"科目均无期初余额,本期投产的 2 000 件乙产品已全部完工,并已全部出售,每件售价为 1 000 元。

(1)领用材料及将直接人工费用、变动制造费用、固定制造费用计入产品成本的会计分录(购入材料以及实际支付以上各项费用时的会计分录从略)。

① 领用材料的会计分录。根据[例8-1],投产2 000件乙产品的直接材料的有关数据如下:

直接材料标准成本＝(10×30＋20×20)×2 000＝1 400 000(元)

直接材料实际成本＝9×50 000＋22×45 000＝1 440 000(元)

直接材料价格差异＝40 000(元)(不利差异)

直接材料用量差异＝0

根据以上数据编制会计分录如下:

借:生产成本	1 400 000
材料价格差异	40 000
贷:原材料	1 440 000

② 将直接人工费用计入产品成本的会计分录。根据[例8-2],投产2 000件乙产品的直接人工费用的有关数据如下:

直接人工标准成本＝4×6×2 000＝48 000(元)

直接人工实际成本＝49 500(元)

直接人工工资率差异＝－4 500(元)(有利差异)

直接人工效率差异＝6 000(元)(不利差异)

根据以上数据编制会计分录如下:

借:生产成本	48 000
直接人工效率差异	6 000
贷:应付职工薪酬	49 500
直接人工工资率差异	4 500

③ 将变动制造费用计入产品成本的会计分录。根据[例8-3],变动制造费用有关数据列示如下:

标准变动制造费用＝4×8×2 000＝64 000(元)

实际变动制造费用＝67 500(元)

变动制造费用耗费差异＝－4 500(元)(有利差异)

变动制造费用效率差异＝8 000(元)(不利差异)

根据以上数据编制会计分录如下:

借:生产成本	64 000
变动制造费用效率差异	8 000
贷:变动制造费用	67 500
变动制造费用耗费差异	4 500

④ 将固定制造费用计入产品成本的会计分录。根据前述的[例8-4],固定制造费用的有关数据列示如下:

标准固定制造费用＝10×4×2 000＝80 000(元)

实际固定制造费用＝91 000(元)

固定制造费用耗费差异＝7 000(元)(不利差异)

固定制造费用产量差异＝－6 000(元)(有利差异)

固定制造费用效率差异＝10 000(元)(不利差异)

根据以上数据编制会计分录如下:

借：生产成本   80 000

  固定制造费用耗费差异   7 000

  固定制造费用效率差异   10 000

 贷：固定制造费用   91 000

  固定制造费用产量差异   6 000

（2）结转完工入库产品标准成本的会计分录。完工入库 2 000 件乙产品标准成本为 1 592 000 元。

    直接材料   1 400 000 元

    直接人工   48 000 元

    变动制造费用   64 000 元

    固定制造费用   80 000 元

    合 计   1 592 000 元

 会计分录如下：

借：库存商品   1 592 000

 贷：生产成本   1 592 000

（3）销售产品的会计分录如下：

借：应收账款   2 000 000

 贷：主营业务收入   2 000 000

    销售收入 = 400 × 2 000 = 800 000（元）

（4）结转已售产品标准成本。

借：主营业务成本   1 592 000

 贷：库存商品   1 592 000

（5）结转本期各项成本差异。本期各项成本差异的汇总结果如表 7-34 所示。

表 8-3   成本差异汇总表   单位：元

科目	不利差异	有利差异
材料价格差异	40 000	
材料用量差异		
直接人工工资率差异		4 500
直接人工效率差异	6 000	
变动制造费用耗费差异		4 500
变动制造费用效率差异	8 000	
固定制造费用耗费差异	7 000	
固定制造费用产量差异		6 000
固定制造费用效率差异	10 000	
合计	71 000	15 000
差异净额	56 000	

根据表7-34,编制结转各种成本差异的会计分录:

借:主营业务成本		56 000
直接人工工资率差异		4 500
变动制造费用耗费差异		4 500
固定制造费用产量差异		6 000
贷:材料价格差异		40 000
直接人工效率差异		6 000
变动制造费用效率差异		8 000
固定制造费用耗费差异		7 000
固定制造费用效率差异		10 000

本 章 小 结

本章主要讲述了标准成本法,对标准成本及其种类、标准成本的制定、标准成本的作业进行了具体介绍;并重点对各成本差异项目的计算、分析及控制进行了详细的阐述。

本章重要概念

标准成本法 标准成本 直接材料成本差异 直接材料用料差异 直接材料价格差异 直接人工成本差异 直接人工工资率差异 直接人工效率差异 变动制造费用差异 固定制造费用差异

推荐阅读资料

[1] 吴大军,牛彦秀.管理会计[M].大连:东北财经大学出版社,2010.

[2] 孙茂竹,文广伟,杨万贵.管理会计学[M].北京:中国人民大学出版社,2013.

[3] 刘萍,于树彬,刘西涛.管理会计[M].大连:东北财经大学出版社,2013.

第九章 作业成本法

内容简介

本章主要讲解了作业成本法的产生背景;作业成本法的基本理论,包括作业成本法的含义、作业成本法的核心概念、作业成本法的核算程序等,并对作业成本法的优缺点及适用条件进行了分析。

学习目的和要求

通过本章的学习,学生应了解作业成本计算法的基本概念、基本理论和基本方法,在此基础上进一步熟练掌握作业成本计算法的应用。

引 例

某电气公司的产品都采用订单式生产,具有单价高、技术含量高、非标准性等特点。2005年以前,该公司成本核算采用的是传统成本核算方法,即在核算产品成本时,将直接材料、直接人工归集到各产品中,对制造费用采用按各产品所耗直接人工工时的分配标准进行分摊,而对研发、设计、销售等费用作为期间费用直接列入当期损益。在这种传统的成本核算体系中,制造费用的分配标准过于单一,直接人工工时与制造费用的发生没有因果关系,随着公司与工时无关的费用越来越多,采用单一的分配标准必然会产生虚假的成本信息,在这种情况下,有没有更为准确的成本计算方法呢?

第一节 作业成本法概述

一、作业成本法的产生背景及其含义

(一)作业成本法的产生背景

随着"机器取代人"的自动化制造时代来临,企业的经营环境正在发生巨大改变。伴随这种改变,产品或劳务的成本结构亦发生重大改变,其特征就是直接人工成本比重大大下降,制造费用(主要是折旧费用等固定成本)比重大大增加,因此,制造费用的分配科学与否将很大程度上决定产品成本计算的准确性和成本控制的有效性。

传统的成本计算方法存在两个重要缺陷:

一个缺陷是将固定成本分摊给不同种类产品。按照这种做法,随着产量的增加,单位产

品分摊的固定成本下降,即使单位变动成本不变,平均成本也会随产量增加而下降。在销售收入不变的情况下,增加生产量可以使部分固定成本被存货吸收,减少当期销货成本,增加当期利润,从而刺激经理人员过度生产。变动成本法正是针对这个缺点提出的。

另一个缺陷是产生误导决策的成本信息。在传统的成本计算方法下,制造费用通常按直接人工等产量基础分配。实际上,有许多制造费用项目不是产量的函数,而与生产批次等其他变量存在因果关系。全部按产量基础分配制造费用,会产生误导决策的成本信息。作业成本法是针对后一个缺陷提出来的。

(二)作业成本法的含义

作业成本法是一种以作业为基础,通过对所有作业活动进行动态追踪,根据各项作业费用的消耗情况,将间接成本和辅助费用更准确地分配到产品和服务的一种成本计算方法。依据作业成本法的观念,企业的全部经营活动是由一系列相互关联的作业组成的。企业每进行一项作业都要耗用一定的资源;与此同时,产品(包括提供的服务)被一系列的作业生产出来。产品成本是全部作业所消耗资源的总和,产品是消耗全部作业的成果。在计算产品成本时,首先按经营活动中发生的各项作业来归集成本,计算出作业成本;然后再按各项作业成本与成本对象(产品、服务或顾客)之间的因果关系,将作业成本分配到成本对象,最终完成成本计算过程。

在作业成本法下,直接成本可以直接计入有关产品,与传统的成本计算方法并无差异,只是直接成本的范围比传统成本计算的范围要大,凡是便于追溯到产品的材料、人工和其他成本都可以直接归属于特定产品,尽量减少不准确的分配。不能追溯到产品的成本则先追溯有关作业或分配到有关作业,计算作业成本,然后再将作业成本分配到有关产品。

二、作业成本法的核心概念

作业成本法的核心概念是作业和成本动因。

(一)作业

作业是指企业中特定组织(成本中心、部门或产品线)重复执行的任务或活动。例如,签订材料采购合同、将材料运达仓库、对材料进行质量检验、办理入库手续、登记材料明细账等。每一项作业,是针对加工或服务对象重复执行特定的或标准化的活动。例如,轴承工厂的车工作业,无论加工何种规格型号的轴承外套,都须经过将加工对象(工件)的毛坯固定在车床的卡盘上,开动机器进行切削,然后将加工完毕的工件从卡盘上取下等相同的特定动作和程序。

一项作业可能是一项非常具体的活动,如车工作业;也可能泛指一类活动,如机加工车间的车、铣、刨、磨等所有作业可以统称为机加工作业;甚至可以将机加工作业、产品组装作业等统称为生产作业(相对于产品研发、设计、销售等作业而言)。由若干个相互关联的具体作业组成的作业集合,被称为作业中心。

执行任何一项作业都需要耗费一定的资源。资源是指作业耗费的人工、能源和实物资产(车床和厂房等)。任何一项产品的形成都要消耗一定的作业。作业是连接资源和产品的纽带,它在消耗资源的同时生产出产品。

（二）成本动因

成本动因是指作业成本或产品成本的驱动因素。例如,产量增加时,直接材料成本就增加,产量是直接材料成本的驱动因素,即直接材料的成本动因。再如,检验成本随着检验次数的增加而增加,检验次数就是检验成本的驱动因素,即检验成本的成本动因。在作业成本法中,成本动因分为资源成本动因和作业成本动因两类。

1. 资源成本动因

资源成本动因是引起作业成本增加的驱动因素,用来衡量一项作业的资源消耗量。依据资源成本动因可以将资源成本分配给各有关作业。例如,产品质量检验工作(作业)需要有检验人员、专用的设备,并耗用一定的能源(电力)等。检验作业作为成本对象(亦称成本库),耗用的各项资源构成了检验作业的成本。其中,检验人员的工资、专用设备的折旧费等成本,一般可以直接归属于检验作业;而能源成本往往不能直接计入,需要根据设备额定功率(或根据历史资料统计的每小时平均耗电数量)和设备开动时间来分配。这里,"设备的额定功率乘以开动时间"就是能源成本的动因。设备开动导致能源成本发生,设备的功率乘以开动时间的数值(即动因数量)越大,耗用的能源越多。按"设备的额定功率乘以开动时间"这一动因作为能源成本的分配基础,可以将检验专业设备耗用的能源成本分配到检验作业当中。

2. 作业成本动因

作业成本动因是衡量一个成本对象(产品、服务或顾客)需要的作业量,是产品成本增加的驱动因素。作业成本动因计量各成本对象耗用作业的情况,并被用来作为作业成本的分配基础。例如,每批产品完工后都需进行质量检验,如果对任何产品的每一批次进行质量检验所发生的成本相同,则检验的"次数"就是检验作业的成本动因,它是引起产品检验成本增加的驱动因素。某一会计期间发生的检验作业总成本(包括检验人工成本、设备折旧、能源成本等)除以检验的次数,即为每次检验所发生的成本。某种产品应承担的检验作业成本,等于该种产品的批次乘以每次检验发生的成本。产品完成的批次越多,则需要进行检验的次数越多,应承担的检验作业成本越多;反之,则应承担的检验作业成本越少。

三、作业成本法的特点

作业成本法的主要特点,是相对于以产量为基础的传统成本计算方法而言的。

（一）成本计算分为两个阶段

作业成本法的基本指导思想是,"作业消耗资源、产品(服务或顾客)消耗作业"。根据这一指导思想,作业成本法把成本计算过程划分为两个阶段。

第一阶段,将作业执行中耗费的资源分配(包括追溯和间接分配)到作业,计算作业的成本;

第二阶段,将第一阶段计算的作业成本分配(包括追溯和动因分配)到各有关成本对象(产品或服务)。

传统的成本计算方法也是分两步进行,但是中间的成本中心是按部门建立的。第一步除了把直接成本追溯到产品之外,还要把不同性质的各种间接费用按部门归集在一起;第二步是以产量为基础,将间接费用分配到各种产品。传统成本计算方法下,间接成本的分配路

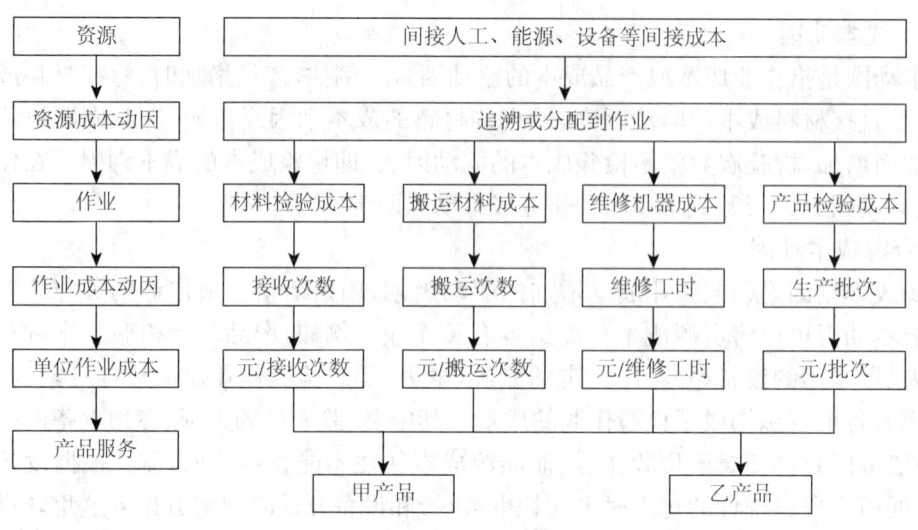

图 9-1　作业成本分配程序图

径是"资源→部门→产品"。作业成本法下成本计算的第一阶段,除了把直接成本追溯到产品以外,还要将各项间接费用分配到各有关作业,并把作业看成是按产品生产需求重新组合的"资源";在第二阶段,按照作业消耗与产品之间不同的因果关系,将作业成本分配到产品。因此,作业成本法下间接成本的分配路径是"资源→作业→产品"。

（二）成本分配强调因果关系

虽然作业成本法和传统成本法都分为两步分配程序,但是如何进行成本分配,两者有很大区别。作业成本法认为,将成本分配到成本对象有三种不同的形式:成本追溯、动因分配和分摊。

成本追溯是指把成本直接分配给相关的成本对象。一项成本能否追溯到产品,可以通过实地观察来判断。例如,确认一台电视机耗用的液晶板、集成电路板、扬声器及其他零部件的数量是可以通过观察实现的。再比如,确认某种产品专用生产线所耗用的人工工时数,也是可以通过观察投入该生产线的工人人数和工作时间而实现的。显然使用追溯方式得到的产品成本是最准确的。作业成本法强调尽可能扩大追溯到个别产品的成本比例,以减少成本分配引起的信息失真。传统成本计算的直接成本,通常仅限于直接人工和直接材料,其他成本都归集于制造费用进行统一分配。作业成本法认为,有些"制造费用"的项目可以直接归属于成本对象,例如特定产品的专用设备折旧费等。凡是能够追溯到个别产品、个别批次、个别品种的成本,就应追溯,而不要间接分配。

动因分配是指根据成本动因将成本分配到各成本对象的过程。生产活动中耗费的各项资源,其成本不是都能追溯到成本对象的。对不能追溯的成本,作业成本法则强调使用动因(包括资源动因或作业动因)分配方式,将成本分配到有关成本对象(作业或产品)。传统成本计算,以产品数量作为间接费用唯一的成本动因,是不符合实际情况的。采用动因分配,首先必须找到引起成本变动的真正原因,即成本与成本动因之间的因果关系。例如,前面所说到的检验作业应承担的能源成本,以设备单位时间耗电数量和设备开动时间(即耗电量)作为资源动因进行分配,是因为设备单位时间耗电量和开动时间与检验作业应承担的能源成本之间存在着因果关系。又如,各种产品应承担的检验成本,以产品投产的批次数(即质量检验次数)作为作业动因进行分配,是因为检验次数与产品应承担的检验成本之间存在着因果关系。动因分配虽然不像追溯那样准确,但只要因果关系建立恰当,成本分配的结果同样可以达到较高的准确程度。

有些成本既不能追溯,也不能合理、方便地找到成本动因,只好使用产量作为分配基础,将其强制分摊给成本对象。

作业成本法的成本分配主要使用成本追溯和动因分配,尽可能减少不准确的分摊,因此能够提供更加真实、准确的成本信息。

(三)成本分配使用众多不同层面的成本动因

在传统的成本计算方法下,产量(或生产量相关的业务量,如人工工时、机器工时、人工工资等)被认为是能够解释产品成本变动的唯一动因,并以此作为分配基础进行间接费用的分配。而制造费用是一个由多种不同性质的间接费用组成的集合,这些性质不同的费用有些是随产量变动的,而多数则并不随产量变动,因此用单一的产量作为分配制造费用的基础显然是不合适的。

作业成本法的独到之处,在于它把资源的消耗首先追溯或分配到作业,然后使用不同层面和数量众多的作业动因将作业成本分配到产品。采用不同层面的、众多的成本动因进行成本分配,要比采用单一分配基础更加合理,更能保证产品成本计算的准确性。

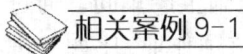 相关案例9-1 ....

如何准确计算成本

某公司有甲、乙、丙三种主打产品,其中乙产品是公司产量最高的产品。让CEO纳闷的是,竞争对手乙类产品的价格似乎总比本公司的低。"不知为何,我们的竞争对手似乎总是可以压低乙类产品的价格,让我们处于被动的局面。按理说,我们的生产效率未必比竞争对手低,更何况我们刚上了一套计算机控制的制造系统。"

此外,丙产品是公司获利的重要来源。"但从市场情况看,我们已经多次提高了丙产品的价格,客户依然络绎不绝! 难道竞争对手对这个市场不感兴趣?"

整个市场形势让人感到迷惑不解:乙产品产量大,价格却上不去;丙产品的价格已经很高了,但好像还有提价的空间。

公司CFO通过数周的工作,解开了这个谜:公司高估了产量高但工艺相对简单的乙产品的成本,却大大低估了产量低但工艺相对复杂的丙产品的成本。

也就是说,间接成本在乙、丙两种产品之间没有得到合理的分配。

工艺复杂、产量低的丙产品事实上没有承担其应分配的成本份额,而工艺简单、产量高的乙产品则承担了过多的成本份额。

关于原因,CFO解释道:"我们在制定价格的过程中,依据了错误的成本信息! 公司将乙产品的价格定得偏高,而丙产品的价格则偏低。这样一来,竞争对手总是可以把与乙类产品竞争的产品价格压得很低;与此相反,由于公司丙类产品的成本估计偏低,所以竞争对手没有太多的生存空间,而以低成本制定的偏低价格则让丙类产品在市场上异常火爆。"

结论让CEO大感意外:"这么说,本公司一直采用的成本计算方法竟然导致如此巨大的成本偏差?"

该公司的间接费用分配不是按照三种产品进行区分,单独计算每种产品的间接费用比例,而是把生产部门整体当作成本中心来对待,每种产品负担的间接费用基于公司整体的生产能力(即产量)平均分配。

CFO 强调:"这就是问题所在! 我们被扭曲的成本信息误导,实际上是在用丙产品的盈利来弥补乙产品的亏损。"

CFO 的计算表明,甲、乙、丙三种产品的复杂程度、制造工艺都不相同,采用均摊的办法分配间接费用是非常不合理的。

第二节 | 作业成本法的计算

一、作业成本法的计算原理

(一) 作业认定

建立作业成本系统从作业认定开始,即确认每一项作业完成的工作以及执行该作业耗用的资源成本。作业认定需要对每项消耗资源的作业进行定义,识别每项作业在生产活动中的作用、与其他作业的区别,以及每项作业与耗用资源的联系。

作业认定有两种形式:一种是根据企业总的生产流程,自上而下进行分解;另一种形式是通过与员工和经理进行交谈,自下而上地确定他们所做的工作,并逐一认定各项作业。例如,根据生产流程分析和工厂的布局可知,由于原材料仓库与生产车间之间有 0.5 公里的距离,必然存在材料搬运作业,这项作业就是将生产用的原材料从仓库运送到生产车间。通过另一种形式,即与从事相关作业的员工或经理交谈,也可以识别和认定该项作业,比如与进行搬运作业的员工进行交谈,也很容易得出生产过程中有这样一项搬运作业,它的主要作用是把原材料从仓库运往车间。在实务中,自上而下和自下而上这两种方式往往需要结合起来运用。经过这样的程序,就可以把生产过程中的全部作业一一识别出来,并加以认定。为了对认定的作业进一步分析和归类,在作业认定后,需按顺序列出作业清单。表9-1 是一个以变速箱制造企业为背景的作业清单示例。需要说明的是,这仅仅是一个示例,实际上对一个企业在产品生产过程中认定作业数量的多少,取决于该企业自身的产品生产特点。

表 9-1   某企业作业清单

作业名称	作业说明
材料订购	包括选择供应商、签订合同、明确供应方式等
材料检验	对每批购入的材料进行质量、数量检验
生产准备	每批产品投产前,进行设备调整等准备工作
发放材料	每批产品投产前,将生产所需材料发往各生产车间
材料切割	将管材、圆钢切割成适于机加工的毛坯工件
车床加工	使用车床加工零件
铣床加工	使用铣床加工零件
刨床加工	使用刨床加工零件

（续表）

作业名称	作业说明
产品组装	人工装配变速箱
产品质量检验	人工检验产品质量
包装	用木箱将产品包装
车间管理	组织和管理车间生产、提供维持生产的条件

（二）作业成本库的设计

作业认定后，接下来的工作是设计作业成本库，作业成本库包括如下四类。

1. 单位级作业成本库

单位级作业是指每一单位产品至少要执行一次的作业。例如，机器加工、组装。这些作业对每个产品都必须执行。这类作业的成本包括直接材料、直接人工、机器成本和直接能源消耗等。

单位级作业成本是直接成本，可以追溯到每个单位产品上，即直接计入成本对象的成本计算单。

2. 批次级作业成本库

批次级作业是指同时服务于每批产品或许多产品的作业。例如，生产前机器调试、成批产品转移至下一工序的运输、成批采购和检验等。它们的成本取决于批次，而不是每批中单位产品的数量。

批次级作业成本需要单独进行归集，计算每一批的成本，然后分配给不同批次（如某订单），最后根据产品的数量在单个产品之间进行分配。

3. 品种级作业成本库

品种级作业是指服务于某种型号或样式产品的作业。例如，产品设计、产品生产工艺规程制定、工艺改造、产品更新等。这些作业的成本依赖于产品的品种数或规格型号数，而不是产品数量或生产批次。

品种级作业成本仅仅因为某个特定的产品品种线存在而发生，随产品品种数而变化，不随产量、批次数而变化。例如，维护某一产品的工程师的数量取决于产品的复杂程度，而生产的复杂程度是产品零件多少的函数，因此可以按零件数量为基础分配品种级成本至每一种产品，然后再分配给不同的批次（如某订单），最后根据产品的数量在单个产品之间进行分配。

4. 生产维持级作业成本库

生产维持级作业是指服务于整个工厂的作业，例如，工厂保安、维修、行政管理、保险、财产税等。它们是为了维护生产能力而进行的作业，不依赖于产品的数量、批次和种类。

无法追溯到单位产品，并且和产品批次、产品品种无明显关系的成本，都属于生产维持级成本。这些成本首先被分配到不同产品品种，然后再分配到成本对象（如某订单），最后分配给单位产品。这种分配顺序不是唯一选择，也可以直接依据直接人工或机器工时分配给成本对象。这是一种不准确的成本分摊。不同层级的作业成本如图 9-2 所示。

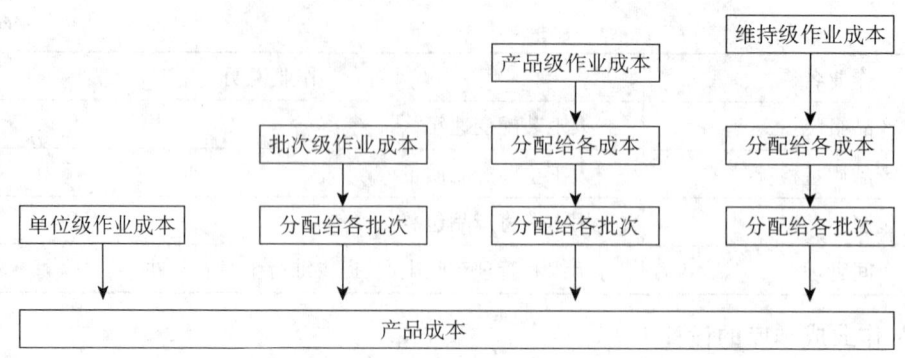

图 9-2　各层级的作业成本

（三）资源成本分配到作业

资源成本借助于资源成本动因分配到各项作业。资源成本动因和作业成本之间要存在因果关系。

常用的资源成本动因如表 9-2 所示。

表 9-2　　　　　　　　　　　　　作业的资源成本动因

作业	资源成本动因
机器运行作业	机器小时
安装作业	安装小时
清洁作业	平方米
材料移动作业	搬运次数、搬运距离、吨公里
人事管理作业	雇员人数、工作时间
能源消耗	电表、流量表、运行时间
制作订单作业	订单数量

（四）作业成本分配到成本对象

在确定了作业成本之后，根据作业成本动因计算单位作业成本，再根据作业量计算成本对象应负担的作业成本。

$$单位作业成本 = 本期作业成本库归集总成本 ÷ 作业量$$

作业量的计量单位即作业成本动因有三类：业务动因、持续动因和强度动因。

1. 业务动因

业务动因通常以执行的次数作为作业动因，并假定执行每次作业的成本（包括耗用的时间和单位时间耗用的资源）相等，如前面我们所说的检验完工产品质量作业的次数就属于业务动因的范畴。

$$分配率 = 归集期内作业成本总成本 ÷ 归集期内总作业次数$$
$$某产品应分配的作业成本 = 分配率 × 该产品耗用的作业次数$$

2. 持续动因

持续动因是指执行一项作业所需的时间标准。在不同产品所需作业量差异较大的情况下,例如,如果检验不同产品所耗用的时间长短差别较大,则不宜采用业务动因作为分配成本的基础,而应改用持续动因作为分配的基础。否则,会直接影响作业成本分配的准确性。持续动因的假设前提是,执行作业的单位时间内耗用的资源是相等的。以持续动因为分配基础,分配不同产品应负担的作业成本,其计算公式如下:

分配率 = 归集期内作业总成本 ÷ 归集期内总作业时间

某产品应分配的作业成本 = 分配率 × 该产品耗用的作业时间

3. 强度动因

强度动因是在某些特殊情况下,将作业执行中实际耗用的全部资源单独归集,并将该项单独归集的作业成本直接计入某一特定的产品。强度动因一般适用于某一特殊订单或某种新产品试制等,用产品订单或工作单记录每次执行作业时耗用的所有资源及其成本,订单或工作单记录的全部作业成本也就是应计入该订单产品的成本。

在上述三类作业动因中,业务动因的精确度最差,但其执行成本最低;强度动因的精确度最高,但其执行成本最昂贵;而持续动因的精确度和成本则居中。作业成本驱动产品成本,是作业成本法最主要的创新,同时也是作业成本法最耗费时间和精力的部分。

如同传统成本计算法一样,作业成本分配时可以采用实际分配率或者预算分配率。采用预算分配率时,发生的成本差异可以直接结转本期营业成本,也可以计算作业成本差异率并据以分配给有关产品。

二、作业成本法的计算举例

【例9-1】 华夏公司本月生产甲、乙两种产品,其中甲产品技术工艺过程较为简单,生产批量较大;乙产品技术工艺过程较为复杂,生产批量较小。其他有关资料见表9-3所示。

表9-3　　　　　　　　　　甲、乙产品的相关资料　　　　　　　　金额单位:元

项目	甲产品	乙产品
产量(件)	10 000	4 000
直接人工工时(小时)	22 000	7 000
单位产品直接人工成本	14	12
单位产品直接材料成本	18	16
制造费用总额	464 000	

根据表9-3中的资料,如果按传统的成本计算方法,制造费用按直接人工工时在甲,乙两种产品之间进行分配,则:

$$制造费用分配率 = \frac{464\ 000}{22\ 000 + 7\ 000} = 16$$

$$单位甲产品应分配制造费用 = \frac{16 \times 22\ 000}{10\ 000} = 35.2(元)$$

$$单位乙产品应分配制造费用 = \frac{16 \times 7\,000}{4\,000} = 28(元)$$

$$甲产品单位成本 = 14 + 18 + 35.2 = 67.2(元)$$

$$乙产品单位成本 = 12 + 16 + 28 = 56(元)$$

下面我们再以作业成本法来计算甲、乙两种产品的成本。

假如经作业分析,该公司根据各项作业的成本动因性质设立了机器调整准备、质量检验、设备维修、生产订单、生产协调等六个作业成本库;各作业成本库的资源消耗、成本动因、作业量以及作业成本分配等有关资料如表 9-4 所示。

表 9-4　　　　　　　　　　　　　　　资源消耗及作业量等相关资料　　　　　　　　　　　金额单位:元

作业成本库	耗用资源	成本动因	作业量			动因分配率
			甲产品	乙产品	合计	
机器调整准备	90 000	准备次数	500	400	900	100
质量检验	100 000	检验次数	350	150	500	200
设备维修	70 000	维修工时	400	300	700	100
生产订单	100 000	订单份数	350	150	500	200
材料订单	52 000	订单份数	320	200	520	100
生产协调	52 000	协调次数	100	100	200	260
合计	464 000					

根据表 9-4 有关资料和计算结果,编制制造费用分配表如表 9-5 所示。

表 9-5　　　　　　　　　　　　　　　　　　制造费用分配表　　　　　　　　　　　　　　金额单位:元

作业成本库	成本动因分配率	甲产品		乙产品		作业成本(制造费用)合计
		作业量	作业成本	作业量	作业成本	
机器调整准备	100	500	50 000	400	40 000	90 000
质量检验	200	350	70 000	150	30 000	100 000
设备维修	100	400	40 000	300	30 000	70 000
生产订单	200	350	70 000	150	30 000	100 000
材料订单	100	320	32 000	200	20 000	52 000
生产协调	260	100	26 000	100	26 000	52 000
合计			288 000		176 000	464 000
产量			10 000		4 000	
单位产品制造费用		28.8		44		

根据表 9-3 的资料及表 9-5 的计算结果,可得出甲、乙两种产品的单位成本如下:

$$甲产品单位成本 = 14 + 18 + 28.8 = 60.8(元)$$

$$乙产品单位成本 = 12 + 16 + 44 = 72(元)$$

根据以上计算结果,作业成本法和传统成本法的产品成本计算结果如表9-6所示。

表9-6   金额单位:元

产品	作业成本法	传统成本法
甲产品	60.8	67.5
乙产品	72	56

通过以上比较可以明显的看出,相对于作业成本法,在传统成本法下,批量较小、技术上较复杂的乙产品的成本,在很大程度上被低估;批量较大、技术上较为简单的甲产品成本,在很大程度上被高估。这说明在传统成本计算法下,批量越大,技术越简单的产品,其成本信息被高估的可能性就越大。反之,则成本信息被低估的可能性就越大。以上是就产品的全部成本所进行的比较,其中包括了各批产品所消耗的原材料费用和直接人工这一不可比因素,如果我们扣除这一不可比因素,仅就制造费用这一因素进行比较的话,问题会显得更为突出。

由本例可以看出,传统成本法与作业成本法在制造费用分配结果上之所以会产生如此大的差距,其原因就在于,在传统成本计算法下,是以数量为基础来分配制造费用,而且一般是以工时消耗这一单一标准对所有产品分配制造费用;而在作业成本法下,是以作业数量为基础来分配制造费用,即为不同的作业消耗选择相应的成本动因来向产品分配制造费用,从而使成本计算的准确性大大提高。

 延伸阅读9-1

许继电气作业成本法的实施

许继电气是中国电力装备行业中品种最全、规格最多、配套能力最强、产业链最完整的专业生产企业,产品包括以变压器为代表的一次设备,电厂保护及自动化、电网调度、变电站自动化、配电网自动化等二次设备,国内综合市场占有率在30%以上。

在2001年,许继电气仍采用传统的成本核算模式,即将直接材料归集到各产品上,再采用单一的分配标准,将直接人工、制造费用按各产品所用的人工工时比例进行分配。许继电气使用的是定额人工,没有使用实际人工工时,定额工时是在好几年前制定的,随着工艺及生产技术的进步,已经严重脱离实际。在多品种生产环境下,传统成本计算方法容易造成产品成本计算不准确;同时,由于各事业部基本上都采用利润加成的内部转让定价方法,同时各分厂都以车间半成品转入价格作为本厂的直接材料,无形中造成各分厂和总厂的成本虚增和利润虚减,直接材料成本一直居高不下。

当时,许继生产的某个产品,在传统成本核算体系下,其成本为800多元,而竞争对手的同样产品,卖价仅500多元,从而使许继电气在对外报价时不知如何定价。面对这些情况,许继电气领导层希望通过作业成本核算体系的创新,划分各层次作业,设立作业中心,按照不同的资源动因将费用归集到作业中心,形成作业成本库。然后再按照作业动因将成本分配到成本计算对象上,从而准确地核算不同复杂程度、不同批量的产品成本。

2001年6月,许继电气开始探索企业应用ABC成本理论实施作业成本法项目的可行性,2002年5月,许继电气的作业成本法项目方案最终定稿,并决定在许继电气保护及自动化事业部进行试点。2003年,作业成本法开始在事业部的各个产品线全部推行。

第三节 作业成本管理

将产品或服务的成本准确计算出来是成本管理的先决条件,但不是目的,成本管理的根本目的是把成本管控住,努力降低成本,增强企业的竞争优势,为企业创造价值。作业成本管理的核心就是分析哪些作业是增值作业,哪些作业是不增值作业。实行基于作业的成本管理,就是消除转化或降低不增值作业,提高增值作业效率,从而降低成本,增加价值,创建企业的竞争优势。

一、增值作业与非增值作业的划分

增值作业与非增值作业是站在顾客角度划分的。最终增加顾客价值的作业是增值作业;否则就是非增值作业。在一个企业中,区别增值作业和非增值作业的标准就是看这个作业的发生是否有利于增加顾客的价值,或者说增加顾客的效用。作业管理的核心就是识别出不增加顾客价值的作业,从而找到需要改进的地方。一般而言,在一个制造企业中,非增值作业有:等待作业、材料或者在产品堆积作业、产品或者在产品在企业内部迂回运送作业、废品清理作业、次品处理作业、返工作业、无效率重复某工序作业、由于订单信息不准确造成没有准确送达需要再次送达的无效率作业等。

二、基于作业进行成本管理

作业成本管理是应用作业成本计算提供的信息,从成本的角度,在管理中努力提高增加顾客价值的作业效率,消除或遏制不增加顾客价值的作业,实现企业生产流程和生产经营效率效果的持续改善,增加企业价值。作业成本管理主要从成本方面来优化企业的作业链和价值链,是作业管理的中介,是作业管理的核心方面。不增加顾客价值的作业是非增值作业,由非增值作业引发的成本是非增值作业成本。作业成本管理就是要努力找到非增值作业成本并努力消除它、转化它或将之降到最低。作业成本管理一般包括确认和分析作业、作业链—价值链分析和成本动因分析、业绩评价以及报告非增值作业成本四个步骤。作业分析又包括辨别不必要或非增值的作业;对重点增值作业进行分析;将作业与先进水平比较;分析作业之间的联系等。

三、作业成本法的优点、局限性与适用条件

(一) 作业成本法的优点

1. 可以获得更准确的产品和产品线成本

作业成本法的主要优点是减少了传统成本信息对于决策的误导。一方面,作业成本法扩大了追溯到个别产品的成本比例,减少了成本分配对于产品成本的扭曲;另一方面,采用多种成本动因作为间接成本的分配基础,使分配基础与被分配成本的相关性得到改善。准确的成本信息,可以提高经营决策的质量,包括定价决策、扩大生产规模、放弃产品线等经营决策。

2. 有助于改进成本控制

作业成本法提供了了解产品作业过程的途径,使管理人员知道成本是如何发生的。成

本动因的确定,使他们将注意力集中于成本动因的耗用上,而不仅仅是关心产量和直接人工。从成本动因上改进成本控制,包括改进产品设计和生产流程等,可以消除非增值作业、提高增值作业的效率,有助于持续降低成本和不断消除浪费。

3. 为战略管理提供信息支持

战略管理需要相应的信息支持。例如,价值链分析是指企业用于评估客户价值感知重要性的一个战略分析工具。它包括确定当前成本和绩效标准,并评估整个供应链中哪些环节可以增加客户价值、减少成本费用的一整套工具和程序。由于产品价值是由一系列作业创造的,企业的价值链也就是其作业链。价值链分析需要识别供应作业、生产作业和分销作业,并且识别每项作业的成本驱动因素,以及各项作业之间的关系。作业成本法与价值链分析概念一致,可以为其提供信息支持。再例如,成本领先战略是公司竞争战略的选择之一。实现成本领先战略,除了规模经济之外,需要有低成本完成作业的资源和技能。这种有别于竞争对手的资源和技能,来源于技术创新和持续的作业管理。作业管理包括成本动因分析、作业分析和绩效衡量等,其主要数据来源于作业成本计算。

(二) 作业成本法的局限性

1. 开发和维护费用较高

作业成本法的成本动因多于完全成本法,成本动因的数量越大,开发和维护费用越高。即使有了计算机和数据库技术,采用作业成本法仍然是一件成本很高的事情。如果将作业成本法仅仅作为一项会计创举,不能通过作业成本数据的使用改善决策和作业管理,提高公司的竞争力,则很可能得不偿失。

2. 作业成本法不符合对外财务报告的需要

采用作业成本法的企业,为了使对外财务报表符合会计准则的要求,需要重新调整成本数据。这种调整与变动成本法的调整相比,不仅工作量大,而且技术难度大,有可能出现混乱。

3. 确定成本动因比较困难

间接成本并非都与特定的成本动因相关联。有时找不到与成本相关的驱动因素,或者设想的若干驱动因素与成本的相关程度都很低,或者取得驱动因素数据的成本很高。此时,就会出现人为主观分配,扭曲产品成本数据的情况。

4. 不利于管理控制

完全成本法按部门建立成本中心,为实施责任会计和业绩评价提供了方便。作业成本系统的成本库与企业的组织结构不一致,不利于提供管理控制的信息,因此许多管理人员和会计人员持反对态度。作业成本法倾向于以牺牲管理控制信息为代价,换取经营决策信息的改善,减少了会计数据对管理控制的有用性。

(三) 作业成本法的适用条件

采用作业成本法的公司一般应具备以下条件:

(1) 从成本结构看,这些公司的制造费用在产品成本中占有较大比重。它们若使用单一的分配率,成本信息的扭曲会比较严重。

(2) 从产品品种看,这些公司的产品多样性程度高,包括产品产量的多样性,规模的多样性,产品制造或服务复杂程度的多样性,原材料的多样性和产品组装的多样性。产品的多样性是引起传统成本系统在计算产品成本时发生信息扭曲的原因之一。

（3）从外部环境看，这些公司面临的竞争激烈。传统的成本计算方法是在竞争较弱、产品多样性较低的背景下设计的。当竞争变得激烈，产品的多样性增加时，传统成本计算方法的缺点被放大了，实施作业成本法变得有利。由于经济环境越来越动荡，竞争越来越激烈，相对于作业成本法而言，传统成本系统增加了决策失误引起的成本。

（4）从公司规模看，这些公司的规模比较大。由于大公司拥有更为强大的信息沟通渠道和完善的信息管理基础设施，并且对信息的需求更为强烈，所以它们比小公司对作业成本法更感兴趣。

总之，在企业生产自动化程度较高、直接人工比较少、企业的作业流程比较清晰、企业相关业务数据完备而且可获得、企业信息化基础工作较好、易产生成本扭曲并且准确的成本信息具有较大价值时，适宜采用作业成本法。企业可以根据自身经营管理的特点和条件，利用现代信息技术，采用作业成本法对不能直接归属于成本核算对象的成本进行归集和分配，通过作业成本法对产品的盈利能力、客户的获利能力、企业经营中的增值作业和非增值作业等进行分析，发挥更强大的管理作用。

 延伸阅读9-2

由许继电气看作业成本法在我国企业的推行

按照西方一般理论，作业成本法只适用于那些间接费用占全部成本比重高的企业，对于那些直接成本占很大比重的企业，使用作业成本法是不符合成本-效益原则的。然而，在我国制造企业中，直接材料占生产成本的比重一般在70%左右，加上直接人工达80%之多。这一现状往往也成为那些对我国实施ABC持反对意见的学者们的理由之一。在传统成本核算体系下，许继电气事业部的产品成本构成上，直接材料平均要占80%左右，其主要产品WMH-800直接材料成本占72.44%，直接人工占12.78%，制造费用仅占16.78%。似乎在许继电气事业部实施作业成本法完全不符合西方所要求的条件。但情况并非如此：

（1）由于许继电气对各个分厂领导都实行KPI考核，每个分厂之间都要进行内部转移定价。因而，每个分厂都把从上游分厂购买来的半成品价格作为自己的材料成本，使得制造部所提供的产品成本数据中，直接材料成本包括了前面几家分厂（例如结构公司、装配公司等）的直接材料成本、直接人工成本、制造费用以及各个分厂的利润，而直接人工成本、制造费用仅包括制造部自己发生的费用。这种成本核算体系，高估了直接材料成本的比重，而低估了制造费用、直接人工成本。经过对WMH-800成本构成的调整，直接材料成本占58.36%，直接人工成本占14.65%，制造费用占26.99%，制造费用是直接人工成本的1.84倍。根据调查表明，在香港，成本构成中制造费用比例较高并不是使用作业成本法公司的显著特征。因此，在许继电气实施作业成本法有其合理性的一面。

（2）传统成本核算体系往往是以产品为中心，关注的只是与产品有关的数量化指标，在成本管理方面仅提供产品成本数量上的增减变化，却无法告诉成本升高或降低的原因。而在作业成本核算体系下，其是以作业为中心，通过成本动因的选择，反映了引起成本发生的原因，从而有利于企业管理层更好地控制成本。许继电气的制造费用虽然仅占16.78%（传统成本核算下），但其总金额非常大。许继电气2001年电力保护及自动化设备所耗费的成本总额为48 644万元，整个事业部耗费成本大致为63 000万元。通过实施作业成本核算体系，即使仅帮助企业管理层降低一个百分点的成本，其收益却能高达630万元。而实施整个作业成本核算体系所要花费的费用，包括购买计算机、培训费、软件设计费以及必要的各种奖金、咨询费等总共费用远远没有达到630万元。因此，对于设计作业成本核算体系是否符合成本—效益原则，应该没有任何疑问了。

因此,作业成本模式的推行,能够改善产品成本信息的质量不仅仅表现在信息质量更加准确,也体现在提供的信息更加清晰、全面,对成本信息的运用更加广泛,使用频率提高等方面。从这个角度来看,作业成本模式的确有其超越传统成本模式的优越性,是我国企业成本模式变革的一个理想选择。

本 章 小 结

本章主要介绍了作业成本法的产生背景及基本理论,包括作业成本法的含义、作业成本法的核心概念、作业成本法的核算程序等,并对作业成本法的优缺点进行了概括。

本章重要概念

作业成本法 资源 作业 单位作业 批量作业 产品作业 维持性作业 成本动因 资源动因 作业动因 不增值作业 专属作业 共同消耗作业

推荐阅读资料

[1] 吴大军,牛彦秀.管理会计[M].大连:东北财经大学出版社,2010.

[2] 孙茂竹,文广伟,杨万贵.管理会计学[M].北京:中国人民大学出版社,2013.

[3] 刘萍,于树彬,刘西涛.管理会计[M].大连:东北财经大学出版社,2013.

第十章　全面预算管理

内容简介

　　本章主要讲解了预算的内涵、分类、全面预算体系的构成以及预算工作的组织;全面预算的编制程序、编制原则及编制方法;全面预算的具体编制。本章重点为全面预算的构成、编制方法以及全面预算的具体编制。

学习目的和要求

　　通过本章的学习,学生应掌握全面预算的内涵、全面预算体系的构成、全面预算的编制方法以及具体编制,了解预算工作的组织以及全面预算的编制程序、编制原则等。

引例　杭州钢铁集团公司全面预算管理

　　杭州钢铁集团公司(下称杭钢集团),是目前浙江省最大的工业企业,拥有全资、控股企业38家,总资产92亿元,净资产41亿元,以钢为主业,并涉足国内外贸易、机械制造、建筑安装、工业设计、房地产、电子信息、环保、旅游餐饮、教育等产业。2001年实现销售收入73.13亿元,实现利润4.8亿元,分别比2000年增长19.67%和19.17%。长期以来,公司坚持"企业管理以财务管理为中心,财务管理以资金管理为中心"的指导思想,紧紧抓住资金、成本两个管理中心环节,追求综合效益的最优化。近年来,通过对全面预算的不断探索和实践,公司保证了企业资金的有序控制,为企业持续发展提供了可靠保证,虽然规模在全国冶金行业中处于第28位,但实现利润连续4年名列前10位,吨钢利润名列前2位。

　　杭州集团的经营管理体制经历了两次质的转变:

第一次质的转变

　　随着计划经济体制向生产经营型体制的转变,企业管理制度实现了由生产计划型管理模式向目标管理为主体的经济责任管理模式的转变。在这一转变过程中,杭州集团严格遵循市场经济规律,着眼于内部改革,建立和完善了一套适合企业实际的管理制度,如以成本控制为突破口的目标成本管理制度、以资金集中管理为核心的投资集中管理、以投资项目集中管理以及内部银行管理制度、以费用控制为重点的"决算控制,分项核定"的费用管理制度等。这些制度为进一步完善企业经营管理和财务管理奠定了良好的基础,也为财务管理部门全面参与企业经营管理提供了前提条件。

第二次质的转变

　　随着生产经营型体制向资产经营型体制的转变,企业管理制度又实现了由经济责任制管理模式向全面预算管理模式的转变。内部经济体制改革的不断深化和现代企业制为主体的单一管理模式已不能完全适应需要。为了更好地配置经济资源,促进工艺结构和产品品种结构的调整,提高企业的核心竞争力,增强企业的持续发展能力,需要有一种更为先进、能对企业生产经营活动实行全方位控制的管理模式。为此,杭钢集团引进全面预算管理体制,并在 1996 年开始实施。

实施全面预算管理的第 1 年(1996 年)处于探索阶段。杭钢集团采用经济责任制和全面预算管理双轨制的运行办法,不仅给日常管理和具体操作带来了很大的不便,而且各二级管理单位也难以接受,无法达到对经营管理活动进行全面控制的预期效果,也给预算管理模式的深层次运行带来了较大阻力。针对双轨制运行办法存在的问题,杭钢集团对这两种管理模式的异同点进行了仔细的比较分析,以会计核算体系为突破口探索两者结合的途径。经过半年多的实践,逐步理顺了思路,总结出一套较为成熟的结合方式。预算委员会办公室对两者结合的具体方式进行了规范,自 1997 年开始实施。同时,公司董事会提出了"以全面预算为龙头,以'学邯钢'为载体,以经济责任制为手段,以班组经济核算为基础"的预算管理指导方针。预算管理不仅与经济责任制、以产权为纽带的资产经营责任制、以公司重点攻关项目为主体的"一体两翼"承包责任制等管理手段有了合适的结合点,而且把科技创新、目标管理、责任会计、质量管理等控制手段充实到了全面预算管理体系之中。

第一节 | 预算管理概述

一、预算的内涵

(一) 预算的含义

预算是企业在预测、决策的基础上,以数量和金额的形式反映企业未来一定时期内经营、投资、财务等活动的具体计划,是为实现企业目标而对各种资源和企业活动作的详细安排。预算是一种可据以执行和控制经济活动的、最为具体的计划,是对目标的具体化,是将企业活动导向预定目标的有力工具。

(二) 预算的特征

预算具有两个特征:首先,预算与企业的战略或目标保持一致。因为预算是为实现企业目标而对各种资源和企业活动做的详细安排。其次,预算是数量化的并具有可执行性。因为预算作为一种数量化的详细计划,它是对未来活动的细致、周密安排,是未来经营活动的依据。因此,数量化和可执行性是预算最主要的特征。

(三) 预算的作用

预算的作用主要表现在以下四个方面。

1. 预算可以使各部门明确工作目标

预算作为一种计划,规定了企业一定时期的总目标以及各级各部门的具体目标。这样就使各个部门了解本单位的经济活动与整个企业经营目标之间的关系,明确各自的职责及努力方向,从各自的角度去完成企业总的战略目标。

2. 预算可以实现企业内部各个部门之间的协调

从系统论的观点来看,局部计划的最优化,对全局来说不一定是最合理的。为了使各个职能部门向着共同的战略目标前进,它们的经济活动必须密切配合,相互协调,统筹兼顾,全面安排,搞好综合平衡。各部门预算的综合平衡,能促使各部门管理人员清楚地了解本部门在全局中的地位和作用,尽可能地做好部门之间的协调工作。各级各部门因其职责不同,往往会出现相互冲突的现象。各部门之间只有协调一致,才能最大限度地实现企业整体目标。例如,企业的销售、生产、财务等各部门可以分别编制出对自己来说是最好的计划,但该计划在其他部门却不一定能行得通。销售部门根据市场预测提出了一个庞大的销售计划,生产部门可能没有那么大的生产能力;生产部门可能编制一个充分利用现有生产能力的计划,但销售部门可能无力将这些产品销售出去;销售部门和生产部门都认为应该扩大生产能力,财务部门却认为无法筹到必要的资金。全面预算经过综合平衡后可以提供解决各级各部门冲突的最佳办法,代表企业的最优方案,可以使各级各部门的工作在此基础上协调地进行。

3. 预算可以帮助企业控制日常活动

编制预算是企业经营管理的起点,也是控制日常经济活动的依据。在预算的执行过程中,各部门应通过计量、对比,及时揭露实际脱离预算的差异,并分析其原因,以便采取必要的措施,消除薄弱环节,保证预算目标的顺利完成。

4. 预算可以作为业绩考核的标准

预算作为企业财务活动的行为标准,使各项活动的实际执行有章可循。预算标准可以作为各部门责任考核的依据。经过分解落实的预算规划目标能与部门、责任人的业绩考评结合起来,成为奖勤罚懒、评估优劣的准绳。

二、预算的分类

1. 根据内容不同,企业预算可以分为业务预算(即经营预算)、专门决策预算和财务预算

业务预算是指与企业日常经营活动直接相关的经营业务的各种预算。它主要包括销售预算、生产预算、直接材料预算、直接人工预算、制造费用预算、产品成本预算、销售费用预算和管理费用预算等。

专门决策预算是指企业不经常发生的、一次性的重要决策预算。专门决策预算直接反映相关决策的结果,是实际中选方案的进一步规划。如资本支出预算,其编制依据可以追溯到决策之前搜集到的有关资料,只不过预算比决策估算更细致、更精确一些。例如,企业对一切固定资产购置都必须在事先做好可行性分析的基础上来编制预算,具体反映投资额需要多少、何时进行投资、资金从何筹得、投资期限多长、何时可以投产、未来每年的现金流量是多少。

财务预算是指企业在计划期内反映有关预计现金收支、财务状况和经营成果的预算,主要包括现金预算和预计财务报表。财务预算作为全面预算体系的最后环节,它是从价值方面总括地反映企业业务预算与专门决策预算的结果,故亦称为总预算,其他预算则相应称为辅助预算或分预算。显然,财务预算在全面预算中占有举足轻重的地位

2. 按预算指标覆盖的时间长短,企业预算可分为长期预算和短期预算

通常将预算期在 1 年以内(含 1 年)的预算称为短期预算,预算期在 1 年以上的预算称为长期预算。预算的编制时间可以视预算的内容和实际需要而定,可以是 1 周、1 月、1 季、1 年或若干年等。在预算编制过程中,往往应结合各项预算的特点,将长期预算和短期预算结合使用。一般情况下,企业的业务预算和财务预算多为 1 年期的短期预算,年内再按季或月细分,而且预算期间往往与会计期间保持一致。

三、全面预算体系

全面预算由业务预算、专门决策预算和财务预算等一系列预算组成,它们相互衔接并互相勾稽,共同构成了一个综合的预算体系。具体如图 10-1 所示。

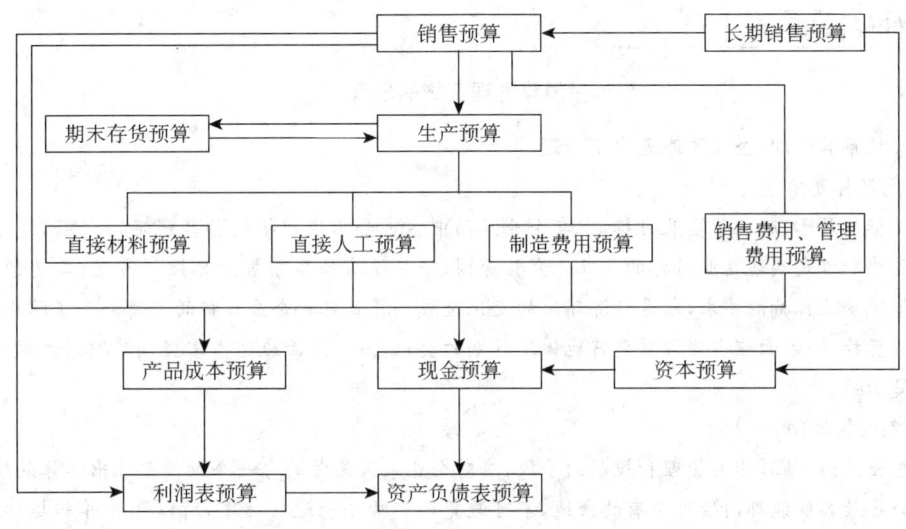

图 10-1　全面预算体系

企业应根据长期市场预测和生产能力,编制长期销售预算,以此为基础,确定本年度的销售预算,并根据企业财力确定资本预算。销售预算是年度预算的编制起点,根据"以销定产"的原则确定生产预算,同时确定所需要的销售费用。生产预算的编制,除了考虑计划销售量外,还要考虑现有存货和年末存货。根据生产预算来确定直接材料预算、直接人工预算和制造费用预算。产品成本预算和现金预算是有关预算的汇总。利润表预算和资产负债表预算是全部预算的综合。

四、预算工作的组织

预算工作的组织包括决策层、管理层、执行层和考核层,具体如下:

(1) 企业董事会或类似机构应当对企业预算的管理工作负总责。企业董事会或者经理办公会可以根据情况设立预算委员会或指定财务管理部门负责预算管理事宜,并对企业法定代表负责。

(2) 预算委员会或财务管理部门主要拟订预算的目标、政策,制定预算管理的具体措施和办法,审议、平衡预算方案,组织下达预算,协调解决预算编制和执行中的问题,组织审计、考核预算的执行情况,督促企业完成预算目标。

(3) 企业财务管理部门具体负责企业预算的跟踪管理,监督预算的执行情况,分析预算与实际执行的差异及原因,提出改进管理的意见与建议。

(4) 企业内部生产、投资、物资、人力资源、市场营销等职能部门具体负责本部门业务涉及的预算编制、执行、分析等工作,并配合预算委员会或财务管理部门做好企业总预算的综合平衡、协调、分析、控制与考核等工作。其主要负责人参与企业预算委员会的工作,并对本部门预算执行结果承担责任。

(5)企业所属基层单位是企业预算的基本单位,在企业财务管理部门的指导下,负责本单位现金流量、经营成果和各项成本费用预算的编制、控制、分析工作,接受企业的检查、考核。其主要负责人对本单位财务预算的执行结果承担责任。

 延伸阅读 10-1 ··

预算管理实施的思考

成功实施预算管理,企业要避免以下问题。

1. 避免目标置换

预算目标从属于、服从于企业目标,但在企业活动中常常会出现严格按预算规定,始终围绕预算目标,而忘却了首要职责是实现企业目标的状况。究其原因,一是没有恰当掌握预算控制力度;二是预算指标没有很好地体现企业目标的要求,或是经济环境的变化造成预算目标和企业目标的偏离。为了防止预算控制中出现目标置换,一方面应当使预算更好地体现计划的要求,另一方面应适当掌握预算控制力度,使预算具有一定的灵活性。

2. 避免过繁过细

有些企业认为,预算作为管理和控制的手段,应对企业未来经营的每一个细节都作出具体的规定,实际上这样做会导致各职能部门缺乏应有的余地,不可避免地影响企业运营效率,所以预算并非越细越好。究竟预算应细化到什么程度,必须联系对职能部门授权的程度进行认真酌定,过细过繁的预算等于让授权名存实亡。

3. 避免因循守旧

预算制定通常采用基数法即以历史的情况作为评判现在和未来的依据。例如,职能部门用以日常支出作为预算编制标准,职能部门就有可能故意扩大日常支出,以便在以后年度获得较大的预算支出标准。因此,必须采取有效的预算控制措施来避免这一现象,如通过详尽报表内容,健全报表体系等方法减少人为因素,提高精确性和科学性。

4. 避免一成不变

预算制定出来以后,预算执行者应当对预算进行管理,促进预算的实施,必要时可根据当时的实际情况进行检查、修订和调整。尽管我们在制定预算时预见了未来可能发生的情况,并制定出相应的应变措施,但预算一方面不可能面面俱到,另一方面情况在不断变化,总有一些问题是不可能预见到的。故预算管理不能一成不变,要对预算进行定期检查,如果情况已经发生重大的变化,就应当调整预算或重新制定预算,以达到预期目标。

第二节 | 全面预算的编制程序与方法

一、全面预算的编制程序

企业编制预算,一般应按照"上下结合、分级编制、逐级汇总"的程序进行。

(一)下达目标

企业董事会或经理办公会根据企业发展战略和预算期经济形势的初步预测,在决策的基础上,提出下一年度企业预算目标,包括销售或营业目标、成本费用目标、利润目标和现金流量目标,并确定预算编制的政策,由预算委员会下达各预算执行单位。

(二)编制上报

各预算执行单位按照企业预算委员会下达的预算目标和政策,结合自身特点以及预测的执行条件,提出详细的本单位预算方案,上报企业财务管理部门。

(三)审查平衡

企业财务管理部门对各预算执行单位上报的财务预算方案进行审查、汇总,提出综合平衡的建议。在审查、平衡过程中,预算委员会应当进行充分协调,对发现的问题提出初步调整意见,并反馈给有关预算执行单位予以修正。

(四)审议批准

企业财务管理部门在有关预算执行单位修正调整的基础上,编制出企业预算方案,报财务预算委员会讨论。对于不符合企业发展战略或者预算目标的事项,企业预算委员会应当责成有关预算执行单位进一步修订、调整。在讨论、调整的基础上,企业财务管理部门正式编制企业年度预算草案,提交董事会或经理办公会审议批准。

(五)下达执行

企业财务管理部门对董事会或经理办公会审议批准的年度总预算,一般在次年3月底以前,分解成一系列的指标体系,由预算委员会逐级下达各预算执行单位执行。

二、全面预算编制原则

由于各企业的经营规模、组织结构、行业特点、内外环境等因素各不相同,在全面预算管理组织体系的具体设置上可采取不同方式,并遵循如下基本原则。

(一)科学、规范原则

科学、规范是指设置的全面预算管理组织体系既要符合全面预算管理的内在规律,又要符合《中华人民共和国公司法》、本企业的《公司章程》中有关公司法人治理结构的有关规定。例如,公司法明确规定,预算的制订责任由公司董事会承担,预算的审定权由公司股东会享有。各企业在设置全面预算管理组织体系、划分有关机构责任与权利时不能与法律、法规相抵触。

(二)高效、有力原则

高效、有力是指全面预算管理机制的运行要反应敏捷、作用有力、执行坚决、反馈及时,这是现代经济社会对组织管理的基本要求。设置预算管理组织体系的目的在于充分、有效地实施预算管理职能,确保全面预算管理活动的顺利运行。显然,只有高效、有力的组织机构才能保证此目的的实现。

(三)繁简适度、经济适用原则

全面预算管理组织体系的建立一定要结合本企业的实际,既不能搞烦琐哲学、摆花架子,又不能过于简单。因为,繁简适度的组织体系是全面预算管理机制高效运行的基础。庞大、臃肿的预算管理机构,不仅会增加预算管理的成本,而且会降低管理效率、造成管理混乱,甚至危及全面预算管理的运行。提高经济效益是全面预算管理的根本目的,如果因为开展全面预算管理导致费用上升、效益下滑,那将得不偿失。相反,过于简单的组织机构,又难以担当全面预算管理的重任,造成顾此失彼、疲于应付,最终导致全面预算管理的失败。因此,繁简适度、因企制宜的设置全面预算管理的组织体系,并配备数量适中的工作人员,对于每一个实施全面预算管理的企业而言,都是非常重要的。

(四) 全面、系统原则

全面预算管理是以预算为标准,对企业经营活动、投资活动、筹资活动进行控制、调整和考评的一系列管理活动。它既涉及企业人财物各个方面,又涉及企业供产销各个环节,是一个全员参与、全过程控制的系统工程。因此,企业应本着全面、系统的原则,从以下两个方面建立健全全面预算管理组织体系:

一是明确企业全面预算管理决策机构、工作机构和执行机构的设置及组成人员,落实各机构在预算管理中的责任和权利。

二是全面预算管理组织体系的建设要与企业组织机构相适应,在由多级法人组成的集团公司、母子公司,应相应建立多级预算管理决策机构、工作机构和执行机构,避免出现全面预算管理活动相互脱节,甚至出现管理空白的现象。

(五) 权责明确、权责相当原则

全面预算管理是以人为本的管理活动,全面预算管理的各个组织机构必须要有明确、清晰的管理权限和责任。只有做到权责明确、权责相当,才能在实施全面预算管理中减少或杜绝"扯皮"现象。

权责明确是指应根据全面预算管理组织机构所从事的具体活动,明确规定其应承担的经济责任,同时赋予其履行职责所必须的权利。

权责相当是指有多大权利,就应该承担多大的责任;反之,承担多大的责任,就应该拥有多大的权利。有责无权、责大权小,责任无法落实;有权无责、权大责小,就会造成权利滥用。只有权责匹配、将责权利有机结合起来,才能使全面预算管理活动充满生机和活力。

三、全面预算的编制方法

企业全面预算的构成内容比较复杂,编制预算需要采用适当的方法。常见的预算方法主要包括增量预算法与零基预算法、固定预算法和弹性预算法、定期预算法与滚动预算法,这些方法广泛应用于营业活动有关预算的编制。

(一) 增量预算法与零基预算法

按其出发点的特征不同,编制预算的方法可分为增量预算法和零基预算法两大类。

1. 增量预算法

增量预算法是指以基期成本费用水平为基础,结合预算期业务量水平及有关降低成本的措施,通过调整有关费用项目而编制预算的方法。增量预算法以过去的费用发生水平为基础,主张不需在预算内容上作较大的调整,它的编制遵循如下假定:

第一,企业现有业务活动是合理的,不需要进行调整。

第二,企业现有各项业务的开支水平是合理的,在预算期予以保持。

第三,以现有业务活动和各项活动的开支水平,确定预算期各项活动的预算数。

增量预算法的缺陷是可能导致无效费用开支项目无法得到有效控制,因为不加分析地保留或接受原有的成本费用项目,可能使原来不合理的费用继续开支而得不到控制,形成不必要开支合理化,造成预算上的浪费。

2. 零基预算法

零基预算法的全称为"以零为基础的编制计划和预算的方法",它不考虑以往会计期间所发生的费用项目或费用数额,而是一切以零为出发点,根据实际需要逐项审议预算期内各项费用的内容及开支标准是否合理,在综合平衡的基础上编制费用预算。零基预算法的程序如下:

第一,企业内部各级部门的员工,根据企业的生产经营目标,详细讨论计划期内应该发生的费用项目,并对每一费用项目编写一套方案,提出费用开支的目的以及需要开支的费用数额。

第二,划分不可避免费用项目和可避免费用项目。在编制预算时,对不可避免费用项目必须保证资金供应;对可避免费用项目,则需要逐项进行成本与效益分析,尽量控制可避免项目纳入预算当中。

第三,划分不可延缓费用项目和可延缓费用项目。在编制预算时,应把预算期内可供支配的资金在各费用项目之间分配。应优先安排不可延缓费用项目的支出。然后再根据需要按照费用项目的轻重缓急确定可延缓项目的开支。

零基预算的优点表现在:①不受现有费用项目的限制;②不受现行预算的束缚;③能够调动各方面节约费用的积极性;④有利于促使各基层单位精打细算,合理使用资金。其缺点是编制工作量大。

(二) 固定预算法与弹性预算法

编制预算的方法按其业务量基础的数量特征不同,可分为固定预算法和弹性预算法。

1. 固定预算法

固定预算法又称静态预算法,是指在编制预算时,只根据预算期内正常、可实现的某一固定的业务量(如生产量、销售量等)水平作为唯一基础来编制预算的方法。固定预算法的缺点表现在两个方面:

一是适应性差。因为编制预算的业务量基础是事先假定的某个业务量。在这种方法下,不论预算期内业务量水平实际可能发生哪些变动,都只按事先确定的某一个业务量水平作为编制预算的基础。

二是可比性差。当实际的业务量与编制预算所依据的业务量发生较大差异时,有关预算指标的实际数与预算数就会因业务量基础不同而失去可比性。例如,某企业预计业务量为销售 100 000 件产品,按此业务量给销售部门的预算费用为 5 000 元。如果该销售部门实际销售量达到 120 000 件,超出了预算业务量,固定预算下的费用预算仍为 5 000 元。

2. 弹性预算法

弹性预算法又称动态预算法,是指在成本性态分析的基础上,依据业务量、成本和利润之间的联动关系,按照预算期内可能的一系列业务量(如生产量、销售量、工时等)水平编制系列预算的方法。

理论上,弹性预算法适用于编制全面预算中所有与业务量有关的预算,但实务中主要用于编制成本费用预算和利润预算,尤其是成本费用预算。

编制弹性预算,要选用一个最能代表生产经营活动水平的业务量计量单位。例如,以手工操作为主的车间,就应选用人工工时;制造单一产品或零件的部门,可以选用实物数量;修理部门可以选用直接修理工时等。

弹性预算法所采用的业务量范围,视企业或部门的业务量变化情况而定,务必使实际业务量不至于超出相关的业务量范围。一般来说,可定在正常生产能力的 70%～110% 之间,或以历史上最高业务量和最低业务量为其上下限。弹性预算法编制预算的准确性,在很大程度上取决于成本性态分析的可靠性。

与按特定业务量水平编制的固定预算法相比,弹性预算法有两个显著特点:

(1) 弹性预算是按一系列业务量水平编制的,从而扩大了预算的适用范围。

(2) 弹性预算是按成本性态分类列示的,在预算执行中可以计算一定实际业务量的预算成本,以便于预算执行的评价和考核。

运用弹性预算法编制预算的基本步骤是:

第一步:选择业务量的计量单位。

第二步:确定适用的业务量范围。

第三步:逐项研究并确定各项成本和业务量之间的数量关系。

第四步:计算各项预算成本,并用一定的方式来表达。

弹性预算法又分为公式法和列表法两种具体方法:

(1) 公式法是运用总成本性态模型,测算预算期的成本费用数额,并编制成本费用预算的方法。根据成本性态,成本与业务量之间的数量关系可用公式表示为:

$$y = a + bx$$

其中,y 表示某项预算成本总额,a 表示该项成本中的预算固定成本额,b 表示该项成本中的预算单位变动成本额,x 表示预计业务量。

【例 10-1】 华夏公司制造费用中的修理费用与修理工时密切相关。经测算,预算期修理费用中的固定修理费用为 2 000 元,单位工时的变动修理费用为 6 元;预计预算期的修理工时为 3 000 小时。运用公式法,测算预算期的修理费用总额为:

$$2\,000 + 6 \times 3\,000 = 20\,000(元)$$

因为任何成本都可用公式"$y = a + bx$"来近似地表示,所以只要在预算中列示 a(固定成本)和 b(单位变动成本),便可随时利用公式计算任一业务量(x)的预算成本(y)。

(2) 列表法是在预计的业务量范围内将业务量分为若干个水平,然后按不同的业务量水平编制预算。

应用列表法编制预算,首先要在确定的业务量范围内,划分出若干个不同水平的业务量,然后分别计算各项预算值,汇总列入一个预算表格。

列表法的优点是:不管实际业务量多少,不必经过计算即可找到与业务量相近的预算成本;但是,运用列表法编制预算,在评价和考核实际成本时,往往需要使用插值法来计算"实际业务量的预算成本",比较麻烦。

表 10-1　　　　　　　　　　　　　制造费用预算(列表法)　　　　　　　　　　　　　单位:元

业务量(直接人工工时)	420	480	540	600	660
占正常生产能力百分比	70%	80%	90%	100%	110%
变动成本:					

（续表）

运输费用($b=0.2$)	84	96	108	120	132
电力费用($b=1.0$)	420	480	540	600	660
材料费用($b=0.1$)	42	48	54	60	66
合计	546	624	702	780	858
混合成本：					
修理费用	442	493	544	595	746
油料费用	192	204	216	228	240
合计	634	697	760	823	986
固定成本：					
折旧费用	300	300	300	300	300
人工费用	100	100	100	100	100
合计	400	400	400	400	400
总计	1 580	1 721	1 862	2 003	2 244

（三）定期预算法与滚动预算法

编制预算的方法按其预算期的时间特征不同，可分为定期预算法和滚动预算法两大类。

1. 定期预算法

定期预算法是指在编制预算时，以不变的会计期间（如日历年度）作为预算期的一种编制预算的方法。这种方法的优点是能够使预算期间与会计期间相对应，便于将实际数与预算数进行对比，也有利于对预算执行情况进行分析和评价。但这种方法固定以 1 年为预算期，在执行一段时期之后，往往使管理人员只考虑剩下来的几个月的业务量，缺乏长远打算，导致一些短期行为的出现。

2. 滚动预算法

滚动预算法又称连续预算法或永续预算法，是指在编制预算时，将预算期与会计期间脱离开，随着预算的执行不断地补充预算，逐期向后滚动，使预算期始终保持为一个固定长度（一般为 12 个月）的一种预算方法。滚动预算的基本做法是使预算期始终保持 12 个月，每过 1 个月或 1 个季度，立即在期末增列 1 个月或 1 个季度的预算，逐期往后滚动，因而在任何一个时期都使预算保持为 12 个月的时间长度。这种预算能使企业各级管理人员对未来始终保持整整 12 个月时间的考虑和规划，从而保证企业的经营管理工作能够稳定而有序地进行。采用滚动预算法编制预算，按照滚动的时间单位不同可分为逐月滚动、逐季滚动和混合滚动。

（1）逐月滚动是指在预算编制过程中，以月份为预算的编制和滚动单位，每个月调整一次预算的方法。如在 2×17 年 1 月至 12 月的预算执行过程中，需要在 1 月末根据当月预算的执行情况修订 2 月至 12 月的预算，同时补充下年 1 月的预算；到 2 月末可根据当月预算的执行情况，修订 3 月至 2×18 年 1 月的预算，同时补充 2×18 年 2 月的预算；依此类推。按照逐月滚动方式编制的预算比较精确，但工作量较大。

（2）逐季滚动是指在预算编制过程中，以季度为预算的编制和滚动单位，每个季度调整一次预算的方法。逐季滚动编制的预算比逐月滚动的工作量小，但精确度较差。

（3）混合滚动是指在预算编制过程中，同时以月份和季度作为预算的编制和滚动单位的方法。这种预算方法的理论依据是：人们对未来的了解程度具有对近期把握较大，对远期的预计把握较小的特征。为了做到长计划短安排，远略近详，在预算编制过程中，可以对近期预算提出较高的精度要求，使预算的内容相对详细；对远期预算提出较低的精度要求，使预算的内容相对简单，这样可以减少预算工作量。如对 2×17 年 1 月份至 3 月份的头 3 个月逐月编制详细预算，其余 4 月份至 12 月份分别按季度编制粗略预算；3 月末根据第 1 季度预算的执行情况，编制 4 月份至第 6 月份的详细预算，并修订第 3 至第 4 季度的预算，同时补充 2×18 年第 1 季度的预算；依此类推。

运用滚动预算法编制预算，使预算期间依时间顺序向后滚动，能够保持预算的持续性，有利于结合企业近期目标和长期目标，考虑未来业务活动。使预算随时间的推进不断加以调整和修订，能使预算与实际情况更加适应，有利于充分发挥预算的指导和控制作用。在实际工作中，采用哪一种滚动预算方式应视企业的实际需要而定。

 延伸阅读 10-2

国家开发投资公司全面预算管理

作为一家投资控股集团，国家开发投资公司的业务范围复杂多样，包括实业、金融服务业、国有资产经营三大业务类型，涉及煤炭、电力、港口、机轻、化肥、基金、保险等诸多业务领域。系统实施方——景华天创公司首席专家丘创表示，预算管理系统架构设计要既能够满足总部的管理需求，又能兼顾各板块及板块内的业务管理差异，这是国家开发投资公司预算管理项目的重点及难点。

基于前期的业务设计基础，国家开发投资公司在预算管理系统中设计了"集团通用、板块通用、板块专用"三类预算模板，分别用于满足集团总部、各板块间及板块内的预算管理需求。预算管理从业务预算出发，按照业务部门的专业条线管理内容，覆盖包括投资、人力资源、固定资产管理、资金预算、IT 专项支出等业务预算，由业务预算形成财务预算指标的全面预算管理内容。

同时，预算系统内的组织架构体系覆盖了从集团总部到二级企业，以及三级投资企业的组织层级，体现预算管理的全面性、全员性及业务驱动性。此外，在年度预算编制的基础上，国家开发投资公司根据管理需求的深入不断优化完善预算管理体系，先后实现季度滚动预测、预算调整、预算与实际数据的集成分析、预算控制、预算编制、数据校验功能等，形成全过程的预算管理闭环。

第三节 全面预算的编制

一、业务预算的编制

（一）销售预算

销售预算是指在销售预测的基础上编制的，用于规划预算期销售活动的一种业务预算。销售预算是整个预算的编制起点，其他预算的编制都以销售预算作为基础。

【例 10-2】 华夏公司全年各季度预计销量分别为 100 件、150 件、200 件、180 件；每季度销售收入中，本季度收到现金 60%，另外的 40% 现金要到下季度才能收到。编制华夏公司销售预算如表 10-2 所示。

表 10-2 销售预算 金额单位:元

季度	1	2	3	4	全年
预计销售量(件)	100	150	200	180	630
预计单位售价	200	200	200	200	200
销售收入	20 000	30 000	40 000	36 000	126 000
预计现金收入					
上年应收账款	6 200				6 200
第1季度(销货 20 000)	12 000	8 000			20 000
第2季度(销货 30 000)		18 000	12 000		30 000
第3季度(销货 40 000)			24 000	16 000	40 000
第4季度(销货 36 000)				21 600	21 600
现金收入合计	18 200	26 000	36 000	37 600	117 800

(二) 生产预算

生产预算是为规划预算期生产规模而编制的一种业务预算,它是在销售预算的基础上编制的,并可以作为编制直接材料预算和产品成本预算的依据。其主要内容有销售量、期初和期末产成品存货、生产量。在生产预算中,只涉及实物量指标,不涉及价值量指标。

通常,企业的生产和销售不能做到"同步同量",需要设置一定的存货,以保证能在发生意外需求时按时供货,并可均衡生产,节省赶工的额外支出。期末产成品存货数量通常按下期销售量的一定百分比确定,年初产成品存货是编制预算时预计的,年末产成品存货根据长期销售趋势来确定。

【例 10-3】 华夏公司全年各季度预计销量分别为 100 件、150 件、200 件、180 件;年初产成品存货有 10 件,年末产成品存货预计有 20 件,各季度末产成品存货量按照下季度销量的 10% 安排。编制华夏公司生产预算表如表 10-3 所示。

表 10-3 生产预算 单位:件

季度	1	2	3	4	全年
预计销售量	100	150	200	180	630
加:预计期末产成品存货	15	20	18	20	20
合计	115	170	218	200	650
减:预计期初产成品存货	10	15	20	18	10
预计生产量	105	155	198	182	640

需要注意的是,生产预算在实际编制时是比较复杂的,产量受到生产能力的限制,产成品存货数量受到仓库容量的限制,只能在此范围内来安排产成品存货数量和各期生产量。此外,有的季度可能销量很大,可以用赶工方法增产,为此要多付加班费。如果提前在淡季生产,会因增加产成品存货而多付资金利息。因此,要权衡两者得失,选择成本最低的方案。

（三）直接材料预算

直接材料预算是为了规划预算期直接材料采购金额的一种业务预算。直接材料预算以生产预算为基础编制，同时要考虑原材料存货水平。另外，为了便于以后编制现金预算，通常要预计材料采购各季度的现金支出。每个季度的现金支出包括偿还上期应付账款和本期应支付的采购货款。

【例 10-4】 华夏公司预计的生产量如表 10-3 所示，单位产品预算的材料用量 10 千克/件，材料预算单价为 5 元/千克，上年年末材料存量 300 千克，预计本年的年末存量为 400 千克，各季末材料存量按照下季生产需用量的 20% 安排。上年末的应付账款为 2 350 元，企业材料采购的货款有 50% 在本季度内付清，另外 50% 在下季度付清。华夏公司的直接材料预算编制如表 10-4 所示。

表 10-4 直接材料预算

季 度	一	二	三	四	全年
预计生产量（件）	105	155	198	182	640
单位产品材料用量（千克/件）	10	10	10	10	10
生产需用量（千克）	1 050	1 550	1 980	1 820	6 400
加：预计期末存量（千克）	310	396	364	400	400
减：预计期初存量（千克）	300	310	396	364	300
预计材料采购量（千克）	1 060	1 636	1 948	1 856	6 500
单价（元/千克）	5	5	5	5	5
预计采购金额（元）	5 300	8 180	9 740	9 280	32 500
预计现金支出（元）					
上年应付账款（元）	2 350				2 350
第一季度（采购 5 300 元）	2 650	2 650			5 300
第二季度（采购 8 180 元）		4 090	4 090		8 180
第三季度（采购 9 740 元）			4 870	4 870	9740
第四季度（采购 9 280 元）				4 640	4 640
合 计	5 000	6 740	8 960	9 510	30 210

（四）直接人工预算

直接人工预算是一种既反映预算期内人工工时消耗水平，又规划人工成本开支的业务预算。直接人工预算也是以生产预算为基础编制的。其主要内容有预计产量、单位产品工时、人工总工时、每小时人工成本和人工总成本。"预计产量"数据来自生产预算，单位产品人工工时和每小时人工成本数据来自标准成本资料，人工总工时和人工总成本是在直接人工预算中计算出来的。由于人工工资都需要使用现金支付，所以，不需要另外预计现金支出，可直接参加现金预算的汇总。

【例 10-5】 华夏公司预计各季度生产量为 105 件、155 件、198 件、182 件，单位产品预算工时为 10 小时/件，单位小时人工成本为 2 元。编制人工预算如表 10-5 所示。

表 10-5 直接人工预算

季度	一	二	三	四	全年
预计产量(件)	105	155	198	182	640
单位产品工时(小时/件)	10	10	10	10	10
人工总工时(小时)	1 050	1 550	1 980	1 820	6 400
每小时人工成本(元/小时)	2	2	2	2	2
人工总成本(元)	2 100	3 100	3 960	3 640	12 800

(五)制造费用预算

制造费用预算通常分为变动制造费用预算和固定制造费用预算两部分。变动制造费用预算以生产预算为基础来编制。如果有完善的标准成本资料,用单位产品的标准成本与产量相乘,即可得到相应的预算金额。如果没有标准成本资料,就需要逐项预计计划产量需要的各项制造费用。固定制造费用,需要逐项进行预计,通常与本期产量无关,按每季度实际需要的支付额预计,然后求出全年数。

【例 10-6】华夏公司各季度预计生产量为 105 件、155 件、198 件、182 件,单位变动成本预算为间接人工每件 1 元,间接材料每件 1 元,修理费每件 2 元,水电费每件 1 元。单位产品工时为 10 小时,固定制造费用预算数如表 10-6 所示,每季度固定制造费用中包含的折旧费用为 1 000 元。编制制造费用预算如表 10-6 所示。

表 10-6 制造费用预算 金额单位:元

季度	一	二	三	四	全年
变动制造费用:					
间接人工(1 元/件)	105	155	198	182	640
间接材料(1 元/件)	105	155	198	182	640
修理费(2 元/件)	210	310	396	364	1 280
水电费(1 元/件)	105	155	198	182	640
小计	525	775	990	910	3 200
固定制造费用:					
修理费	1 000	1 140	900	900	3 940
折旧	1 000	1 000	1 000	1 000	4 000
管理人员工资	200	200	200	200	800
保险费	75	85	110	190	460
财产税	100	100	100	100	400
小计	2 375	2 525	2 310	2 390	9 600
合计	2 900	3 300	3 300	3 300	12 800
减:折旧	1 000	1 000	1 000	1 000	4 000
现金支出的费用	1 900	2 300	2 300	2 300	8 800

为了便于以后编制产品成本预算,需要计算小时费用率,具体计算如下:

$$预算总工时 = 640 \times 10 = 6\ 400(小时)$$

$$变动制造费用分配率 = 3\ 200 \div 6\ 400 = 0.5(元／小时)$$

$$固定制造费用分配率 = 9\ 600 \div 6\ 400 = 1.5(元／小时)$$

(六) 产品成本预算

产品成本预算是销售预算、生产预算、直接材料预算、直接人工预算、制造费用预算的汇总。其主要内容是产品的单位成本和总成本。单位产品成本的有关数据,来自前述三个预算。生产量、期末存货量来自生产预算,销售量来自销售预算。生产成本、存货成本和销货成本等数据,根据单位成本和有关数据计算得出。

【例 10-7】 华夏公司单位产品预算资料如下:单位产品的材料用量为 10 千克,材料单价为 5 元/千克,单位产品的加工工时为 10 小时,每小时的人工成本为 2 元,变动制造费用预算分配率为 0.5 元/小时,固定制造费用预算分配率为 1.5 元/小时。本年预算的产品生产量为 640 件,销售量 630 件,期末存货量为 20 件。编制产品成本预算如表 10-7 所示。

表 10-7   产品成本预算   金额单位:元

项　目	单位成本			生产成本 (640 件)	期末存货 (20 件)	销货成本 (630 件)
	每千克 或每小时	投入量	成本 (元)			
直接材料	5	10 千克	50	32 000	1 000	31 500
直接人工	2	10 小时	20	12 800	400	12 600
变动制造费用	0.5	10 小时	5	3 200	100	3 150
固定制造费用	1.5	10 小时	15	9 600	300	9 450
合　计			90	57 600	1 800	56 700

(七) 销售及管理费用预算

销售费用预算是指为了实现销售预算所需支付的费用预算。它以销售预算为基础,分析销售收入、销售利润和销售费用的关系,力求实现销售费用的最有效使用。在安排销售费用时,要利用本量利分析方法,费用的支出应能获取更多的收益。在草拟销售费用预算时,要对过去的销售费用进行分析,考察过去销售费用支出的必要性和效果。销售费用预算应和销售预算相配合,应有按品种、按地区、按用途的具体预算数额。

管理费用是搞好一般管理业务所必需的费用。随着企业规模的扩大,一般管理职能日益重要,其费用也相应增加。在编制管理费用预算时,要分析企业的业务成绩和一般经济状况,务必做到费用合理化。管理费用多属于固定成本,所以,一般是以过去的实际开支为基础,按预算期的可预见变化来调整。重要的是,必须充分考察每种费用是否必要,以便提高费用效率。

表 10-8 是华夏公司的销售及管理费用预算。

表 10-8 　　　　　　　　　　　　　　销售及管理费用预算 　　　　　　　　　　　单位:元

项　　目	金　　额
销售费用:	
销售人员工资	2 000
广告费	5 500
包装、运输费	3 000
保管费	2 700
折旧	1 000
管理费用:	
管理人员薪金	4 000
福利费	800
保险费	600
办公费	1 400
折旧	1 500
合计	22 500
减:折旧	2 500
每季度支付现金(20 000÷4)	5 000

二、专门决策预算的编制

专门决策预算主要是长期投资预算(又称资本支出预算),通常是指与项目投资决策相关的专门预算,它往往涉及长期建设项目的资金投放与筹集,并经常跨越多个年度。编制专门决策预算的依据,是项目财务可行性分析资料以及企业筹资决策资料。

专门决策预算的要点是准确反映项目资金投资支出与筹资计划,它同时也是编制现金预算和预计资产负债表的依据。表 10-9 是华夏公司 2×18 年的专门决策预算。

表 10-9 　　　　　　　　　　　　　　专门决策预算 　　　　　　　　　　　单位:元

项目	1 季度	2 季度	3 季度	4 季度	全年
投资支出预算	50 000	—	—	80 000	130 000
借入长期借款	30 000	—	—	60 000	90 000

三、财务预算的编制

(一)现金预算

现金预算是指以业务预算和专门决策预算为依据编制的,专门反映预算期内预计现金收入与现金支出,以及为满足理想现金余额而进行筹资或归还借款等的预算。现金预算由可供使用现金、现金支出、现金余缺、现金筹措与运用四部分构成。

【例 10-8】 华夏公司 2×16 年年末现金余额为 8 000 元,2×17 年理想的现金余额为 3 000 元,华夏公司 2×16 年末的长期借款余额为 120 000 元,短期借款余额为 0,企业短期借款年利率为 10%,长期借款年利率为 12%。如果资金不足,可以取得短期借款,银行的要求是借款额必须是 1 000 元的整数倍。借款利息按季支付,作预算时假设新增借款发生在季度的期初,归还借款发生在季度的期末,归还借款是 100 元的整数倍。编制现金预算如表 10-10 所示。

表 10-10 现金预算 单位:元

季度	一	二	三	四	全年
期初现金余额	8 000	3 200	3 060	3 040	8 000
加:现金收入(销售预算)	18 200	26 000	36 000	37 600	117 800
可供使用现金	26 200	29 200	39 060	40 640	125 800
减:现金支出					
直接材料(直接材料预算)	5 000	6 740	8 960	9 510	30 210
直接人工(直接人工预算)	2 100	3 100	3 960	3 640	12 800
制造费用(制造费用预算)	1 900	2 300	2 300	2 300	8 800
销售及管理费用(销售及管理费用预算)	5 000	5 000	5 000	5 000	20 000
所得税费用(预计数)	4 000	4 000	4 000	4 000	16 000
购买设备(专门决策预算)	50 000			80 000	130 000
股利				8 000	8 000
现金支出合计	68 000	21 140	24 220	112 450	225 810
现金余缺	(41 800)	8 060	14 840	(71 810)	(100 010)
现金筹措与运用					
借入长期借款(专门决策预算)	30 000			60 000	90 000
取得短期借款	20 000			22 000	42 000
归还短期借款			6 800		6 800
短期借款利息(年利 10%)	500	500	500	880	2 380
长期借款利息(年利 12%)	4 500	4 500	4 500	6 300	19 800
期末现金余额	3 200	3 060	3 040	3 010	3 010

(二)利润表预算的编制

预计利润表用来综合反映企业在计划期的预计经营成果,是企业最主要的财务预算表之一。通过编制利润表预算,可以了解企业预期的盈利水平。如果预算利润与最初编制方针中的目标利润有较大的不一致,就需要调整部门预算,设法达到目标,或者经企业领导同意后修改目标利润。编制预计利润表的依据是各业务预算、专门决策预算和现金预算。

表 10-11 是华夏公司的利润表预算,它是根据上述各有关预算编制的。

表 10-11 利润表预算 单位:元

项目	金额
销售收入(销售预算)	126 000
销货成本(产品成本预算)	56 700
毛利	69 300
销售及管理费用(销售及管理费用预算)	22 500
利息(现金预算)	22 180
利润总额	24 620
所得税费用(估计)	16 000
税后净收益	8 620

(三) 资产负债表预算的编制

预计资产负债表用来反映企业在计划期末预计的财务状况。编制预计资产负债表的目的,在于判断预算反映的财务状况的稳定性和流动性。如果通过预计资产负债表的分析,发现某些财务比率不佳,必要时可修改有关预算,以改善财务状况。预计资产负债表的编制需以计划期开始日的资产负债表为基础,结合计划期间各项业务预算、专门决策预算、现金预算和预计利润表进行编制。它是编制全面预算的终点。

表 10-12 是华夏公司的资产负债表预算,它是根据上述各有关预算编制的。

表 10-12 资产负债表预算 单位:元

资产	年初余额	年末余额	负债和股东权益	年初余额	年末余额
流动资产:			流动负债:		
货币资金(现金预算)	8 000	3 010	短期借款(现金预算)	0	35 200
应收账款(销售预算)	6 200	14 400	应付账款(直接材料预算)	2 350	4 640
存货(直接材料预算、产品成本预算)	2 400	3 800	流动负债合计	2 350	39 840
流动资产合计	16 600	21 210	非流动负债:		
非流动资产:			长期借款(现金预算)	120 000	210 000
固定资产(制造费用预算及销售费用预算的折旧)	43 750	37 250	非流动负债合计	120 000	210 000
在建工程(资本支出预算)	100 000	230 000	负债合计	122 350	249 840
非流动资产合计	143 750	267 250	股东权益:		
			股本	20 000	20 000
			资本公积	5 000	5 000
			盈余公积	10 000	10 000
			未分配利润	3 000	3 620

（续表）

资产	年初余额	年末余额	负债和股东权益	年初余额	年末余额
			股东权益合计	38 000	38 620
资产总计	160 350	288 460	负债和股东权益合计	160 350	288 460

本 章 小 结

本章主要学习了预算的内涵、分类、全面预算体系的构成以及预算工作的组织；全面预算的编制程序、编制原则及编制方法；并结合实务重点讲解了全面预算的具体编制。

本章重要概念

预算　全面预算　固定预算　弹性预算　零基预算　滚动预算

推荐阅读资料

［1］吴大军,牛彦秀.管理会计[M].大连:东北财经大学出版社,2010.

［2］孙茂竹,文广伟,杨万贵.管理会计学[M].北京:中国人民大学出版社,2013.

［3］刘萍,于树彬,刘西涛.管理会计[M].大连:东北财经大学出版社,2013.

第十一章 业绩考核与评价

内容简介

本章主要讲解了业绩考核与评价的概念、分类、功能及业绩考核与评价系统的构建原则；责任中心的内涵及成本中心、利润中心、投资中心的业绩考核与评价；EVA 的基本内涵、调整与应用；平衡计分卡的概念、内容、特点及基于战略管理的平衡计分卡。

学习目的和要求

通过本章的学习，学生应掌握业绩考核与评价的概念、责任中心的内涵及成本中心、利润中心、投资中心的业绩考核与评价，了解基于 EVA 的业绩考核与评价和基于战略管理的平衡计分卡等内容。

引例　唐僧师徒的故事

唐僧团队是一个知名的团队，经常在讲课的时候都被作为典范来讲，但是这个团队的业绩考核似乎做得并不好。我们来看一下他们业绩考核的故事。

话说，唐僧团队乘坐飞机去旅游，途中，飞机出现故障，需要跳伞，不巧的是，4 个人只有 3 把降落伞，为了做到公平，师傅唐僧对各个徒弟进行了考核，考核过关就可以得到一把降落伞，考核失败，就自由落体，自己跳下去。

于是，师傅问孙悟空："悟空，天上有几个太阳？"悟空不假思索地答道："一个。"师傅说："好，答对了，给你一把伞。"接着又问沙僧，"天上有几个月亮？"沙僧答道："一个。"师傅说，"好，也对了，给你一把伞。"八戒一看，心理暗喜："啊哈，这么简单，我也行。"于是，摩拳擦掌，等待师傅出题。师傅的问题是："天上有多少星星？"八戒当时就傻掉了，直接就跳下去了。这是第一次旅游。

过了些日子，师徒 4 人又乘坐飞机旅游，结果途中，飞机又出现了故障，同样只有 3 把降落伞，师傅如法炮制，再次出题靠大家，先问悟空："中华人民共和国哪一年成立的？"悟空答道："1949 年 10 月 1 日。"师傅说："好，给你一把。"又问沙僧："中国的人口有多少亿？"沙僧说是 13 亿，师傅说："好的，答对了。"沙僧也得到了一把伞，轮到八戒，师傅的问题是，13 亿人口的名字分别叫什么？八戒当时晕倒，又一次以自由落体结束履行。

第三次旅游的时候，飞机再一次出现故障，这时候八戒说："师傅，你别问了，我跳。"然后纵身一跳，师傅双手合十，说："阿弥陀佛，殊不知这次有 4 把伞。"

这个故事说明业绩考核指标值的设定要在员工的能力范围之内,员工跳一跳可以够得着。如果员工一直跳,却永远也够不着,那么员工的信心就丧失了,考核指标也就失去了本来的意义。很多企业在设定考核指标的时候,喜欢用高指标值强压员工,这个设计的假设是如果指标值设定的不够高的话,员工就没有足够的动力。另外,用一个很高的指标值考核员工,即便员工没有完成100%,而只是完成了80%,也已经远远超出企业的期望了。这种逻辑是强盗逻辑,表现出了管理者的无能和无助,只知道用高指标值强压员工,殊不知,指标背后的行动计划才是真正帮助员工达成目标的手段,而指标值本身不是。其实,设定一个员工经过努力可以达到的指标值,然后,帮助员工制定达成目标的行动计划,并帮助员工去实现,才是经理的价值所在。

第一节 | 业绩考核与评价概述

一、业绩考核与评价的概念

(一)业绩考核与评价含义

业绩考核与评价通常也称为业绩考评或"考绩",是针对企业中每个职工所承担的工作,应用各种科学的定性和定量的方法,对职工行为的实际效果及其对企业的贡献或价值进行考核和评价。它是企业人事管理的重要内容,更是企业管理强有力的手段之一。业绩考评的目的是通过考核提高每个个体的效率,最终实现企业的目标。

(二)业绩考核与评价构成要素

企业业绩考核与评价作为一个系统,是企业整个管理控制系统中的一个子系统,由考评主体、考评目标、考评对象、考评指标、考评标准和考评报告六个基本要素构成。

1. 业绩考评目标

企业业绩考评目标是业绩考评系统运行的指南和目的,它服从和服务于企业的整体目标。企业业绩考评的目标就是为企业管理当局最优战略的制定及其实施提供有用的信息。

2. 业绩考评主体

在现代企业制度下,公司治理结构中的企业业绩考评主体可能包括如下几个方面:

(1)股东与股东大会。

(2)董事与董事会。

(3)监事与监事会。

(4)经理层。

3. 业绩考评对象

企业业绩考评的对象主要有两类:一是团体单位,如企业或者企业的分支机构、职能部门;二是个人,如经营者、高级管理人员和普通员工。

企业在业绩考评时通常将所属部门分为四个主要类型:成本中心、费用中心、利润中心和投资中心。对于不同的考评对象,其考评要求、考评目标、考评内容和考评指标是有所不同的。

4. 业绩考评指标

业绩考评指标分为财务考评指标和非财务考评指标,如何选择业绩考评指标是企业业绩考评系统设计中最重要的问题。

5. 业绩考评标准

业绩考评标准是指判断考评对象业绩优劣的标准。业绩考评标准具有规划、控制、考核等功能,考评标准的选择取决于业绩考评的目的。在选择业绩考评标准时,应当从企业全局出发,力求有充分的科学的依据。企业业绩考评常用的标准有以下几种:

(1) 公司的战略目标与预算标准。

(2) 历史标准。

(3) 行业标准或竞争对手标准。

(4) 经验标准。

(5) 公司制度和文化标准。

6. 业绩考评报告

业绩考评报告是业绩考评系统的结论性文件。业绩考评报告的文字与格式应当简洁、明了,便于理解,应突出关键的问题与原因,提高效率。

业绩考评报告是业绩考评人员以业绩考评对象为单位,通过会计信息系统及其他相关信息系统,获取与考评对象有关的信息,经过加工整理后得出业绩考评对象的考评指标数据,再与事先确定的考评标准进行对照比较,揭示差异以及差异产生的原因、责任归属和对企业产生的影响,得出考评对象的业绩优劣的结论后形成的书面总结性报告文件。其格式与写法因考评对象与内容的不同而不同,没有统一的规定。

二、业绩考核与评价的分类

(一) 按考核时间划分

1. 定期考核

企业考核的时间可以是 1 个月、1 个季度、半年、1 年。考核时间要根据企业文化和岗位特点进行选择。

2. 不定期考核

不定期考核有两方面的含义:一方面是指组织中对人员的提升所进行的考评;另一方面是指主管对下属的日常行为表现进行记录,发现问题及时解决,同时也为定期考核提供依据。

(二) 按考核内容划分

1. 特征导向型

考核的重点是员工的个人特质,如诚实度、合作性、沟通能力等,即考量员工是一个怎样的人。

2. 行为导向型

考核的重点是员工的工作方式和工作行为,如服务员的微笑和态度,待人接物的方法等,即对工作过程的考量。

3. 结果导向型

考核的重点是工作内容和工作质量,如产品的产量和质量、劳动效率等,侧重点是员工完成的工作任务和生产的产品。

（三）按考核主客观程度划分

1. 客观考核方法

客观考核方法是对可以直接量化的指标体系所进行的考核，如生产指标和个人工作指标。

2. 主观考核方法

主观考核方法是由考核者根据一定的标准设计的考核指标体系对被考核者进行主观评价，如工作行为和工作结果。

三、业绩考核与评价的功能

企业业绩考评具有以下三个基本功能。

（一）激励与约束功能

一个企业所编制的年度预算一般是以特定子公司或分部为单位，它是根据下年度该单位特定的经营环境为依据制定的该单位下年度生产经营活动的行动指南，一个单位的年度预算一般由该单位的经理人员参与编制，并由该单位的管理人员实际执行。因此，以年度预算为标准的业绩考评具有激励与约束的功能。

（二）项目再评估功能

一个企业所编制的资本预算，是对该单位的长期重大投资活动（项目）所进行的可行性研究和收支计划安排。它一般包括一个投资项目的投资报酬率、净现值、现金流量等指标。一个投资项目的实际运行效果是否与预期一致，是企业管理当局极为关心的问题。以资本预算为标准的业绩考评，可以不断提高企业投资预测的准确性，从而起到对项目再评估的作用。

（三）资源再配置功能

将竞争对手的有关指标作为企业业绩考评的标准，对企业的战略分析和资源的合理配置具有十分重要的意义。成功的企业应该在其所属行业或产品线中具有竞争优势。对于一个大型企业集团或跨国公司来说，往往同时经营多个行业或一个行业的多个产品线，要求在其所涉及的行业或产品线都应该具有一定的竞争优势。这时，以竞争对手的有关指标作为考评标准，有助于使企业发现企业已经具有的竞争优势并根据这些信息，对企业重新进行战略分析并确定应相应采取的战略措施，对原有资源进行调整和重新配置，放弃不具备或不可能获得竞争优势的行业或产品线，增强已经具备竞争优势的行业和产品线，或者重新选择新的经营方向。

四、业绩考核与评价系统的构建原则

（一）与企业战略一致

企业业绩考评系统的目标就是为企业管理当局制定最优战略提供有用的信息，这对于一个成功的企业来说，是一个相当重要的工作。但是，其重要作用能否发挥出来，有赖于企业的业绩考评系统是否符合企业发展战略的需要，并反映企业战略规划的重点。

因此，企业在构建业绩考评系统时需要注意不同业绩考评对象的考评指标与企业整体战略目标之间的衔接与配套。尽管不同业绩考评对象具有不同的特点，应当为它设计不同的业绩考评指标,但是也必须注意确保业绩考评目标服从和服务于企业总体战略目标这一要求,保持与企业经营战略的一体性。

当然,企业在构建业绩考评系统时,还应尽量保持各种业绩考评具有一定的弹性,以适应各考评对象所面临的时刻变化的经济环境。

(二)与内部组织结构、管理模式和各单位的功能差异一致

要构建科学合理的业绩考评系统,首先应该认真分析企业的组织结构和管理模式。因为不同的组织结构和管理模式,对企业业绩考评有着不同的要求。例如,对于一个控股型的企业集团来说,业绩考评的重点在于资本的保值增值,这种考核往往应该是市场化的考核,而对于被控股的公司来说,对其内部经营过程往往关注较少;而产业型企业集团由于其母子公司之间有着较为密切的生产经营活动上的联系,其业绩考评制度在关注其经营结果的同时,也关注结果的实现过程,是市场化和内部化相结合的考核,相对来说,后者的业绩考评制度更为复杂。

考评下级单位的业绩需与投资设立被评估单位的动机相配合,且对不同营运形态的下级单位,采取不同的考评基础。例如,对生产型的下级单位,应该以生产成本、存货周转率、质量管理、安全生产等有关指标作为考评指标;对于那些以采购业务为主的下级单位应主要以采购价格、差旅费、采购品种质量、采购品种适销对路情况等指标作为考核指标;对于以营销为主的下级单位,应该以市场占有率、市场份额、销售额、销售增长率、应收账款收现期(现金回笼情况)、顾客满意程度等指标作为业绩考评指标。

(三)考评单位权责利与考评指标一致

在企业业绩考评系统构建时必须坚持权责利一致这一原则。这就要求企业在设计业绩考评系统时应认真分析各个考评对象在企业整体中的战略地位,根据其权责利范围来确定考评范围。对于相对独立、经营自主权较大的考评对象,对其业绩考评往往比较关注其综合经济效益,较多地采用财务指标,考评的市场化程度较强;而在企业组织结构中处于基层、经营自主权较小的考评对象,对其业绩考评往往更为关注其内部过程,需要将财务指标和非财务指标结合使用,考评的内部化程度更强一些。

客观、公正、合理是业绩考评的基本要求。也就是各个责任主体以其权责范围为限,仅仅应对其可以控制的差异负责。因此,考评指标的设计要坚持可控性原则,即各个考评对象作为责任主体只对其可以控制的成本、利润和资金等责任目标负责,排除其不可控因素的影响。

(四)量化的财务指标和非量化指标相结合

要想企业业绩考评公平合理,衡量企业各个部门、各个所属单位的业绩不宜只采用单一指标,而应该从多方面综合指标,包括量化的财务指标与非量化的指标结合使用。根据传统财务理论,在企业业绩考评时,量化的财务指标,如利润、收入增长率、资产周转速度、现金流转、投资报酬率等占据了企业业绩考评的绝大部分甚至全部。但现代财务理论认为,由于企业理财环境的变化和财务管理内容及其影响因素的拓宽,非量化的指标或因素对企业业绩产生的影响越来越大,从而使用非量化的指标来对企业业绩的考核和考评显得越来越重要,如市场占有率、市场份额、新产品开发能力、社会贡献率、企业文化、对员工的培训、招揽人才的能力、企业领导的素质等。而这些非量化的指标可以直接衡量企业的优势与劣势及其原

因,并协助管理人员明确改进各个部门或下属单位的业绩的方向。

 延伸阅读 11-1 ....

业绩考核与考评起源

业绩考核起源于西方国家文官(公务员)制度。最早的考核起源于英国,在英国实行文官制度初期,文官晋级主要凭资历,于是造成工作不分优劣,所有的人一起晋级加薪的局面,结果是冗员充斥,效率低下。1854—1870年,英国文官制度改革,注重表现、看才能的考核制度开始建立。根据这种考核制度,文官实行按年度逐人逐项进行考核的方法,根据考核结果的优劣,实施奖励与升降。考核制度的实行,充分地调动了英国文官的积极性,从而大大提高了政府行政管理的科学性,增强了政府的廉洁与效能。英国文官考核制度的成功实行为其他国家提供了经验和榜样。美国于1887年也正式建立了考核制度。强调文官的任用、加薪和晋级,均以工作考核为依据,论功行赏,称为功绩制。此后,其他国家纷纷借鉴与效仿,形成各种各样的文官考核制度。这种制度有一个共同的特征,即把工作实绩作为考核的最重要的内容,同时对德、能、勤、绩进行全面考察,并根据工作实绩的优劣决定公务员的奖惩和晋升。

西方国家文官制度的实践证明,考核是公务员制度的一项重要内容,是提高政府工作效率的中心环节。各级政府机关通过对国家公务员的考核,有利于依法对公务员进行管理,优胜劣汰,有利于人民群众对公务员必要的监督。

文官制度的成功实施,使有些企业开始借鉴这种做法,在企业内部实行业绩考核,试图通过考核对员工的表现和实绩进行实事求是的考评,同时也了解组织成员的能力和工作适应性等方面的情况,并作为奖惩、培训、辞退、职务任用与升降等实施的基础与依据。

第二节 以责任中心为主体的业绩考核与评价

一、责任中心的内涵

(一) 责任中心的定义

为了有效地进行企业内部控制,有必要将整个企业逐级划分为许多个责任领域,即责任中心。责任中心是指承担一定经济责任,并享有一定权利的企业内部(责任)单位。责任中心就是将企业经营体分割成拥有独自产品或市场的几个业绩责任单位,然后将总部的管理责任授权给予这些单位之后,将这些单位处于市场竞争环境之下,透过客观性的利润计算,实施必要的业绩衡量与奖惩,以期达成企业设定的经营成果的一种管理制度。

(二) 责任中心的特点

划分责任中心并不是以成本利润或投资的发生额大小为依据的,而是依据发生与否和是否能分清责任。凡是管理上可分、责任可以辨认、成绩可以单独考核的单位,都可以划分为责任中心,大到分公司、地区工厂或部门,小到车间、班组或某一个机台。责任中心具有以下特点:

(1) 它是一个权责利相结合的实体。

(2) 具有承担责任的条件。

(3) 责任和权利皆可控。

(4) 有一定经营业务和财务收支活动。

（5）便于进行责任会计核算。

（三）责任中心的分类

按照责任对象的特点和责任范围的大小，责任中心可分为成本中心、利润中心和投资中心。

1. 成本中心

（1）成本中心的含义。成本中心是指只对成本或费用负责的责任中心。成本中心的范围最广，只要有成本费用发生的地方，都可以建立成本中心，从而在企业形成逐级控制、层层负责的成本中心体系。

成本中心所发生的各项成本，对成本中心来说，有些是可以控制的，即可控成本；有些则是无法控制的，即不可控成本。成本中心只能对其可控成本负责。一般来讲，可控成本应同时符合以下三个条件：

第一，责任中心能够通过一定的方式了解将要发生的成本。

第二，责任中心能够对成本进行计量。

第三，责任中心能够通过自己的行为对成本加以调节和控制。

凡是不能同时符合上述三个条件的成本通常为不可控成本，一般不在成本中心的责任范围之内。

成本的可控与不可控是相对而言的，这与责任中心所处管理层次的高低、管理权限的大小以及控制范围的大小有直接关系。对企业来说，几乎所有成本都可以被视为可控成本，一般不存在不可控成本；而对于企业内部的各个部门、车间、工段、班组来说，则既有其各自专属的可控成本，又有其各自的不可控成本。一项对于较高层次的责任中心来说属于可控的成本，对于其下属的较低层次的责任中心来说，可能就是不可控成本；反过来，较低层次责任中心的可控成本，则一定是其所属的较高层次责任中心的可控成本。

（2）成本中心的类型。成本中心包括技术性成本中心和酌量性成本中心。

技术性成本是指发生的数额通过技术分析可以相对可靠地估算出来的成本，如产品生产过程中发生的直接材料、直接人工、间接制造费用等。技术性成本在投入量与产出量之间有着密切联系，可以通过弹性预算予以控制。

酌量性成本是否发生以及发生数额的多少是由管理人员的决策所决定的，主要包括各种管理费用和某些间接成本项目，如研究开发费用、广告宣传费用、职工培训费用等。酌量性成本在投入量与产出量之间没有直接关系，其控制应着重于预算总额的审批上。

2. 利润中心

（1）利润中心的含义。利润中心是指既对成本负责又对收入和利润负责的责任中心，它有独立或相对独立的收入和生产经营决策权。利润中心的成本和收入，对利润中心来说都必须是可控的。以可控收入减去可控成本就是利润中心的可控利润，也就是责任利润。利润中心一般符合以下条件：

第一，利润中心一般是具有独立的收入来源或可以视同为一个有独立收入的部门，一般还具有独立的经营权。

第二，与成本中心相比，利润中心权力和责任相对较大。

第三，利润中心既要控制成本，又要增加收入，强调相对成本节约。

　　一般来说,企业内部的各个单位都有自己的可控成本(费用),所以成为利润中心的关键在于是否存在可控收入。对利润中心工作业绩进行考核的重要指标是其可控利润,即责任利润。如果利润中心获得的利润中有该利润中心不可控因素的影响,则必须进行调整。将利润中心的实际责任利润与责任利润预算进行比较,可以反映出利润中心责任利润预算的完成情况。将完成情况与对利润中心的奖惩结合起来,可以进一步调动利润中心增加利润的积极性。

　　(2) 利润中心的类型。利润中心的类型包括自然利润中心和人为利润中心两种。

　　自然利润中心可以直接对外销售产品并取得收入,一般具有全面的产品销售权、价格制定权、材料采购权及生产决策权。

　　人为利润中心也有部分的经营权,能自主决定本利润中心的产品品种(含劳务)、产品产量、作业方法、人员调配、资金使用等。一般来说,只要能够制定出合理的内部转移价格,就可以将企业大多数生产半成品或提供劳务的成本中心改造成人为利润中心。

　　(3) 内部转移价格。在责任会计体系中,企业内部的每一个责任中心都是作为相对独立的商品生产经营者存在的,为了分清经济责任,各责任中心之间的经济往来,应当按照等价交换的原则实行"商品交换"。各责任中心之间相互提供产品(或劳务)时,要按照一定的价格,采用一定的结算方式,进行计价结算。这种计价结算并不真正动用企业货币资金,而是一种观念上的货币结算,是一种资金限额指标的结算。计价结算过程中使用的价格,称为内部转移价格。

　　常见的内部转移价格有以下几种:

　　第一,市场价格。在中间产品存在完全竞争市场的情况下,市场价格减去对外的销售费用,是理想的转移价格。

　　第二,以市场为基础的协商价格。如果中间产品存在非完全竞争的外部市场,可以采用协商的办法确定转移价格,即双方部门经理就转移中间产品的数量、质量、时间和价格进行协商并设法取得一致意见。

　　第三,变动成本加固定费转移价格。该方法要求中间产品的转移用单位变动成本来定价,与此同时,还应向购买部门收取固定费,作为长期以低价获得中间产品的一种补偿。

　　第四,全部成本转移价格。以全部成本或者以全部成本加上一定利润作为内部转移价格,可能是最差的选择。首先,它以各部门的成本为基础,再加上一定百分比作为利润,在理论上缺乏说服力;其次,在连续式生产企业中成本随产品在部门间流转,成本不断积累,使用相同的成本加成率会使后序部门利润明显大于前序部门,它的唯一优点是简单。

 延伸阅读 11-2 ....

内部转移价格的制定原则

　　内部转移价格是分清各责任中心经济责任、测定各责任中心资金流量和考核各责任中心生产经营成果的重要依据。在制定内部转移价格时需遵循以下原则。

1. 全局性原则

　　采用内部转移价格的各单位从属于一个企业,企业总利益是一致的。制定内部转移价格,只是为了分清各单位的责任,有效地考核评价各单位的业绩。在这种情况下,企业制定内部转移价格,要从全局出发,使局部利益和整体利益协调统一,力争使企业整体利益最大化。

2. 公平性原则

内部转移价格的制定应公平合理,防止某些单位因价格上的缺陷而获得一些额外的利益或损失。在商品经济条件下,商品交换是按等价原则进行的,高质高价、低质低价。如果制定的内部转移价格不合理,就会影响到单位的生产经营积极性。

3. 自主性原则

高层管理者不应干预各个单位经理(厂长)自主决策。在企业整体利益最大化的前提下,各单位有一定的自主权,如生产权、技术权、人事权和理财权等,制定的内部转移价格必须为各方所接受。

4. 重要性原则

钢铁企业需要制定的内部转移价格的对象成百上千,甚至更多。如果事无巨细,都制定一个详细、准确价格,不但不必要,而且很难实施。因此,制定内部转移价格,可对那些价高量大,耗用频繁的对象,尽可能地科学计算,从严定价;对一些价低量小,不常耗用的对象,可以从简定价。

3. 投资中心

(1)投资中心的含义。投资中心是指既要发生成本又能取得收入、获得利润,还有权进行投资的一种责任中心。该种责任中心不仅要对责任成本、责任利润负责,还要对投资的收益负责。显然,投资中心应拥有较大的生产经营决策权,实际上相当于一个独立核算的企业,如总公司下属的独立核算的分公司或分厂等。

(2)投资中心与利润中心的区别。投资的目的是获得利润,因此,投资中心同时也是利润中心,但又不同于利润中心,其主要区别有两点。一是权利不同。利润中心没有投资决策权,只能在项目投资形成生产能力后进行具体的经营活动;而投资中心则不仅在产品生产和销售上享有较大的自主权,而且能够相对独立地运用所掌握的资产,有权购建或处理固定资产,扩大或缩减现有的生产能力。二是考核办法不同。考核利润中心业绩时,不联系投资多少或占用资产的多少,即不进行投入产出的比较;而在考核投资中心的业绩时,必须将所获得的利润与所占用的资产进行比较。

投资中心是处于企业最高层次的责任中心,具有最大的决策权,也承担最大的责任。投资中心的管理特征是较高程度的分权管理。一般而言,大型集团所属的子公司、分公司和事业部往往都是投资中心。在组织形式上,成本中心一般不是独立法人;利润中心可以是独立法人,也可以不是独立法人;而投资中心一般是独立法人。

由于投资中心要对其投资效益负责,为保证其考核结果的公正、公平和准确,各投资中心应对其共同使用的资产进行划分,对共同发生的成本进行分配,各投资中心之间相互调剂使用的现金、存货和固定资产等也应实行有偿使用。

责任中心通常分为三类:成本中心、利润中心和投资中心。对这三类责任中心进行评价时采用的评价指标可以是一套指标体系,也可以采用单一指标,两者各有利弊,但责任业绩评价的重心必须体现其目标层次及其责任可控性。相对而言,对各类责任中心进行业绩评价的最有效标杆应该是其责任预算值。这是因为,一方面,责任中心预算体现了企业总目标实现过程中对各责任中心的具体要求,符合战略的需要;另一方面,在预算制定中也充分考虑了市场和先进企业等外部标杆的要求和影响,因而既具有可比性又具有先进性。而且通过以总预算为标杆的责任业绩评价,成为总预算系统完善的最后一个部分。这也更突出了总预算在管理会计乃至管理控制系统中的系统性职能。当然,对于不同责任中心来讲,可控范围及其目标均不同,因而也可采用不同业绩评价指标。

二、成本中心的业绩考核与评价

成本中心是以成本作为主要控制目标的责任中心,其可控范围一般也仅仅局限在责任中心所发生的成本。为此,成本中心业绩评价的主要指标是责任成本增减额、责任成本升降率以及与其作业相关的非财务指标等。

$$成本增减额 = 实际成本额 - 预算成本额$$
$$成本升降率 = 成本增减额 \div 预算成本额$$

运用该财务指标评价成本中心时的前提条件是要正确区分可控成本和不可控成本。由于各成本中心只对其可控成本负责,因此对各成本中心的财务业绩评价只能局限于其可控成本,即上述公式中的各项数据只包括责任中心发生的可控成本,现举例说明如下。

【例 11-1】 设华夏公司包括三个成本中心 A、B 和 C。三个成本中心某时期的责任成本预算值分别为 50 000 元、60 000 元和 70 000 元。其可控成本实际发生额分别是 48 500 元、62 500 元和 69 500 元。则根据上述公式计算如表 11-1 所示。

表 11-1　　　　　　　　　　　成本中心业绩考核与评价表　　　　　　　　　　金额单位:元

项　　目	预　算	实　际	增减额	升降率(%)
A 中心	50 000	48 500	-1 500	-3
B 中心	60 000	62 500	2 500	4.17
C 中心	70 000	69 500	-500	-0.71

注:表中负数为节约,正数为超支。

显然,在三个成本中心里,A 中心的成本预算完成情况最好。而 B 中心的成本预算完成情况最不好。在对成本中心的预算成本完成情况考核时应注意如果实际产量与预算产量不一致时,应该按照成本性态区分固定成本和变动成本,再按照弹性预算的方法调整预算指标,然后再进行上述计算、比较和分析。

对于成本中心进行业绩评价的另一个重要问题是非财务指标的运用。由于成本中心通常运用于较低层次的组织,而财务业绩指标的综合性特征使其在成本中心的运用非常有限,非财务指标更普遍适用于成本中心,因此在对成本中心业绩评价指标的设计中,应特别重视非财务指标在其中的运用,相比较而言,有时非财务指标对于成本中心的业绩评价更为重要。当然,不同成本中心的作业性质和作业内容不同,其非财务指标也不尽相同,必须针对每一个具体作业的具体情况加以确定。

三、利润中心的业绩考核与评价

从以上内容可以看出,利润中心不同于成本中心,它不仅对成本负责,而且对收入负责,并进一步将两者进行比较考核其利润。利润是销售量、价格、成本和费用等各因素的综合作用的结果。对利润中心的业绩评价通常应该以收益指标为主。由于不同类型、不同层次的利润中心的可控范围不同,从而其用于评价的收益指标亦不同,具体可包含毛利、贡献毛益以及营业利润三种不同层次的收益形式。

（一）毛利

毛利是销售净额经过销售成本抵减后的余额，它是收益表中最有意义的指标之一。作为利润中心的考核指标，它包含了利润中心管理者所能控制的销售收入和销售产品成本两个因素，满足了责任会计制度的基本要求，有利于各部门进行成本分析与控制。此外，由于这一指标不包含经营费用因素，所以能促使各部门管理者调整产品结构，以获取最大毛利。但同时正是由于毛利没有包含经营费用的因素，因此，在采用这一考核指标时，必须注意由于毛利增加引起了经营费用增加。如果毛利增加引起了营业费用更大幅度的增加，从而使企业净收益减少，就违背了前面提过的目标一致性原则，这是不可取的。举例说明如下。

【例11-2】承［例11-1］，华夏公司存在 M、N 两个利润中心，其以毛利额作为评价业绩的指标时的收益表如表11-2所示。

表11-2　　　　　　　　　　　利润中心业绩考核与评价表(1)　　　　　　　　单位：元

	M 部门	N 部门	合 计
销售净额	435 000	3 131 450	3 566 450
销售成本			
期初存货	90 000	600 000	690 000
本期生产	260 000	2 150 000	2 410 000
减：期末存货	55 000	447 000	502 000
合 计	295 000	2 303 000	2 598 000
毛 利	140 000	828 450	968 450

（二）部门贡献毛益

计算部门贡献毛益首先要区分直接费用和间接费用。直接费用是指那些由于特定部门的业务所引起的、能直接归属与该部门并能为该部门所控制的费用。间接费用是指那些由企业整体受益、不能直接归属与某一部门的费用，如企业管理人员的工资等。用某一部门毛利减去其直接费用即是该部门的贡献毛益。至于间接费用，则作为一个单独的项目列在收益表中贡献毛益之下，不再在各部门分配。

【例11-3】承［例11-2］，假设华夏公司的直接人工工资、折旧费和广告费等属于直接费用，可以直接归属与 M、N 部门；其余各项均为间接费用，不再分配。则以部门贡献毛益为评价指标的收益表如表11-3所示。

表11-3　　　　　　　　　　　利润中心业绩考核与评价表(2)　　　　　　　　单位：元

	M 部门	N 部门	合计
销售净额	435 000	3 131 450	3 566 450
销售成本	295 000	2 303 000	2 598 000

（续表）

	M 部门	N 部门	合计
毛利	140 000	828 450	968 450
部门直接费用：			
人员工资	44 050	208 000	252 050
广告费	11 925	88 950	100 875
折旧费	16 895	144 990	161 885
合计	72 870	441 940	514 810
部门贡献毛益	67 130	386 510	453 640

　　与采用毛利指标相比较,贡献毛益指标对利润中心进行业绩评价有其明显的优越性。首先,由于把各部门可以影响和控制的一部分经营费用记到各部门的账上,这些费用的减少既有利于各部门贡献毛益的增加,也有利于企业净收益的增加,保持了利润中心目标和企业总目标的一致。其次,贡献毛益指标更好地体现了可控性原则,能促使各部门充分利用公用设备,节约有关费用。例如,一个企业租用办公室,如果只对使用办公室的各部门考核毛利,租金作为共同费用可不进行分配,这就使各部门为了方便、舒适多占用面积,而不考虑节约;反过来,如果对各部门考核贡献毛益,将租金按占用面积作为直接费用由各部门分别负担,则促使各部门就会自觉地考虑怎样充分利用可使用面积,减轻租金负担。最后,采用贡献毛益指标还有利于高层管理者的决策,例如当一个部门亏损时,只要它能创造贡献毛益,在没有其他更佳方案的前提下,就应保留。

（三）营业利润

　　营业利润是在上述贡献毛利基础上减去各部门应负担的全部营业费用后的余额。采用营业利润作为评价指标,克服了上述毛利指标带来的利润中心目标和企业目标的不一致问题。但是,由于企业发生的间接费用都是间接的为各部门产品生产和销售服务的,而这些间接费用通常属于共同费用,它们不能直接确认、归属与某一部门,只能根据企业具体情况,分别采用适当的比例加以分配。共同费用的分配必须有公平合理的基础,这不仅是保证营业利润可控,并且还是保护各部门积极性的关键。

　　【例 11-4】 假设华夏公司的间接费用按 3∶7 的比例加以分配,得到以营业利润为评价指标的 M、N 两部门评价指标的收益表如表 11-4 所示。

表 11-4　　　　　　　　　　　利润中心业绩考核与评价表(3)　　　　　　　　　　单位:元

	M 部门	N 部门	合计
销售净额	435 000	3 131 450	3 566 450
销售成本			
期初存货	90 000	600 000	690 000
本期生产	260 000	2 150 000	2 410 000

（续表）

	M 部门	N 部门	合计
减:期末存货	55 000	447 000	502 000
合计	295 000	2 303 000	2 598 000
毛利	140 000	828 450	968 450
部门直接费用			
人员工资	44 050	208 000	252 050
广告费	11 925	88 950	100 875
折旧费	16 895	144 990	161 885
合计	72 870	441 940	514 810
部门贡献毛益	67 130	386 510	453 640
间接费用			
管理人员工资	18 750	43 750	62 500
办公费用	13 350	31 150	44 500
推销费用	56 835	132 615	189 450
合计	88 935	207 515	296 450
营业利润	−21 805	178 995	157 190

四、投资中心的业绩考核与评价

投资中心是具有投资决策权的利润中心,显然其权责均高于利润中心,它不仅要对成本、利润负责,而且必须对投资效益负责。因此对投资中心进行行业绩评价时,既要评价其成本和收益状况,更要结合其投入资金,全面衡量其投资报酬率大小和投资效果的好坏。一般来说,投资中心的业绩评价有两个重要财务指标:投资报酬率和剩余收益。

(一) 投资报酬率

投资报酬率是投资中心一定时期内的营业利润和该期的投资占用额之比。计算公式如下:

$$投资报酬率 = (营业利润 ÷ 投资占用额) × 100\%$$

实务中,为了解更详细的情况,投资报酬率公式通常还可扩展如下:

$$投资报酬率 = 销售利润率 × 投资周转率$$

其中:投资周转率=营业收入÷投资占用额。

举例说明上述指标的运用。

【例 11-5】 承[例 11-4],华夏公司有三个投资中心 X、Y、Z,各自的投资报酬率可计算如表 11-5 所示。

表 11-5　　　　　　　　　　　　投资中心业绩考核与评价表(1)　　　　　　　　　金额单位:万元

	营业收入	营业利润	投资占用额	投资报酬率
X 部门	180 000	24 000	115 000	20.9%
Y 部门	475 000	39 500	490 000	8.06%
Z 部门	390 000	32 500	290 000	11.21%

投资报酬率包含了投入、产出两大因素及其相互关系,从而更为综合地反映了投资中心的经营业绩。在上表中,尽管 Y 部门获利最高,但占用的资金也最多,从而导致其投资报酬率反而最低。

为进一步分析,我们还可将各投资中心的业绩进行分解:

$$X 部门:投资报酬率 = (24\ 000 \div 180\ 000) \times (180\ 000 \div 115\ 000)$$
$$= 13.33\% \times 1.565 = 20.9\%$$
$$Y 部门:投资报酬率 = (39\ 500 \div 475\ 000) \times (475\ 000 \div 490\ 000)$$
$$= 8.32\% \times 0.969 = 8.06\%$$
$$Z 部门:投资报酬率 = (325\ 000 \div 390\ 000) \times (390\ 000 \div 290\ 000)$$
$$= 8.33\% \times 1.35 = 11.2\%$$

销售利润率和投资周转率两个因素各自的着眼点不同:销售利润率表示每 100 元销售收入带来的利润,所关注的是产品的盈利性。投资周转率表示每 1 元投资能实现的销售收入,关注的是资产利用效率。投资周转率越大,意味着资产利用效率越高。投资额一定的情况下,要提高投资周转率就要采用各种方式促进销售。在[例 11-5]中,Y、Z 两个部门的销售利润率都为 8.3%,但由于 Z 部门的投资周转率要高于 Y 部门,即 Z 部门的资产利用效率高,最终,它获得高于 Y 部门的投资报酬率。通过对投资报酬率的分解分析,有助于了解投资报酬率高低的真实原因,寻找提高投资报酬率的正确途径。

投资报酬率综合反映了投资中心的经营业绩。作为评价指标,它主要有以下两方面的作用:首先,它考虑了投资规模,是一个相对数指标,可用于不同的投资中心,并且还适用于不同规模的企业以及同一企业的不同时期。其次,它还可以用于是否追加投资的决策。如上例中,X 部门的投资报酬率最高,如果企业这时有剩余资金,就应该投入 X 部门,这样获得的利润要高于投入其他两个部门。

当然,投资报酬率这个指标也有其自身的缺陷,主要是它会使投资者拒绝接受超出企业平均投资报酬率而低于该部门现有报酬率的投资项目,损害了企业的整体利益。例如,企业平均的投资报酬率是 13%,那么即便是投资报酬率为 18% 的项目也不会被 X 部门接受。而事实上,这样的投资项目会使企业整体的投资报酬率上升,它对企业整体来讲是有利的。

(二)剩余收益

剩余收益是一个部门的营业利润超过其预期最低收益的部分。一个部门的预期最低收益是该部门的投资占用额与企业最高管理当局所确定的预期最低投资报酬率的乘积。计算公式如下:

$$剩余收益＝营业利润－预期最低收益$$
$$＝营业利润－投资占用额×预期最低报酬率$$

【例 11-6】 承[例 11-5],华夏公司预期最低投资报酬率为 10%,其三个投资中心的剩余收益计算如表 11-6 所示。

表 11-6   投资中心业绩考核与评价表(2)   单位:万元

	营业利润	投资占用额	最低投资报酬率	剩余收益
X 部门	24 000	115 000	115 000×10%＝11 500	12 500
Y 部门	39 500	490 000	490 000×10%＝49 000	−9 500
Z 部门	32 500	290 000	290 000×10%＝29 000	3 500

剩余收益和投资报酬率起互补作用。剩余收益弥补了投资报酬率的不足,可以在投资决策方面使投资中心利益和企业整体利益取得一致,这也符合目标一致性原则。因为一项投资,只要其报酬率高于预期报酬率,就能带来剩余收益,为投资中心所乐于接受,这也将有益与企业整体效益的提升;反之,该投资项目不利于企业时,也将减少投资中心的剩余收益,从而约束了投资中心对其的选择。

还需要强调的是:责任业绩评价并非只有上述财务指标基础上的评价。事实上,所有责任中心均会有重要的非财务业绩评价指标,如商品或劳务的质量、经营周期、顾客满意度、员工满意度和市场占有量等。这些非财务指标因责任中心的划分而重要性各不相同。并且在同一类责任中心里,由于各个部门的权责范围的差异,也会有所不同。这就要求基于各个具体的责任中心的具体特征,进行详细的分析。

 延伸阅读 11-3 ··

国家开发投资公司全面预算管理

作为一家投资控股集团,国家开发投资公司的业务范围复杂多样,包括实业、金融服务业和国有资产经营三大业务类型,涉及煤炭、电力、港口、机轻、化肥、基金和保险等诸多业务领域。系统实施方——景华天创公司首席专家丘创表示,预算管理系统架构设计要既能够满足总部的管理需求,又能兼顾各板块及板块内的业务管理差异,这是国家开发投资公司预算管理项目的重点及难点。

基于前期的业务设计基础,国家开发投资公司在预算管理系统中设计了“集团通用、板块通用和板块专用”三类预算模板,分别用于满足集团总部、各板块间及板块内的预算管理需求。预算管理从业务预算出发,按照业务部门的专业条线管理内容,覆盖包括投资、人力资源、固定资产管理、资金预算和 IT 专项支出等业务预算,由业务预算形成财务预算指标的全面预算管理内容。

同时,预算系统内的组织架构体系覆盖了从集团总部到二级企业,以及三级投资企业的组织层级,体现预算管理的全面性、全员性及业务驱动性。此外,在年度预算编制的基础上,国家开发投资公司根据管理需求的深入不断优化完善预算管理体系,先后实现季度滚动预测、预算调整、预算与实际数据的集成分析、预算控制和预算编制数据校验功能等内容,形成全过程的预算管理闭环。

第三节 | 基于 EVA 的业绩考核与评价

EVA 是经济增加值模型(Economic Value Added)的简称,是 Stern Stewart 咨询公司

开发的一种新型的价值分析工具和业绩评价指标,是基于剩余收益思想发展起来的新型价值模型。

EVA 业绩评价指标的提出是财务评价思想的一次创新,1990 年,斯特恩·斯图尔特咨询公司首次提出后迅速在世界范围内获得广泛的运用。该指标的创新之处在于全面考虑了企业的资本成本,同时从企业价值增值这一根本目的出发,对依据 GAAP 得出的利润进行调整,因此可以更为准确地评价企业业绩。但是,正如美国著名会计学教授齐默尔曼所说,EVA"只解决了 2/3"的问题。因此,我们有必要对 EVA 业绩评价指标进行再度思考,既要看到它相对于传统评价指标的先进性,更要清楚地认识到其自身所固有的缺陷,为进一步改进企业业绩评价体系指明方向。

一、EVA 的基本理念

从概念上说,EVA 是指扣除产生利润的投资的资本成本后所剩下的利润,也就是经济学家所称的"剩余收入"或"经济利润"。它与大多数指标的不同之处在于:考虑了带来企业利润的所有资金(债务和股本)的成本,是对真正"经济"利润的评价。

从计算角度上说,EVA 等于税后净营业利润减去资本成本(机会成本)后的剩余收入。

$$EVA = 税后净营业利润 - 资本成本(股权与债权成本)$$
$$= 税后净营业利润 - 资本占用 \times 加权平均资本成本率(综合资本成本率)$$
$$加权资本成本率 = 股权资本比例 \times 股权资本成本率 + 债权资本比例$$
$$\times 债权资本成本率 \times (1 - 所得税税率)$$

在 EVA 理论下,投资报酬率的高低并非企业经营状况好坏和价值创造能力的评估标准,关键在于投资报酬率是否超过资本成本。EVA 为负,说明投资者获得的收益未能弥补所承担的成本,即使会计利润为正,也只是虚盈实亏,也就是有利润的企业不一定为投资人创造价值。

二、EVA 的调整

(一) 会计调整基本原则

1. 重要性原则

即拟调整的项目涉及金额应该较大,如果不调整会严重扭曲公司的真实情况。

2. 简单可操作性原则

调整项目和调整方法简单易行,便于理解和操作。即 EVA 的调整能让非财务人员理解。

3. 行业基本一致原则

为了便于指标考核,对同一行业,原则上应采取统一的调整标准。

真实的 EVA 是对会计数据作出所有必要的调整,并对企业中每一个经营单位都使用准确的资金成本概念。根据 EVA 的创造者财务咨询公司的研究,要精确计算 EVA 需要进行的调整多达 160 多项。但是如果一定要去追求准确,而浪费时间去做一些不必要的会计调整,可能会把 EVA 弄得过于复杂。一般而言,一个公司只需要进行 5~10 项重要的调整就可以达到相当的准确程度。

（二）新会计准则下 EVA 的会计调整方法

新会计准则下不全面进行调整的事项。

1. 研究开发费用

在新会计准则下，我国对于研究开发费用采用了费用化和资本化相结合的方法。对于开发阶段符合条件的开发支出予以资本化。在 EVA 调整事项中只需要对研究阶段发生的费用和开发阶段不符合资本化条件计入当期损益的费用进行调整。当然，如果研究阶段发生的费用和开发阶段不符合条件计入当期损益的费用金额较少，企业在计算 EVA 时也可以不予调整。

2. 并购商誉

在非同一控制下的企业合并中，企业对合并成本大于合并中取得的被购买方可辨认净资产公允价值份额的差额，应当确认为商誉。初始确认后的商誉，应当以其成本扣除累计减值损失的金额计量。企业合并所形成的商誉，至少应当在每年年度终了进行减值测试。外部并购产生的商誉不再进行摊销，只进行减值测试。所以，EVA 调整事项中不再对商誉单独进行资本化调整，对商誉减值损失的调整合并到对资产减值准备的调整中。

3. 公允价值变动损益

由于公允价值变动损益反映了企业管理层对金融资产运用产生的损益，虽然公允价值变动损益只是"浮盈或浮亏"而不是已实现的利润或亏损，但其变动对管理层经营业绩有重大影响，因此公允价值变动损益作为营业利润的一部分体现在利润表中。

公允价值变动损益主要包括：交易性金融资产、交易性金融负债，以及采用公允价值模式计量的投资性房地产、衍生工具、套期保值业务等公允价值变动形成的应计入当期损益的利得或损失。

企业在计算 EVA 时，不需要对公允价值变动损益进行全面调整，但企业需要注意的是采用公允价值模式计量的投资性房地产期末公允价值变动产生的损益，由于投资性房地产的公允价值容易受到管理层的操纵，我们认为有必要对此进行调整，不计入税后净营业利润。此外，按照企业会计准则的规定，企业将可供出售金融资产公允价值变动计入了资本公积，由于企业管理层能够决定交易性金融资产和可供出售金融资产的分类，因此企业管理层很容易通过金融资产的分类来调整盈余，因此，在计算 EVA 时，进行调整。

需要进行全面调整的事项如下。

1. 资产减值损失

出于稳健性原则，使公司的不良资产得以适时披露，以避免公众过高估计公司利润而进行不当投资。对投资者披露的信息，这种处理方法是非常必要的，但对于公司的管理者而言，资产减值损失不反映企业的真实损失，计提的减值损失也不是当期费用的现金支出，易被企业管理层操纵。将资产减值损失在扣除所得税的影响后，加入税后净利润中，同时将提取的减值准备余额计入资本占用。

2. 营业外收支

营业外收入和支出反映公司在生产经营活动以外的其他活动中取得的各项收支，这与公司的生产经营活动及投资活动没有直接关系，它们的特征是具有偶发性和边缘性，并不反映经营者的正常经营业绩或经营决策。EVA业绩考核体系强调企业应主要关注其主营业务的经营情况，对于不影响公司长期价值变化的所有营业外的收支、与营业无关的收支及非经常性发生的收支，需要在核算EVA和税后净营业利润中予以剔出。

3. 一次性支出但受益期较长的费用

按照新会计准则的规定，企业发生的一次性支出但受益期限较长的费用计入当期损益，这些费用如：广告费、人力资源投入费用等。而在EVA体系下，这些费用是对公司未来和长期发展有贡献的，其发挥效应的期限不只是这些支出发生的会计当期，按照会计准则规定全部计入当期损益并不合理，而且容易影响管理者对此类费用投入的积极性，不利于公司的长期发展。因此，会计调整就要将这类费用资本化，并按一定受益期限进行摊销。

4. 递延所得税费用

新会计准则要求企业采用资产负债表债务法来核算企业所得税费用，即所得税费用包括当期所得税费用和递延所得税费用。从经济观点看，企业应该从当前利润中扣除的唯一税款就是当前实际缴纳的税款，而不是将来可能（或不可能）缴纳的递延所得税费用。因此在计算EVA时，应对递延所得税费用进行调整。同时，将递延所得税负债余额加入资本总额中，递延所得税资产余额从资本总额中扣除。通过调整的EVA更接近现金流量，更准确地反映了企业的经营状况。

5. 不良资产的调整

长期以来，我国国有企业由于急于做大做强，盲目重复投资建设，造成资产闲置浪费，形成了大量的不良资产。这些不良资产虽然账面上表现为企业的资产，但实际上不仅不参与企业生产经营和创造效益，而且侵蚀存量资本创造的利润，影响企业的EVA价值，歪曲经营者的业绩，打击经营者的积极性。企业在当年利润表中消化的以前年度不良资产从税后净营业利润中剔除。将历史遗留的不良资产从资本总额中剔除。

6. EVA营业所得税

EVA营业所得税是指按税前净营业利润乘以公司现行税率计算出来所得税，与公司利润表中的当期所得税费用的差异需进行调整。这些差异主要是来自于对税前营业利润的收支调整项带来的税收影响。从损益表中的所得税出发，将各项税前收支调整对所得税的影响加上去。

三、EVA 的应用

（一）EVA 业绩评价的优点

EVA一经问世就迅速在全球得到广泛运用，如可口可乐、宝洁、美国通用电器、索尼、西门子等杰出的企业，把EVA作为价值增值的衡量指标引入内部管理，并取得了非凡的业绩。与传统业绩评价指标相比，EVA的优点主要体现在以下几个方面。

1. 考虑了企业所有投入资本的成本，从而能够正确衡量企业的新增价值

债务资本的使用要求企业支付利息，这是企业的法定义务，而企业使用权益资本则没有向资本所有者分配利润的义务，所以在计算会计利润时要将利息作为当期的成本费用从收入中扣减，而股利是在税后利润中进行扣除，不影响净利润的计算。在现代企业制度下，所有权和经营权的分离使得企业管理者往往将股东投入的权益资本视为免费资本，不考虑权

益资本成本,不注重权益资本的使用效果。但实际上,股东进行投资时会有一个最低的期望收益,即机会成本。不考虑这种机会成本就很有可能造成对股东财富的侵蚀。而 EVA 在计算企业的资本成本时,不仅考虑债务资本的成本,而且还考虑权益资本的成本。EVA 代表了企业投入的所有资本所产生的回报与这些资本的投入者要求的最低回报之间的差额,能有效说明股东财富是否保值增值。只有当这个差额大于零时企业的价值才会增加,股东才能从企业经济活动中获得新财富。

2. 更全面准确地反映企业的经济收益和获利能力

传统业绩评价指标都是建立在会计利润基础之上,如投资报酬率、销售报酬率、每股收益等。会计利润容易受会计政策和会计方法选择的影响;并且由于现代企业信息的不对称,经营者很容易通过操纵会计利润来提高企业经营业绩;再加上会计准则自身存在的缺陷,如会计估计的存在,从而导致会计利润与反映企业创造财富真实情况的经济利润产生了偏差,企业的获利能力得不到真实的反映。而 EVA 计算公式中的税后净营业利润和投入资本是通过对会计报表的数据进行合理的调整和计算得到,它基于会计数据,但打破了现行会计准则存在的多种弊端和不足。EVA 在计算税后净营业利润时,把会计准备冲回,即按实际发生额计入相应的会计期间;在计算资本时,按账面值计入资本,即提取会计准备期的数值。EVA 通过对会计报表的数据进行合理、必要的调整,有利于消除或降低企业盈余管理的动机,有利于减小会计准则所造成的扭曲性影响,从而避免了会计利润存在的局限性,更加准确地纰漏企业营业状况和获利能力。

3. 有利于抑制企业的短期行为,激励企业追求长期的、潜在的利益

传统的业绩评价指标是对经营者过去经营业绩的评价,注重的是当期利润和资产规模,容易导致经营者追求眼前利益,产生短期行为,损害企业的长期利益。而 EVA 着眼于企业的长期发展,鼓励经营者进行能够给企业带来长期利益的投资决策。它将研究开发费用、顾客与市场开发、人力资源培养等方面支出由费用化调整为资本化,并在受益年限内摊销。这样就能杜绝企业短期行为的发生,促使经营者不仅要注重短期内所创造的实际受益的大小,而且还要关注企业长期价值的创造,激励经营者追求企业长期的、潜在的利益,敢于在短期内加大这方面的投入来实现企业的可持续发展。

4. 有助于解决经营者和所有者之间的委托代理问题

企业作为一系列契约的结合,既要考虑债权人的利益,更要考虑股东的利益。而现行的会计准则更多考虑的债权人的利益,相对忽视了股东的利益。EVA 反映的是企业的新增价值,只有当 EVA 为正时,企业的价值才会增加,股东的财富也才真正增加。EVA 越多,企业价值越大,股东财富也就越多。EVA 将业绩评价和经营者报酬与股东目标紧密联系在一起,可以使经营者和股东的利益更好的结合起来,让经营者像股东那样思维和行动,正确引导经营者的努力方向,促使经营者充分关注企业的资本保值增值和长期利益,更加注重企业资本结构、风险控制以及进行审慎的投资决策,在一定程度上结束了经营者的行为,维护了股东的利益,有助于解决经营者和股东之间的委托代理问题,减少代理成本。

(二) EVA 业绩评价的局限性

EVA 业绩评价方法并非十全十美,它的局限性表现在:

(1) EVA 是一个计算结果,它依赖于收入实现和费用确认的财务会计处理方法,为了

提高部门的 EVA,部门经理可能通过设计决策的顺序来操纵这些数字,公司仅仅以 EVA 来评价管理者的业绩也会造成激励失灵或功能失调。

（2）EVA 是一个绝对值,不便于不同规模的企业之间业绩的比较,不能充分反映企业或部门之间的规模差异。相比较而言,大规模的企业或部门会创造更高的 EVA。由于资产基数不同会造成不同部门的 EVA 出现差距,使 EVA 不能剔除规模差异因素对评价结果的影响。

（3）一个良好的业绩测评系统应该将职员的努力程度、创造力、取得的业绩与他们获得的报酬相匹配。由于 EVA 过分强调现实效果,使得管理者不愿意投资于创新性产品或研发新技术。

（三）EVA 指标评价需注意的问题

1. EVA 的计算受资本成本波动影响

不同时期,资本成本通常是 EVA 等式中最不稳定、最易变的变量,例如,如果公司对现有资产中的投资预期会创造显著经济价值。可是,几个月内,市场收益率迫使资本成本上升,新投资变成损耗价值,而不是期望的创造价值。这种 EVA 的波动使那些操作层经理面临他们无法控制的风险,这种情况下以 EVA 作为业绩衡量指标,难免会出现偏差。

2. EVA 受规模差异影响

规模大的公司即使盈利能力比规模小的公司差,资本回报率低,但由于其资本总额大,EVA 值可能比规模小的公司要大,这显然不能用来比较它们的盈利能力。一般而言,规模较大的公司（或工厂、部门）比规模较小的公司（或工厂、部门）趋于创造更高的 EVA,因此 EVA 不能有效地控制公司（或工厂、部门）之间的规模差异因素对评价结果产生的影响。

3. EVA 系统认为主要是财务资本驱动着企业的成长,而不是非财务资本

如人力资本、顾客资本、革新资本、过程资本等都是由财务资本驱动的。由于 EVA 用完全以产出为基础的业绩计量替代以投入为基础的战略制定过程,故而 EVA 所谓的战略实际上是一个"黑箱"。显而易见,EVA 系统对非财务资本重视不够,无法提供诸如产品、员工、创新等方面的信息。EVA 所设计的股东-经理之间的关系是以财务理论中理想的组织形式为基础的,它所关心的是决策的结果,而不是驱动决策结果的过程因素,因此无法揭示财务业绩指标与公司的经营、运作和战略之间的关系。

4. 财务导向

虽然经过多项调整,EVA 仍是一个计算出的数字,它依赖于收入实现和费用确认的财务会计处理方法。为了提高部门的 EVA,部门经理可能通过设计决策的顺序来操纵这些数字。例如,他可以选择满足或延迟客户的订单来操纵本会计期间确认的营业收入:在本会计期间的后期,加速执行收入相对较高的订单,在商定的交货日期之前送达用户手中,而获利较少的订单就可能被推迟执行,在商定的交货日期或本会计期间结束之后交货。这么做的最终结果虽然提高了本期间的 EVA,却降低了用户的满意度和忠诚度。这反映出如果企业仅仅以 EVA 来评价管理者的业绩可能会造成激励失灵或功能失调。将平衡计分卡和 EVA 方法的结合使用会在一定程度上抑制这类行为的发生,前者根据企业战略来制定当前与未来需关注的最重要的目标;后者作为股东价值衡量的终极标准,将其他财务和非财务指标紧密地联系在一起,并最终指向价值的创造。

EVA 在国外的应用

早在 20 世纪 80 年代中期,EVA 指标还没有公开提出时,作为公司治理和业绩评估的标准,以可口可乐等公司为代表的一批美国公司就开始尝试将 EVA 作为衡量业绩的指标引入公司的内部管理之中,将 EVA 最大化作为公司目标。以可口可乐公司为例,该公司从 1987 年开始正式引入 EVA 指标,实践中可口可乐公司通过两个渠道增加公司的 EVA:一是将公司的资本集中于盈利能力较高的软饮料部门,逐步摒弃诸如意大利面食、速饮茶、塑料餐具等回报低于资本成本的业务;二是通过适当增加负债规模以降低资本成本,成功地使平均资本成本由原来的 16% 下降到 12%。结果,从 1987 年开始可口可乐公司的 EVA 连续 6 年以平均 27% 的速度上升;股票价格也在同期上升了 300%,远远高于同期标准普尔指数 55% 的涨幅。可口可乐公司的总裁 Coizucta 将公司取得的巨大成果归功于 EVA 指标的引入。20 世纪 90 年代,在上述公司的成功经验示范效应下,许多大公司也相继引入 EVA 指标,其中包括美国邮政署、惠尔普、CXS 铁路公司等。在思腾思特公司(Stern Stewart & Co.)的推动下,从 1993 年开始,美国《财富》杂志每年对 1 000 家上市公司推出根据思腾思特计算的 EVA 值排序的"财富创造和毁灭排行榜"。1994 年,思腾思特公司将 EVA 发展成为一种财务管理模式,并分别在美国、法国、英国、加拿大、墨西哥、澳大利亚等国注册了 EVA 商标,EVA 得到正式确立。EVA 在国外许多公司,如孟山都、宝洁、美国通用电器、联邦速递、索尼、西门子、加州退休养老基金等 400 多家世界著名公司得到广泛应用,并逐渐成为一种全球通用的衡量标准。由于大型跨国公司的全球性经营活动具有相互影响力,加之以思腾思特公司为代表的管理咨询公司在全球进行大力推介,EVA 被《财富》杂志称为"当今最为炙手可热的财务理念"。美国管理之父彼得·德鲁克在《哈佛商业评论》上撰文指出:"作为一种度量全要素生产率的关键指标,EVA 反映了管理价值的所有方面……"

目前,蒙古、加拿大、墨西哥、巴西、澳大利亚、新西兰和欧洲以及南美的许多公司已采用 EVA 作为它们价值增值的衡量指标。随着经济形势的发展,将会有更多的公司采用 EVA。EVA 越来越受到企业界的关注和青睐。

第四节 基于战略管理的平衡计分卡

一、平衡计分卡的概念

平衡计分卡(Balanced Score Card,简称 BSC),是一种全新企业综合测评体系,代表了国际上最前沿的管理思想。平衡计分卡将公司的战略落实到可操作的目标、衡量指标和目标值上。实际上,平衡计分卡方法打破了传统的只注重财务指标的业绩管理方法。平衡计分卡认为,传统的财务会计模式只能衡量过去发生的事情(落后的结果因素),但无法评估组织前瞻性的投资(领先的驱动因素)。在工业时代,注重财务指标的管理方法还是有效的。但在信息社会里,传统的业绩管理方法并不全面的,组织必须通过在客户、供应商、员工、组织流程、技术和革新等方面的投资,获得持续发展的动力。正是基于这样的认识,平衡计分卡方法认为,组织应从四个角度审视自身业绩:学习与成长、业务流程、顾客、财务。

其中,平衡计分卡所包含的五项平衡:

(1) 财务指标和非财务指标的平衡。目前企业考核的一般是财务指标,而对非财务指标(客户、内部流程、学习与成长)的考核很少,即使有对非财务指标的考核,也只是定性的说明,缺乏量化的考核,缺乏系统性和全面性。

(2)企业的长期目标和短期目标的平衡。平衡计分卡是一套战略执行的管理系统,如果以系统的观点来看平衡计分卡的实施过程,则战略是输入,财务是输出。

(3)结果性指标与动因性指标之间的平衡。平衡计分卡以有效完成战略为动因,以可衡量的指标为目标管理的结果,寻求结果性指标与动因性指标之间的平衡。

(4)企业组织内部群体与外部群体的平衡。平衡计分卡中,股东与客户为外部群体,员工和内部业务流程是内部群体,平衡计分卡可以发挥在有效执行战略的过程中平衡这些群体间利益的作用。

(5)领先指标与滞后指标之间的平衡。财务、客户、内部流程、学习与成长这四个方面包含了领先指标和滞后指标。财务指标就是一个滞后指标,它只能反映公司上一年度发生的情况,不能告诉企业如何改善业绩和可持续发展。而对于后三项领先指标的关注,使企业达到了领先指标和滞后指标之间的平衡。

二、平衡计分卡的内容

(一) 基本内容

平衡计分卡(BSC)中的目标和评估指标来源于组织战略,它把组织的使命和战略转化为有形的目标和衡量指标。BSC中的客户方面,管理者们确认了组织将要参与竞争的客户和市场部分,并将目标转换成一组指标,如市场份额、客户留住率、客户获得率、顾客满意度、顾客获利水平等。BSC中的内部经营过程方面,为吸引和留住目标市场上的客户,满足股东对财务回报的要求,管理者需关注对客户满意度和实现组织财务目标影响最大的那些内部过程,并为此设立衡量指标。在这一方面,BSC重视的不是单纯的现有经营过程的改善,而是以确认客户和股东的要求为起点、满足客户和股东要求为终点的全新的内部经营过程。BSC中的学习和成长方面确认了组织为了实现长期的业绩而必须进行的对未来的投资,包括对雇员的能力、组织的信息系统等方面的衡量。组织在上述各方面的成功必须转化为财务上的最终成功。产品质量、完成订单时间、生产率、新产品开发和客户满意度方面的改进只有转化为销售额的增加、经营费用的减少和资产周转率的提高,才能为组织带来利益。因此,BSC的财务方面列示了组织的财务目标,并衡量战略的实施和执行是否在为最终的经营成果的改善作出贡献。BSC中的目标和衡量指标是相互联系的,这种联系不仅包括因果关系,而且包括结果的衡量和引起结果的过程的衡量相结合,最终反映组织战略。

(二) 核心内容

平衡计分卡的设计包括四个方面:财务角度、顾客角度、内部经营流程、学习和成长。

BSC是一套从四个方面对公司战略管理的业绩进行财务与非财务综合评价的评分卡片,不仅能有效地克服传统的财务评估方法的滞后性、偏重短期利益和内部利益以及忽视无形资产收益等诸多缺陷,而且是一个科学的集公司战略管理控制与战略管理的业绩评估于一体的管理系统,其基本原理和流程简述如下:

(1)以组织的共同愿景与战略为内核,运用综合与平衡的哲学思想,依据组织结构,将公司的愿景与战略转化为下属各责任部门(如各事业部)在财务(Financial)、顾客

(Customer)、内部流程(Internal Processes)、创新与学习(Innovation & Learning)等四个方面系列具体目标(即成功的因素)。

（2）依据各责任部门分别在财务、顾客、内部流程、创新与学习等四种计量可具体操作的目标,设置对应的业绩评价指标体系,这些指标不仅与公司战略目标高度相关,而且是以先行(Leading)与滞后(Lagging)两种形式,同时兼顾和平衡公司长期和短期目标、内部与外部利益,综合反映战略管理业绩的财务与非财务信息。

（3）由各主管部门与责任部门共同商定各项指标的具体评分规则。一般是将各项指标的预算值与实际值进行比较,对应不同范围的差异率,设定不同的评分值。以综合评分的形式,定期(通常是一个季度)考核各责任部门在财务、顾客、内部流程、创新与学习等四个方面的目标执行情况,及时反馈,适时调整战略偏差,或修正原定目标和评价指标,确保公司战略得以顺利与正确地实行。其实施步骤包括:第一,定义远景;第二,设定长期目标(时间范围为3年);第三,描述当前的形势;第四,描述将要采取的战略计划;第五,为不同的体系和测量程序定义参数。

三、平衡计分卡的特点

平衡计分卡反映了财务与非财务衡量方法之间的平衡,长期目标与短期目标之间的平衡,外部和内部的平衡,结果和过程的平衡,管理业绩和经营业绩的平衡等多个方面。所以能反映组织综合经营状况,使业绩评价趋于平衡和完善,利于组织长期发展。

平衡计分卡方法因为突破了财务作为唯一指标的衡量工具,做到了多个方面的平衡。平衡计分卡与传统评价体系比较,具有如下特点。

（1）平衡计分卡为企业战略管理提供强有力的支持。

随着全球经济一体化进程的不断发展,市场竞争的不断加剧,战略管理对企业持续发展而言更为重要。平衡计分卡的评价内容与相关指标和企业战略目标紧密相连,企业战略的实施可以通过对平衡计分卡的全面管理来完成。

（2）平衡计分卡可以提高企业整体管理效率。

平衡计分卡所涉及的四项内容,都是企业未来发展成功的关键要素,通过平衡计分卡所提供的管理报告,将看似不相关的要素有机地结合在一起,可以大大节约企业管理者的时间,提高企业管理的整体效率,为企业未来成功发展奠定坚实的基础。

（3）注重团队合作,防止企业管理机能失调。

团队精神是一个企业文化的集中表现,平衡计分卡通过对企业各要素的组合,让管理者能同时考虑企业各职能部门在企业整体中的不同作用与功能,使他们认识到某一领域的工作改进可能是以其他领域的退步为代价换来的,促使企业管理部门考虑决策时要从企业出发,慎重选择可行方案。

（4）平衡计分卡可提高企业激励作用,扩大员工的参与意识。

传统的业绩评价体系强调管理者希望(或要求)下属采取什么行动,然后通过评价来证实下属是否采取了行动以及行动的结果如何,整个控制系统强调的是对行为结果的控制与考核。而平衡计分卡则强调目标管理,鼓励下属创造性地(而非被动)完成目标,这一管理系统强调的是激励动力。因为在具体管理问题上,企业高层管理者并不一定会比中下层管理人员更了解情况、所作出的决策也不一定比下属更明智。所以由企业高层管理人员规定下属的行为方式是不恰当的。另一方面，目前企业业绩评价体系大多是由财务专业人士设计并监督实施的，但是，由于专业领域的差别，财务专业人士并不清楚企业经营管理、技术创新等方面的关键性问题，因而无法对企业整体经营的业绩进行科学合理的计量与评价。

（5）平衡计分卡可以使企业信息负担降到最少。

在当今信息时代，企业很少会因为信息过少而苦恼，随全员管理的引进，当企业员工或顾问向企业提出建议时，新的信息指标总是不断增加。这样，会导致企业高层决策者处理信息的负担大大加重。而平衡计分卡可以使企业管理者仅仅关注少数而又非常关键的相关指标，在保证满足企业管理需要的同时，尽量减少信息负担成本。

四、基于战略管理的平衡计分卡

BSC 贯穿于战略管理的三个阶段。由于制定 BSC 时，要把组织经营战略转化为一系列的目标和衡量指标，此时管理层往往需要对战略进行重新的审视和修改，这样 BSC 为管理层提供了就经营战略的具体含义和执行方法进行交流的机会。同时，因为战略制订和战略实施是一个交互式的过程、在运用 BSC 评价组织经营业绩之后，管理者们了解了战略执行情况，可对战略进行检验和调整。在战略实施阶段，BSC 主要是一个战略实施机制，它把组织的战略和一整套的衡量指标相联系，弥补了制定战略和实施战略间的差距。传统的组织管理体制在实施战略时有很多弊端：或是虽有战略却无法操作；或是长期的战略和短期的年度预算相脱节；或是战略未同各部门及个人的目标相联系，这样，使战略处于一种空中楼阁的状态。

（一）BSC 解释战略

在制定 BSC 时与战略挂钩，用 BSC 解释战略。如前所述，一份好的 BSC 通过一系列因果关系来展示组织战略。例如，某一组织的战略之一是提高收入，则有下列因果关系：增加对雇员销售技能培训；了解产品性能，促进销售工作；收入提高。BSC 中的每一衡量指标都是因果关系中的一环。一份好的 BSC 中的评估手段包括业绩评估手段和推动业绩的评估手段，前者反映某项战略的最终目标及近期的工作是否产生了成果，后者反映实现业绩所做的工作，两者缺一不可。

（二）利用 BSC 宣传战略

利用 BSC 宣传战略。实施战略的重点是所有的雇员、组织高级经理、董事会成员都了解这项战略。通过宣传 BSC 可以使雇员加深对战略的了解，提高其实现战略目标的自觉性。同时通过定期、不间断地将 BSC 中的评估结果告诉雇员，可以使其了解 BSC 给组织带来的变化。为了使董事会能够监督组织的高级经理人员及整个组织的业绩表现，董事会成员也应了解 BSC。这样，他们监督的重点将不再是短期的财务指标，而是组织战略的实施。

（三）将 BSC 与团队、个人的目标挂钩

将 BSC 与团队、个人的目标挂钩。这一工作可以通过分解 BSC 的目标和衡量指标来完成。平衡计分卡是由一整套具有因果关系的目标、衡量指标组成的体系，因此，它对于分解非财务指标有着独特的优势（传统上，非财务指标很难分解）。分解可以采取两种方式：

第一种是由总组织管理人员制订 BSC 中财务方面、客户方面的战略，然后由中层管理

人员参与制订内部经营过程和学习成长方面的目标和衡量指标。

第二种是下一级部门将总组织的 BSC 作为参考,部门经理从组织的计分卡中找到自己可以施加影响的目标和衡量指标,然后制订该部门的计分卡。

(四)把 BSC 用于执行战略和计划的过程,将战略转化为行动。

第一步,要为战略性的衡量指标制定 3～5 年的目标。

第二步,便是制订能够实现这一目标的战略性计划。以资本预算为例,传统的资本预算未能把投资和战略相连,而选用了回报率等单纯的财务指标进行投资决策。现在我们可以用 BSC 来做,通过利用 BSC 来为投资项目打分,名列前茅的并在资本预算范围内的投资项目将被采用。这种投资决策方法使资本预算和组织战略紧密相连。

第三步,便是为战略计划确定短期计划。管理人员根据顾客情况、战略计划、经营过程、雇员情况按月或季制订短期目标,即把第一步"3～5 年的目标"中的第 1 年目标转化为 BSC 中四个方面的目标和衡量指标。这种战略性衡量指标—长远目标—战略计划—短期计划的过程,为组织目标转化为切实的行动提供了途径。在战略评价和反馈阶段,我们已经知道,BSC 中的衡量指标之间存在着因果联系。因此,当我们发现某项指标未达到预期目标时,便可以根据因果关系层层分析引起这项指标变动的其他指标是否合格。如果不合格,则表明是执行不力。如果均已合格,那么管理人员就应对组织内外部环境重新分析,检查据以确定战略的环境因素是否已发生变化,是否需要调整战略。这一反馈分析的过程,对于战略管理有着重要的意义,充分体现了战略管理动态的特征。

(五)平衡计分卡的设计

在平衡计分卡设计的过程中,我们可以发现平衡计分卡作为企业业绩衡量工具是比较好的,但作为评价企业全面管理工作还是有缺陷的,以下是在平衡计分卡设计过程中应注意的问题。

1. 企业要准确制定发展战略,平衡计分卡设计要以战略为基础

企业战略是平衡计分卡的基础,其确定非常重要,在正确的企业战略指导下制定平衡计分卡是非常重要的,而企业战略的制定是以周密的环境分析(内部条件分析和外部环境分析)为基础的,在复杂多变的市场环境中,要想对未来的经济发展状况进行准确预算是非常困难的,特别是外部环境的变化对企业战略的影响非常大,在制定企业战略时,企业高层管理人员必须能够及时发现环境的变化,有较高的职业敏感性,较强的理论水平和丰富的管理实践经验,才能保持企业战略的合理。

2. 平衡计分卡指标设置和目标确定要注重可行性和可靠性

建立平衡计分卡是个复杂的过程,一方面,各方面的指标设置要能够反映所要考核企业的实际,同时又要有很高的可行性和容易量化;另一方面,指标的目标设置要从企业实际出发,充分分析历史数据,企业目标设置不能太高又不能太低。在指标设置和目标确定中要防止过于主观。有些指标很难量化的,如员工满意度指标,为了将这些指标量化,可采取专家打分法、调查问卷法等方法。

3. 正确对待平衡计分卡的管理职能

平衡计分卡是一种业绩衡量工具,在业绩衡量方面有非常好的效果,但作为企业一种管理工具,有其局限性,在平衡计分卡设计过程中,特别是对单位进行业绩衡量设计中,宜粗不

宜细,要抓住重点,不一定面面俱到。同时要认识到平衡计分卡实施是一个过程,必须在实践中不断完善,其指标、目标等都应随企业战略的变化重新设置,并进行效果评估,从而形成"建立—实施—评估—调整—再实施"良性的循环,在不断修正中完善。

4. 提高员工参与性

平衡计分卡在将来的实施以及目标完成主要靠员工,没有他们的支持和对平衡计分卡实质的了解,平衡计分卡要获得成功是很难的。在平衡计分卡设计的过程中,可采取各种方式使员工参与。

 延伸阅读 11-5

平衡记分卡理论产生和发展过程

卡普兰和诺顿提出平衡计分卡这一绩效衡量体系以后,通过对平衡计分卡全面深入细致的进一步研究,使平衡计分卡业绩衡量体系逐步完善和充实。1992 年,卡普兰和诺顿在《哈佛商业评论》上,发表了《平衡计分卡—效绩驱动指标》,1993 年他们在《哈佛商业评论》上发表了第二篇论文《在实践中运用平衡记分卡》,并阐述了"根据企业战略的成功实施的重要性来选择绩效考核指标"这个新的重点。1996 年,关于平衡计分卡的第一本专著《平衡计分卡:化战略为行动》出版,标志着这一理论的成熟,将平衡计分卡由一个业绩衡量工具转变为战略实施工具。2001 年,两位作者出版新作,《战略中心型组织:实施平衡计分卡的组织如何在新的竞争环境中立于不败》,将过去十几年的平衡计分卡在各类组织中的应用做了个盘点。在 10 多年的时间里,平衡计分卡在理论方面有了极大的发展,在实践领域也得到了越来越多的公司的认可。平衡计分卡的应用领域也变得更加广泛,Gartner Group 的调查显示:在《财富》杂志公布的世界前 1 000 位公司中,有 70% 的公司采用了平衡计分卡系统,世界最大的 300 家银行中约有 60% 正在使用平衡计分卡。Motorola 对整个企业使用平衡计分卡,重要的衡量指标如质量成本、员工满意程度和产品递交质量等都被记录并跟踪,使用平衡计分卡后,Motorola 取得了更高水平的效绩表现。在电信行业,也有很多电信运营商选择平衡计分卡工具,仅仅在韩国,就有最大的三家电信运营商——SK Telecom、Korea Telecom 和 LG Telecom 先后选用了平衡计分卡工具,取得了良好的管理效果:SK Telecom 于 1999 年 11 月开始引入平衡计分卡,整个平衡计分卡包含了 35 个子计分卡,超过 450 个关键业务绩效指标,实施平衡计分卡的目的是实现组织内战略的共享和监控,并基于战略进行业绩评估,现在该公司平衡计分卡系统正处于分解为大量小组级计分卡的过程中,这是韩国第一次企业范围内的平衡计分卡系统的实现;从 1992 年到现在的 12 年的时间里,罗伯特·S·卡普兰的平衡计分卡理论被译成 18 种不同的语言在世界各国广泛传播,被称作是 20 世纪 90 年代最重要的管理会计创新。应用平衡计分卡的企业都对这一工具都给予了很高的评价,哈佛商业评论更是把它称为 75 年来最具影响力的战略管理工具。

与世界大公司相比,平衡计分卡作为一个业绩衡量体系在我国企业的应用目前还处于一个刚刚起步的阶段,迫切需要借鉴国外的先进思想。但通过一定时间的摸索和尝试,不断积累经验和教训,它最终必将在我国企业的业绩衡量、经营决策、战略发展和市场竞争中发挥巨大的作用。

本章小结

本章主要学习业绩考核与评价的相关知识,通过讲授要求掌握业绩考核与评价的基本内容、责任中心的概念、分类以及成本中心、利润中心、投资中心的业绩考核与评价;需结合实务着重掌握各责任中心的业绩考核与评价指标;为企业的业绩考核与评价奠定良好基础。

本章重要概念

业绩考核与评价　责任中心　成本中心　利润中心　投资中心　EVA　平衡计分卡

推荐阅读资料

［1］吴大军,牛彦秀.管理会计[M].大连:东北财经大学出版社,2010.

［2］孙茂竹,文广伟,杨万贵.管理会计学[M].北京:中国人民大学出版社,2013.

［3］刘萍,于树彬,刘西涛.管理会计[M].大连:东北财经大学出版社,2013

期数	1%	2%	3%	4%	5%	6%	7%	8%	9%	10%
1	1.010 0	1.020 0	1.030 0	1.040 0	1.050 0	1.060 0	1.070 0	1.080 0	1.090 0	1.1 000
2	1.020 1	1.040 4	1.060 9	1.081 6	1.102 5	1.123 6	1.144 9	1.166 4	1.188 1	1.210 0
3	1.030 3	1.061 2	1.092 7	1.124 9	1.157 6	1.191 0	1.225 0	1.259 7	1.295 0	1.331 0
4	1.040 6	1.082 4	1.125 5	1.169 9	1.215 5	1.262 5	1.310 8	1.360 5	1.411 6	1.464 1
5	1.051 0	1.104 1	1.159 3	1.216 7	1.276 3	1.338 2	1.402 6	1.469 3	1.538 6	1.610 5
6	1.061 5	1.126 2	1.194 1	1.265 3	1.340 1	1.418 5	1.500 7	1.586 9	1.677 1	1.771 6
7	1.072 1	1.148 7	1.229 9	1.315 9	1.407 1	1.503 6	1.605 8	1.713 8	1.828 0	1.948 7
8	1.082 9	1.171 7	1.266 8	1.368 6	1.477 5	1.593 8	1.718 2	1.850 9	1.992 6	2.143 6
9	1.093 7	1.195 1	1.304 8	1.423 3	1.551 3	1.689 5	1.838 5	1.999 0	2.171 9	2.357 9
10	1.104 6	1.219 0	1.343 9	1.480 2	1.628 9	1.790 8	1.967 2	2.158 9	2.367 4	2.593 7
11	1.115 7	1.243 4	1.384 2	1.539 5	1.710 3	1.898 3	2.104 9	2.331 6	2.580 4	2.853 1
12	1.126 8	1.268 2	1.425 8	1.601 0	1.795 9	2.012 2	2.252 2	2.518 2	2.812 7	3.138 4
13	1.138 1	1.293 6	1.468 5	1.665 1	1.885 6	2.132 9	2.409 8	2.719 6	3.065 8	3.452 3
14	1.149 5	1.319 5	1.512 6	1.731 7	1.979 9	2.260 9	2.578 5	2.937 2	3.341 7	3.797 5
15	1.161 0	1.345 9	1.558 0	1.800 9	2.078 9	2.396 6	2.759 0	3.172 2	3.642 5	4.177 2
16	1.172 6	1.372 8	1.604 7	1.873 0	2.182 9	2.540 4	2.952 2	3.425 9	3.970 3	4.595 0
17	1.184 3	1.400 2	1.652 8	1.947 9	2.292 0	2.692 8	3.158 8	3.700 0	4.327 6	5.054 5
18	1.196 1	1.428 2	1.702 4	2.025 8	2.406 6	2.854 3	3.379 9	3.996 0	4.717 1	5.559 9
19	1.208 1	1.456 8	1.753 5	2.106 8	2.527 0	3.025 6	3.616 5	4.315 7	5.141 7	6.115 9
20	1.220 2	1.485 9	1.806 1	2.191 1	2.653 3	3.207 1	3.869 7	4.661 0	5.604 4	6.727 5
21	1.232 4	1.515 7	1.860 3	2.278 8	2.786 0	3.399 6	4.140 6	5.033 8	6.108 8	7.400 2
22	1.244 7	1.546 0	1.916 1	2.369 9	2.925 3	3.603 5	4.430 4	5.436 5	6.658 6	8.140 3
23	1.257 2	1.576 9	1.973 6	2.464 7	3.071 5	3.819 7	4.740 5	5.871 5	7.257 9	8.954 3
24	1.269 7	1.608 4	2.032 8	2.563 3	3.225 1	4.048 9	5.072 4	6.341 2	7.911 1	9.849 7
25	1.282 4	1.640 6	2.093 8	2.665 8	3.386 4	4.291 9	5.427 4	6.848 5	8.623 1	10.835
26	1.295 3	1.673 4	2.156 6	2.772 5	3.555 7	4.549 4	5.807 4	7.396 4	9.399 2	11.918
27	1.308 2	1.706 9	2.221 3	2.883 4	3.733 5	4.822 3	6.213 9	7.988 1	10.245	13.110
28	1.321 3	1.741 0	2.287 9	2.998 7	3.920 1	5.111 7	6.648 8	8.627 1	11.167	14.421
29	1.334 5	1.775 8	2.356 6	3.118 7	4.116 1	5.418 4	7.114 3	9.317 3	12.172	15.863
30	1.347 8	1.811 4	2.427 3	3.243 4	4.321 9	5.743 5	7.612 3	10.063	13.268	17.449
40	1.488 9	2.208 0	3.262 0	4.801 0	7.040 0	10.286	14.975	21.725	31.409	45.259
50	1.644 6	2.691 6	4.383 9	7.106 7	11.467	18.420	29.457	46.902	74.358	117.39
60	1.816 7	3.281 0	5.891 6	10.520	18.679	32.988	57.946	101.26	176.03	304.48

注：* ＞99 999

系数表

12％	14％	15％	16％	18％	20％	24％	28％	32％	36％
1.120 0	1.140 0	1.150 0	1.160 0	1.180 0	1.2 000	1.240 0	1.280 0	1.320 0	1.360 0
1.254 4	1.299 6	1.322 5	1.345 6	1.392 4	1.440 0	1.537 6	1.638 4	1.742 4	1.849 6
1.404 9	1.481 5	1.520 9	1.560 9	1.643 0	1.728 0	1.906 6	2.097 2	2.300 0	2.515 5
1.573 5	1.689 0	1.749 0	1.810 6	1.938 8	2.073 6	2.364 2	2.684 4	3.036 0	3.421 0
1.762 3	1.925 4	2.011 4	2.100 3	2.287 8	2.488 3	2.931 6	3.436 0	4.007 5	4.652 6
1.973 8	2.195 0	2.313 1	2.436 4	2.699 6	2.986 0	3.635 2	4.398 0	5.289 9	6.327 5
2.210 7	2.502 3	2.660 0	2.826 2	3.185 5	3.583 2	4.507 7	5.629 5	6.982 6	8.605 4
2.476 0	2.852 6	3.059 0	3.278 4	3.758 9	4.299 8	5.589 5	7.205 8	9.217 0	11.703
2.773 1	3.251 9	3.517 9	3.803 0	4.435 5	5.159 8	6.931 0	9.223 4	12.167	15.917
3.105 8	3.707 2	4.045 6	4.411 4	5.233 8	6.191 7	8.594 4	11.806	16.060	21.647
3.478 5	4.226 2	4.652 4	5.117 3	6.175 9	7.430 1	10.657	15.112	21.199	29.439
3.896 0	4.817 9	5.350 3	5.936 0	7.287 6	8.916 1	13.215	19.343	27.983	40.038
4.363 5	5.492 4	6.152 8	6.885 8	8.599 4	10.699	16.386	24.759	36.937	54.451
4.887 1	6.261 3	7.075 7	7.987 5	10.147	12.839	20.319	31.691	48.757	74.053
5.473 6	7.137 9	8.137 1	9.265 5	11.974	15.407	25.196	40.565	64.359	100.71
6.130 4	8.137 2	9.357 6	10.748	14.129	18.488	31.243	51.923	84.954	136.97
6.866 0	9.276 5	10.761	12.468	16.672	22.186	38.741	66.461	112.14	186.28
7.690 0	10.575	12.376	14.463	19.673	26.623	48.039	85.071	148.02	253.34
8.612 8	12.056	14.232	16.777	23.214	31.948	59.568	108.89	195.39	344.54
9.646 3	13.744	16.367	19.461	27.393	38.338	73.864	139.38	257.92	468.57
10.804	15.668	18.822	22.575	32.324	46.005	91.592	178.41	340.45	637.26
12.100	17.861	21.645	26.186	38.142	55.206	113.57	228.36	449.39	866.67
13.552	20.362	24.892	30.376	45.008	66.247	140.83	292.30	593.20	1 178.7
15.179	23.212	28.625	35.236	53.109	79.497	174.63	374.14	783.02	1 603.0
17. 000	26.462	32.919	40.874	62.669	95.396	216.54	478.90	1 033.6	2 180.1
19.040	30.167	37.857	47.414	73.949	114.48	268.51	613.00	1 364.3	2 964.9
21.325	34.390	43.535	55.000	87.260	137.37	332.96	784.64	1 800.9	4 032.3
23.884	39.205	50.066	63.800	102.97	164.84	412.86	1 004.3	2 377.2	5 483.9
26.750	44.693	57.576	74.009	121.50	197.81	511.95	1 285.6	3 137.9	7 458.1
29.960	50.950	66.212	85.850	143.37	237.38	634.82	1 645.5	4 142.1	10 143
93.051	188.88	267.86	378.72	750.38	1 469.8	5 455.9	19 427	66 521	*
289.00	700.23	1 083.7	1 670.7	3 927.4	9 100.4	46 890	*	*	*
897.60	2 595.9	4 384.0	7 370.2	20 555	56 348	*	*	*	*

附表二 复利现值

期数	1%	2%	3%	4%	5%	6%	7%	8%	9%	10%
1	0.990 1	0.980 4	0.970 9	0.961 5	0.952 4	0.943 4	0.934 6	0.925 9	0.917 4	0.909 1
2	0.980 3	0.961 2	0.942 6	0.924 6	0.907 0	0.890 0	0.873 4	0.857 3	0.841 7	0.826 4
3	0.970 6	0.942 3	0.915 1	0.889 0	0.863 8	0.839 6	0.816 3	0.793 8	0.772 2	0.751 3
4	0.961 0	0.923 8	0.888 5	0.854 8	0.822 7	0.792 1	0.762 9	0.735 0	0.708 4	0.683 0
5	0.951 5	0.905 7	0.862 6	0.821 9	0.783 5	0.747 3	0.713 0	0.680 6	0.649 9	0.620 9
6	0.942 0	0.888 0	0.837 5	0.790 3	0.746 2	0.705 0	0.666 3	0.630 2	0.596 3	0.564 5
7	0.932 7	0.870 6	0.813 1	0.759 9	0.710 7	0.665 1	0.622 7	0.583 5	0.547 0	0.513 2
8	0.923 5	0.853 5	0.789 4	0.730 7	0.676 8	0.627 4	0.582 0	0.540 3	0.501 9	0.466 5
9	0.914 3	0.836 8	0.766 4	0.702 6	0.644 6	0.591 9	0.543 9	0.500 2	0.460 4	0.424 1
10	0.905 3	0.820 3	0.744 1	0.675 6	0.613 9	0.558 4	0.508 3	0.463 2	0.422 4	0.385 5
11	0.896 3	0.804 3	0.722 4	0.649 6	0.584 7	0.526 8	0.475 1	0.428 9	0.387 5	0.350 5
12	0.887 4	0.788 5	0.701 4	0.624 6	0.556 8	0.497 0	0.444 0	0.397 1	0.355 5	0.318 6
13	0.878 7	0.773 0	0.681 0	0.600 6	0.530 3	0.468 8	0.415 0	0.367 7	0.326 2	0.289 7
14	0.870 0	0.757 9	0.661 1	0.577 5	0.505 1	0.442 3	0.387 8	0.340 5	0.299 2	0.263 3
15	0.861 3	0.743 0	0.641 9	0.555 3	0.481 0	0.417 3	0.362 4	0.315 2	0.274 5	0.239 4
16	0.852 8	0.728 4	0.623 2	0.533 9	0.458 1	0.393 6	0.338 7	0.291 9	0.251 9	0.217 6
17	0.844 4	0.714 2	0.605 0	0.513 4	0.436 3	0.371 4	0.316 6	0.270 3	0.231 1	0.197 8
18	0.836 0	0.700 2	0.587 4	0.493 6	0.415 5	0.350 3	0.295 9	0.250 2	0.212 0	0.179 9
19	0.827 7	0.686 4	0.570 3	0.474 6	0.395 7	0.330 5	0.276 5	0.231 7	0.194 5	0.163 5
20	0.819 5	0.673 0	0.553 7	0.456 4	0.376 9	0.311 8	0.258 4	0.214 5	0.178 4	0.148 6
21	0.811 4	0.659 8	0.537 5	0.438 8	0.358 9	0.294 2	0.241 5	0.198 7	0.163 7	0.135 1
22	0.803 4	0.646 8	0.521 9	0.422 0	0.341 8	0.277 5	0.225 7	0.183 9	0.150 2	0.122 8
23	0.795 4	0.634 2	0.506 7	0.405 7	0.325 6	0.261 8	0.210 9	0.170 3	0.137 8	0.111 7
24	0.787 6	0.621 7	0.491 9	0.390 1	0.310 1	0.247 0	0.197 1	0.157 7	0.126 4	0.101 5
25	0.779 8	0.609 5	0.477 6	0.375 1	0.295 3	0.233 0	0.184 2	0.146 0	0.116 0	0.092 3
26	0.772 0	0.597 6	0.463 7	0.360 7	0.281 2	0.219 8	0.172 2	0.135 2	0.106 4	0.083 9
27	0.764 4	0.585 9	0.450 2	0.346 8	0.267 8	0.207 4	0.160 9	0.125 2	0.097 6	0.076 3
28	0.756 8	0.574 4	0.437 1	0.333 5	0.255 1	0.195 6	0.150 4	0.115 9	0.089 5	0.069 3
29	0.749 3	0.563 1	0.424 3	0.320 7	0.242 9	0.184 6	0.140 6	0.107 3	0.082 2	0.063 0
30	0.741 9	0.552 1	0.412 0	0.308 3	0.231 4	0.174 1	0.131 4	0.099 4	0.075 4	0.057 3
35	0.705 9	0.5 000	0.355 4	0.253 4	0.181 3	0.130 1	0.093 7	0.067 6	0.049 0	0.035 6
40	0.671 7	0.452 9	0.306 6	0.208 3	0.142 0	0.097 2	0.066 8	0.046 0	0.031 8	0.022 1
45	0.639 1	0.410 2	0.264 4	0.171 2	0.111 3	0.072 7	0.047 6	0.031 3	0.020 7	0.013 7
50	0.608 0	0.371 5	0.228 1	0.140 7	0.087 2	0.054 3	0.033 9	0.021 3	0.013 4	0.008 5
55	0.578 5	0.336 5	0.196 8	0.115 7	0.068 3	0.040 6	0.024 2	0.014 5	0.008 7	0.005 3

注：* <0.000 1

系数表

12%	14%	15%	16%	18%	20%	24%	28%	32%	36%
0.892 9	0.877 2	0.869 6	0.862 1	0.847 5	0.833 3	0.806 5	0.781 3	0.757 6	0.735 3
0.797 2	0.769 5	0.756 1	0.743 2	0.718 2	0.694 4	0.650 4	0.610 4	0.573 9	0.540 7
0.711 8	0.675 0	0.657 5	0.640 7	0.608 6	0.578 7	0.524 5	0.476 8	0.434 8	0.397 5
0.635 5	0.592 1	0.571 8	0.552 3	0.515 8	0.482 3	0.423 0	0.372 5	0.329 4	0.292 3
0.567 4	0.519 4	0.497 2	0.476 1	0.437 1	0.401 9	0.341 1	0.291 0	0.249 5	0.214 9
0.506 6	0.455 6	0.432 3	0.410 4	0.370 4	0.334 9	0.275 1	0.227 4	0.189 0	0.158 0
0.452 3	0.399 6	0.375 9	0.353 8	0.313 9	0.279 1	0.221 8	0.177 6	0.143 2	0.116 2
0.403 9	0.350 6	0.326 9	0.305 0	0.266 0	0.232 6	0.178 9	0.138 8	0.108 5	0.085 4
0.360 6	0.307 5	0.284 3	0.263 0	0.225 5	0.193 8	0.144 3	0.108 4	0.082 2	0.062 8
0.322 0	0.269 7	0.247 2	0.226 7	0.191 1	0.161 5	0.116 4	0.084 7	0.062 3	0.046 2
0.287 5	0.236 6	0.214 9	0.195 4	0.161 9	0.134 6	0.093 8	0.066 2	0.047 2	0.034 0
0.256 7	0.207 6	0.186 9	0.168 5	0.137 2	0.112 2	0.075 7	0.051 7	0.035 7	0.025 0
0.229 2	0.182 1	0.162 5	0.145 2	0.116 3	0.093 5	0.061 0	0.040 4	0.027 1	0.018 4
0.204 6	0.159 7	0.141 3	0.125 2	0.098 5	0.077 9	0.049 2	0.031 6	0.020 5	0.013 5
0.182 7	0.140 1	0.122 9	0.107 9	0.083 5	0.064 9	0.039 7	0.024 7	0.015 5	0.009 9
0.163 1	0.122 9	0.106 9	0.093 0	0.070 8	0.054 1	0.032 0	0.019 3	0.011 8	0.007 3
0.145 6	0.107 8	0.092 9	0.080 2	0.060 0	0.045 1	0.025 8	0.015 0	0.008 9	0.005 4
0.130 0	0.094 6	0.080 8	0.069 1	0.050 8	0.037 6	0.020 8	0.011 8	0.006 8	0.003 9
0.116 1	0.082 9	0.070 3	0.059 6	0.043 1	0.031 3	0.016 8	0.009 2	0.005 1	0.002 9
0.103 7	0.072 8	0.061 1	0.051 4	0.036 5	0.026 1	0.013 5	0.007 2	0.003 9	0.002 1
0.092 6	0.063 8	0.053 1	0.044 3	0.030 9	0.021 7	0.010 9	0.005 6	0.002 9	0.001 6
0.082 6	0.056 0	0.046 2	0.038 2	0.026 2	0.018 1	0.008 8	0.004 4	0.002 2	0.001 2
0.073 8	0.049 1	0.040 2	0.032 9	0.022 2	0.015 1	0.007 1	0.003 4	0.001 7	0.000 8
0.065 9	0.043 1	0.034 9	0.028 4	0.018 8	0.012 6	0.005 7	0.002 7	0.001 3	0.000 6
0.058 8	0.037 8	0.030 4	0.024 5	0.016 0	0.010 5	0.004 6	0.002 1	0.001 0	0.000 5
0.052 5	0.033 1	0.026 4	0.021 1	0.013 5	0.008 7	0.003 7	0.001 6	0.000 7	0.000 3
0.046 9	0.029 1	0.023 0	0.018 2	0.011 5	0.007 3	0.003 0	0.001 3	0.000 6	0.000 2
0.041 9	0.025 5	0.020 0	0.015 7	0.009 7	0.006 1	0.002 4	0.001 0	0.000 4	0.000 2
0.037 4	0.022 4	0.017 4	0.013 5	0.008 2	0.005 1	0.002 0	0.000 8	0.000 3	0.000 1
0.033 4	0.019 6	0.015 1	0.011 6	0.007 0	0.004 2	0.001 6	0.000 6	0.000 2	0.000 1
0.018 9	0.010 2	0.007 5	0.005 5	0.003 0	0.001 7	0.000 5	0.000 2	0.000 1	*
0.010 7	0.005 3	0.003 7	0.002 6	0.001 3	0.000 7	0.000 2	0.000 1	*	*
0.006 1	0.002 7	0.001 9	0.001 3	0.000 6	0.000 3	0.000 1	*	*	*
0.003 5	0.001 4	0.000 9	0.000 6	0.000 3	0.000 1	*	*	*	*
0.002 0	0.000 7	0.000 5	0.000 3	0.000 1	*	*	*	*	*

附表三

年金终值

期数	1%	2%	3%	4%	5%	6%	7%	8%	9%	10%
1	1.000 0	1.000 0	1.000 0	1.000 0	1.000 0	1.000 0	1.000 0	1.000 0	1.000 0	1.000 0
2	2.010 0	2.020 0	2.030 0	2.040 0	2.050 0	2.060 0	2.070 0	2.080 0	2.090 0	2.100 0
3	3.030 1	3.060 4	3.090 9	3.121 6	3.152 5	3.183 6	3.214 9	3.246 4	3.278 1	3.310 0
4	4.060 4	4.121 6	4.183 6	4.246 5	4.310 1	4.374 6	4.439 9	4.506 1	4.573 1	4.641 0
5	5.101 0	5.204 0	5.309 1	5.416 3	5.525 6	5.637 1	5.750 7	5.866 6	5.984 7	6.105 1
6	6.152 0	6.308 1	6.468 4	6.633 0	6.801 9	6.975 3	7.153 3	7.335 9	7.523 3	7.715 6
7	7.213 5	7.434 3	7.662 5	7.898 3	8.142 0	8.393 8	8.654 0	8.922 8	9.200 4	9.487 2
8	8.285 7	8.583 0	8.892 3	9.214 2	9.549 1	9.897 5	10.260	10.637	11.029	11.436
9	9.368 5	9.754 6	10.159	10.583	11.027	11.491	11.978	12.488	13.021	13.580
10	10.462	10.950	11.464	12.006	12.578	13.181	13.816	14.487	15.193	15.937
11	11.567	12.169	12.808	13.486	14.207	14.972	15.784	16.646	17.560	18.531
12	12.683	13.412	14.192	15.026	15.917	16.870	17.889	18.977	20.141	21.384
13	13.809	14.680	15.618	16.627	17.713	18.882	20.141	21.495	22.953	24.523
14	14.947	15.974	17.086	18.292	19.599	21.015	22.551	24.215	26.019	27.975
15	16.097	17.293	18.599	20.024	21.579	23.276	25.129	27.152	29.361	31.773
16	17.258	18.639	20.157	21.825	23.658	25.673	27.888	30.324	33.003	35.950
17	18.430	20.012	21.762	23.698	25.840	28.213	30.840	33.750	36.974	40.545
18	19.615	21.412	23.414	25.645	28.132	30.906	33.999	37.450	41.301	45.599
19	20.811	22.841	25.117	27.671	30.539	33.760	37.379	41.446	46.019	51.159
20	22.019	24.297	26.870	29.778	33.066	36.786	40.996	45.762	51.160	57.275
21	23.239	25.783	28.677	31.969	35.719	39.993	44.865	50.423	56.765	64.003
22	24.472	27.299	30.537	34.248	38.505	43.392	49.006	55.457	62.873	71.403
23	25.716	28.845	32.453	36.618	41.431	46.996	53.436	60.893	69.532	79.543
24	26.974	30.422	34.427	39.083	44.502	50.816	58.177	66.765	76.790	88.497
25	28.243	32.030	36.459	41.646	47.727	54.865	63.249	73.106	84.701	98.347
26	29.526	33.671	38.553	44.312	51.114	59.156	68.677	79.954	93.324	109.18
27	30.821	35.344	40.710	47.084	54.669	63.706	74.484	87.351	102.72	121.10
28	32.129	37.051	42.931	49.968	58.403	68.528	80.698	95.339	112.97	134.21
29	33.450	38.792	45.219	52.966	62.323	73.640	87.347	103.97	124.14	148.63
30	34.785	40.568	47.575	56.085	66.439	79.058	94.461	113.28	136.31	164.49
40	48.886	60.402	75.401	95.026	120.80	154.76	199.64	259.06	337.88	442.59
50	64.463	84.579	112.80	152.67	209.35	290.34	406.53	573.77	815.08	1 163.9
60	81.670	114.05	163.05	237.99	353.58	533.13	813.52	1 253.2	1 944.8	3 034.8

注：* ＞999 999.99

系数表

12%	14%	15%	16%	18%	20%	24%	28%	32%	36%
1.000 0	1.000 0	1.000 0	1.000 0	1.000 0	1.000 0	1.000 0	1.000 0	1.000 0	1.000 0
2.120 0	2.140 0	2.150 0	2.160 0	2.180 0	2.2 000	2.240 0	2.280 0	2.320 0	2.360 0
3.374 4	3.439 6	3.472 5	3.505 6	3.572 4	3.640 0	3.777 6	3.918 4	4.062 4	4.209 6
4.779 3	4.921 1	4.993 4	5.066 5	5.215 4	5.368 0	5.684 2	6.015 6	6.362 4	6.725 1
6.352 8	6.610 1	6.742 4	6.877 1	7.154 2	7.441 6	8.048 4	8.699 9	9.398 3	10.146
8.115 2	8.535 5	8.753 7	8.977 5	9.442 0	9.929 9	10.980	12.136	13.406	14.799
10.089	10.731	11.067	11.414	12.142	12.916	14.615	16.534	18.696	21.126
12.300	13.233	13.727	14.240	15.327	16.499	19.123	22.163	25.678	29.732
14.776	16.085	16.786	17.519	19.086	20.799	24.713	29.369	34.895	41.435
17.549	19.337	20.304	21.322	23.521	25.959	31.643	38.593	47.062	57.352
20.655	23.045	24.349	25.733	28.755	32.150	40.238	50.399	63.122	78.998
24.133	27.271	29.002	30.850	34.931	39.581	50.895	65.510	84.320	108.44
28.029	32.089	34.352	36.786	42.219	48.497	64.110	84.853	112.30	148.48
32.393	37.581	40.505	43.672	50.818	59.196	80.496	109.61	149.24	202.93
37.280	43.842	47.580	51.660	60.965	72.035	100.82	141.30	198.00	276.98
42.753	50.980	55.718	60.925	72.939	87.442	126.01	181.87	262.36	377.69
48.884	59.118	65.075	71.673	87.068	105.93	157.25	233.79	347.31	514.66
55.750	68.394	75.836	84.141	103.74	128.12	195.99	300.25	459.45	700.94
63.440	78.969	88.212	98.603	123.41	154.74	244.03	385.32	607.47	954.28
72.052	91.025	102.44	115.38	146.63	186.69	303.60	494.21	802.86	1 298.8
81.699	104.77	118.81	134.84	174.02	225.03	377.46	633.59	1 060.8	1 767.4
92.503	120.44	137.63	157.42	206.34	271.03	469.06	812.00	1 401.2	2 404.7
104.60	138.30	159.28	183.60	244.49	326.24	582.63	1 040.4	1 850.6	3 271.3
118.16	158.66	184.17	213.98	289.49	392.48	723.46	1 332.7	2 443.8	4 450.0
133.33	181.87	212.79	249.21	342.60	471.98	898.09	1 706.8	3 226.8	6 053.0
150.33	208.33	245.71	290.09	405.27	567.38	1 114.6	2 185.7	4 260.4	8 233.1
169.37	238.50	283.57	337.50	479.22	681.85	1 383.1	2 798.7	5 624.8	11 198
190.70	272.89	327.10	392.50	566.48	819.22	1 716.1	3 583.3	7 425.7	15 230
214.58	312.09	377.17	456.30	669.45	984.07	2 129.0	4 587.7	9 802.9	20 714
241.33	356.79	434.75	530.31	790.95	1 181.9	2 640.9	5 873.2	12 941	28 172
767.09	1 342.0	1 779.1	2 360.8	4 163.2	7 343.9	22 729	69 377	207 874	609 890
2 400.0	4 994.5	7 217.7	10 436	21 813	45 497	195 373	819 103	*	*
7 471.6	18 535	29 220	46 058	114 190	281 733	*	*	*	*

附表四　　　　　　　　　　　　　　　　　　　　　　　年金现值

期数	1%	2%	3%	4%	5%	6%	7%	8%	9%	10%
1	0.990 1	0.980 4	0.970 9	0.961 5	0.952 4	0.943 4	0.934 6	0.925 9	0.917 4	0.909 1
2	1.970 4	1.941 6	1.913 5	1.886 1	1.859 4	1.833 4	1.808 0	1.783 3	1.759 1	1.735 5
3	2.941 0	2.883 9	2.828 6	2.775 1	2.723 2	2.673 0	2.624 3	2.577 1	2.531 3	2.486 9
4	3.902 0	3.807 7	3.717 1	3.629 9	3.546 0	3.465 1	3.387 2	3.312 1	3.239 7	3.169 9
5	4.853 4	4.713 5	4.579 7	4.451 8	4.329 5	4.212 4	4.100 2	3.992 7	3.889 7	3.790 8
6	5.795 5	5.601 4	5.417 2	5.242 1	5.075 7	4.917 3	4.766 5	4.622 9	4.485 9	4.355 3
7	6.728 2	6.472 0	6.230 3	6.002 1	5.786 4	5.582 4	5.389 3	5.206 4	5.033 0	4.868 4
8	7.651 7	7.325 5	7.019 7	6.732 7	6.463 2	6.209 8	5.971 3	5.746 6	5.534 8	5.334 9
9	8.566 0	8.162 2	7.786 1	7.435 3	7.107 8	6.801 7	6.515 2	6.246 9	5.995 2	5.759 0
10	9.471 3	8.982 6	8.530 2	8.110 9	7.721 7	7.360 1	7.023 6	6.710 1	6.417 7	6.144 6
11	10.367 6	9.786 8	9.252 6	8.760 5	8.306 4	7.886 9	7.498 7	7.139 0	6.805 2	6.495 1
12	11.255 1	10.575 3	9.954 0	9.385 1	8.863 3	8.383 8	7.942 7	7.536 1	7.160 7	6.813 7
13	12.133 7	11.348 4	10.635 0	9.985 6	9.393 6	8.852 7	8.357 7	7.903 8	7.486 9	7.103 4
14	13.003 7	12.106 2	11.296 1	10.563 1	9.898 6	9.295 0	8.745 5	8.244 2	7.786 2	7.366 7
15	13.865 1	12.849 3	11.937 9	11.118 4	10.379 7	9.712 2	9.107 9	8.559 5	8.060 7	7.606 1
16	14.717 9	13.577 7	12.561 1	11.652 3	10.837 8	10.105 9	9.446 6	8.851 4	8.312 6	7.823 7
17	15.562 3	14.291 9	13.166 1	12.165 7	11.274 1	10.477 3	9.763 2	9.121 6	8.543 6	8.021 6
18	16.398 3	14.992 0	13.753 5	12.659 3	11.689 6	10.827 6	10.059 1	9.371 9	8.755 6	8.201 4
19	17.226 0	15.678 5	14.323 8	13.133 9	12.085 3	11.158 1	10.335 6	9.603 6	8.950 1	8.364 9
20	18.045 6	16.351 4	14.877 5	13.590 3	12.462 2	11.469 9	10.594 0	9.818 1	9.128 5	8.513 6
21	18.857 0	17.011 2	15.415 0	14.029 2	12.821 2	11.764 1	10.835 5	10.016 8	9.292 2	8.648 7
22	19.660 4	17.658 0	15.936 9	14.451 1	13.163 0	12.041 6	11.061 2	10.200 7	9.442 4	8.771 5
23	20.455 8	18.292 2	16.443 6	14.856 8	13.488 6	12.303 4	11.272 2	10.371 1	9.580 2	8.883 2
24	21.243 4	18.913 9	16.935 5	15.247 0	13.798 6	12.550 4	11.469 3	10.528 8	9.706 6	8.984 7
25	22.023 2	19.523 5	17.413 1	15.622 1	14.093 9	12.783 4	11.653 6	10.674 8	9.822 6	9.077 0
26	22.795 2	20.121 0	17.876 8	15.982 8	14.375 2	13.003 2	11.825 8	10.810 0	9.929 0	9.160 9
27	23.559 6	20.706 9	18.327 0	16.329 6	14.643 0	13.210 5	11.986 7	10.935 2	10.026 6	9.237 2
28	24.316 4	21.281 3	18.764 1	16.663 1	14.898 1	13.406 2	12.137 1	11.051 1	10.116 1	9.306 6
29	25.065 8	21.844 4	19.188 5	16.983 7	15.141 1	13.590 7	12.277 7	11.158 4	10.198 3	9.369 6
30	25.807 7	22.396 5	19.600 4	17.292 0	15.372 5	13.764 8	12.409 0	11.257 8	10.273 7	9.426 9
35	29.408 6	24.998 6	21.487 2	18.664 6	16.374 2	14.498 2	12.947 7	11.654 6	10.566 8	9.644 2
40	32.834 7	27.355 5	23.114 8	19.792 8	17.159 1	15.046 3	13.331 7	11.924 6	10.757 4	9.779 1
45	36.094 5	29.490 2	24.518 7	20.720 0	17.774 1	15.455 8	13.605 5	12.108 4	10.881 2	9.862 8
50	39.196 1	31.423 6	25.729 8	21.482 2	18.255 9	15.761 9	13.800 7	12.233 5	10.961 7	9.914 8
55	42.147 2	33.174 8	26.774 4	22.108 6	18.633 5	15.990 5	13.939 9	12.318 6	11.014 0	9.947 1

系数表

12%	14%	15%	16%	18%	20%	24%	28%	32%	36%
0.892 9	0.877 2	0.869 6	0.862 1	0.847 5	0.833 3	0.806 5	0.781 3	0.757 6	0.735 3
1.690 1	1.646 7	1.625 7	1.605 2	1.565 6	1.527 8	1.456 8	1.391 6	1.331 5	1.276 0
2.401 8	2.321 6	2.283 2	2.245 9	2.174 3	2.106 5	1.981 3	1.868 4	1.766 3	1.673 5
3.037 3	2.913 7	2.855 0	2.798 2	2.690 1	2.588 7	2.404 3	2.241 0	2.095 7	1.965 8
3.604 8	3.433 1	3.352 2	3.274 3	3.127 2	2.990 6	2.745 4	2.532 0	2.345 2	2.180 7
4.111 4	3.888 7	3.784 5	3.684 7	3.497 6	3.325 5	3.020 5	2.759 4	2.534 2	2.338 8
4.563 8	4.288 3	4.160 4	4.038 6	3.811 5	3.604 6	3.242 3	2.937 0	2.677 5	2.455 0
4.967 6	4.638 9	4.487 3	4.343 6	4.077 6	3.837 2	3.421 2	3.075 8	2.786 0	2.540 4
5.328 2	4.946 4	4.771 6	4.606 5	4.303 0	4.031 0	3.565 5	3.184 2	2.868 1	2.603 3
5.650 2	5.216 1	5.018 8	4.833 2	4.494 1	4.192 5	3.681 9	3.268 9	2.930 4	2.649 5
5.937 7	5.452 7	5.233 7	5.028 6	4.656 0	4.327 1	3.775 7	3.335 1	2.977 6	2.683 4
6.194 4	5.660 3	5.420 6	5.197 1	4.793 2	4.439 2	3.851 4	3.386 8	3.013 3	2.708 4
6.423 5	5.842 4	5.583 1	5.342 3	4.909 5	4.532 7	3.912 4	3.427 2	3.040 4	2.726 8
6.628 2	6.002 1	5.724 5	5.467 5	5.008 1	4.610 6	3.961 6	3.458 7	3.060 9	2.740 3
6.810 9	6.142 2	5.847 4	5.575 5	5.091 6	4.675 5	4.001 3	3.483 4	3.076 4	2.750 2
6.974 0	6.265 1	5.954 2	5.668 5	5.162 4	4.729 6	4.033 3	3.502 6	3.088 2	2.757 5
7.119 6	6.372 9	6.047 2	5.748 7	5.222 3	4.774 6	4.059 1	3.517 7	3.097 1	2.762 9
7.249 7	6.467 4	6.128 0	5.817 8	5.273 2	4.812 2	4.079 9	3.529 4	3.103 9	2.766 8
7.365 8	6.550 4	6.198 2	5.877 5	5.316 2	4.843 5	4.096 7	3.538 6	3.109 0	2.769 7
7.469 4	6.623 1	6.259 3	5.928 8	5.352 7	4.869 6	4.110 3	3.545 8	3.112 9	2.771 8
7.562 0	6.687 0	6.312 5	5.973 1	5.383 7	4.891 3	4.121 2	3.551 4	3.115 8	2.773 4
7.644 6	6.742 9	6.358 7	6.011 3	5.409 9	4.909 4	4.130 0	3.555 8	3.118 0	2.774 6
7.718 4	6.792 1	6.398 8	6.044 2	5.432 1	4.924 5	4.137 1	3.559 2	3.119 7	2.775 4
7.784 3	6.835 1	6.433 8	6.072 6	5.450 9	4.937 1	4.142 8	3.561 9	3.121 0	2.776 0
7.843 1	6.872 9	6.464 1	6.097 1	5.466 9	4.947 6	4.147 4	3.564 0	3.122 0	2.776 5
7.895 7	6.906 1	6.490 6	6.118 2	5.480 4	4.956 3	4.151 1	3.565 6	3.122 7	2.776 8
7.942 6	6.935 2	6.513 5	6.136 4	5.491 9	4.963 6	4.154 2	3.566 9	3.123 3	2.777 1
7.984 4	6.960 7	6.533 5	6.152 0	5.501 6	4.969 7	4.156 6	3.567 9	3.123 7	2.777 3
8.021 8	6.983 0	6.550 9	6.165 6	5.509 8	4.974 7	4.158 5	3.568 7	3.124 0	2.777 4
8.055 2	7.002 7	6.566 0	6.177 2	5.516 8	4.978 9	4.160 1	3.569 3	3.124 2	2.777 5
8.175 5	7.070 0	6.616 6	6.215 3	5.538 6	4.991 5	4.164 4	3.570 8	3.124 8	2.777 7
8.243 8	7.105 0	6.641 8	6.233 5	5.548 2	4.996 6	4.165 9	3.571 2	3.125 0	2.777 8
8.282 5	7.123 2	6.654 3	6.242 1	5.552 3	4.998 6	4.166 4	3.571 4	3.125 0	2.777 8
8.304 5	7.132 7	6.660 5	6.246 3	5.554 1	4.999 5	4.166 6	3.571 4	3.125 0	2.777 8
8.317 0	7.137 6	6.663 6	6.248 2	5.554 9	4.999 8	4.166 6	3.571 4	3.125 0	2.777 8